航行方法

主　编　贺国峰
副主编　郑建佳
主　审　李先强

大连海事大学出版社

图书在版编目(CIP)数据

航行方法 / 贺国峰主编. — 大连 : 大连海事大学出版社, 2019.3(2025.1 重印)
ISBN 978-7-5632-3775-3

Ⅰ. ①航… Ⅱ. ①贺… Ⅲ. ①航海学 Ⅳ. ①U675

中国版本图书馆 CIP 数据核字(2019)第 037178 号

大连海事大学出版社出版

地址:大连市黄浦路523号 邮编:116026 电话:0411-84729665(营销部) 84729480(总编室)
http://press.dlmu.edu.cn E-mail:dmupress@dlmu.edu.cn

大连天骄彩色印刷有限公司印装 大连海事大学出版社发行

2019 年 3 月第 1 版 2025 年 1 月第 3 次印刷
幅面尺寸:184 mm×260 mm 印张:13
字数:318 千 印数:2501~3000 册

出版人:刘明凯

责任编辑:张宏声 责任校对:杨 洋
封面设计:张爱妮 版式设计:张爱妮

ISBN 978-7-5632-3775-3 审图号:GS(2019)740 号 定价:36.00 元

前　言

《航行方法》是根据高等学校交通运输类专业教学指导委员会航海技术教学指导分委员会指导性教学计划，按照中华人民共和国交通运输部《海船船员培训大纲(2016 版)》的要求编写的。

本书包含航标、潮汐与潮流、航海图书资料、航线与航行方法四章内容。其基本任务是通过学习、研究船舶在海上的航线选择、设计及各种海况下的航行方法等航海专业知识，为船舶安全、经济航行提供保障。本书在编写的过程中强调以必需、够用为度，增加了现代航海技术的内容和资料，并结合航海实际来阐述航行方法的基本理论，突出知识的针对性和适用性，着力于培养和提高学生的专业素养。

本书由青岛远洋船员职业学院贺国峰任主编，郑建佳任副主编，李先强任主审。全书共分四章，其中第一章、第二章、第三章第五节至第八节、第四章第四节由贺国峰编写；第三章第一节至第四节，第四章第一节至第三节、第五节、第六节由郑建佳编写。全书由贺国峰统稿。

本书在编写过程中力求系统全面，参考了许多国内优秀的《航海学》教材。编写工作得到了青岛远洋船员职业学院和大连海事大学出版社各级领导、专家以及青岛远洋船员职业学院航海教研室全体老师的大力支持和帮助。在此，一并表示衷心感谢！

由于时间仓促，并受编者水平所限，书中不足和错漏之处在所难免，敬请同行和读者批评指正。

编　者

2018 年 12 月

目 录

第一章　航　标

第一节　航标的作用与分类

一、航标的作用

航标(aids to navigation)是助航标志的简称,根据国际航标协会(IALA)制定的《助航指南》,航标具有四项功能,即定位功能、危险警告功能、确认功能和指示交通功能。定位功能就是能确定船舶所在的位置;危险警告功能就是能标示航道中的危险物和碍航物;确认功能就是能确认船舶相对航标的距离和方位;指示交通功能就是能指示船舶遵循某些交通规则,如指示船舶分道通航制、指示深水航道等。航标指示交通的功能,除了能帮助船舶安全航行,还具有防止污染、保护环境的作用。

二、航标的分类

航海上一般将航标按设置地点和技术装置两种方法分类。

1. 按设置地点分类

1)沿海航标(coastal aids)

设置在沿海或河口地段、引导船舶在沿海航行及进出海港、港湾和河口的航标,分为固定航标和水上浮动航标两种。

(1)固定航标

固定航标是设置在岛屿、礁石、海岸等上面的航标。包括:

①灯塔(light house):是大型的固定助航标志,主体结构一般为塔形,塔身表面颜色显著,有利于船舶白天识别,顶部装有高强度的发光设备,射程较远,如图1-1-1所示,常设置于重要航道附近,位于视野开阔的沿岸、岬角、岛礁、港湾、险要碍航物处或其旁边。一些地理位置非常重要的灯塔通常需要有人值守,而随着航标灯器、能源和动力系统以及航标遥控、遥测技术的发展,灯塔正在向无人值守的自动化灯塔方向发展。灯塔可供船舶测定船位;标示危险的浅滩、沙滩、礁石等;标示初见陆地、岬角、江河入口、海港入口等;也可用于海岸警卫的瞭望站、搜寻救助的协调站、信号站等辅助工作中。

图1-1-1　灯塔

②灯桩(light beacon):是设置于航道附近岛礁、岬角、港口、防波堤等处的发光固定航标。它是一种柱状或铁架结构的建筑物,如图1-1-2所示

示，一般为无人看守，但也有些位置重要的灯桩有人值守。灯桩可用于标示初见陆地的位置或作为导标的一部分；标示航道或航道附近的碍航物或危险物；标示航道或可航水道的侧面界限；标示某区域，或标示水道的转向点或汇合点。

③立标(beacon)：一般设置在浅水区或礁石上，是一种普通的杆状标(铁质或木质)，顶端有球形或三角形等标志，用以标示沙嘴尽头、浅滩及险礁的两端、水中礁石及航道中较小的障碍物；也有的设在岸上作为叠标或导标，用以引导船舶进出港口或测定船舶运动性能和罗经差等，如图 1-1-3 所示。

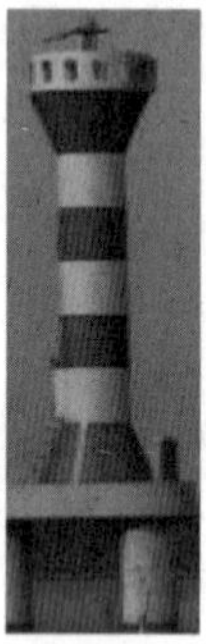

图 1-1-2　灯桩

图 1-1-3　立标

④导标(Leading marks，Range marks，Transit marks)：又称叠标，一般设于航道中心线的延长线上，由两座或者两座以上分立的建筑物组成，建筑物上装有标志或灯器，如图 1-1-4 所示。当从航道中心线或直航段最深航路的轴线观察时，它们形成一条直线。后面建筑物的高程必须高于前面的建筑物，以便能同时看到两座标志或灯光。导标为船舶提供寻找船首向的参考物，同时提供船舶横向航迹偏移量和偏移方向的视觉指示。

图 1-1-4　导标

(2)水上浮动航标

水上浮动航标是浮在水面上，通过链条和锚或沉锤牢固地系留在预定点海床上的航标。水上浮动航标除灯船及大型助航浮标外，其外部涂色、顶标、灯质等均依其用途有统一规定。水上浮动航标包括：

①灯船(light vessel)：一般设置在周围无显著陆标又不便建造灯塔的重要航道附近，以引导船舶进出港口、避险等。灯船是一种在甲板高处装有发光设备的特殊船舶，具有能经受风浪袭击和顶住强流的坚实结构和牢固的锚泊设备，灯光射程亦较远、可靠性较好，有的还有人看管。一般船身涂红色，船体两侧有醒目的船名或编号，桅上悬挂黑球，供白天识别用，如图 1-1-5 所示。

图 1-1-5　灯船

②浮标(buoy)：一般设置在海港和沿海航道以及水下危险物附近，用以标示航道，指示沉船、暗礁、浅滩等危险物的位置。浮标是具有规定的形状、尺寸、颜色的漂浮体，锚泊在指定位置，用作助航标志。它可能装有发光器、音响设备、雷达反射器和规定的顶标等。其水线以上部分的基本形状主要有罐形、锥形、球形、柱形和杆形五种，浮标受海

流和潮汐的影响,其实际位置以锚碇为中心在一定范围内移动,遇大风浪可能移位或漂失,因此,一般不能用来定位。装有发光器的浮标称为灯浮标(light-buoy),如图 1-1-6 所示。

图 1-1-6 浮标

2)内河航标(inland river aids)

内河航标是设置在江、河、湖泊、水库航道上的助航标志,用以标示内河航道的方向、界限与碍航物,为船舶航行指示安全的航道。由航行标志、信号标志和专用标志三类组成。

3)船闸航标(lockage aids)

船闸航标是设置在船闸河段上的航标,用以标示船闸内外的停船位置,指示进出船闸的引领航道和节制闸前的危险水域,指挥船舶安全迅速地通过船闸。

2. 按技术装置分类

1)发光的航标

灯塔、灯船、灯浮、灯桩等可统称为灯标,以所显示的特定光色、节奏和周期的灯光作为标志识别的特征,并将其用缩写标注在海图该灯标符号的旁边。目前我国灯标使用的光色主要有白、红、绿、黄等四种。灯光节奏见附录。

2)不发光的航标

不发光的航标有不发光的立标(beacon)、不发光的浮标(buoy)等。

3)音响航标

这种航标附设有雾警设备,其功能是在雾、雪及其他能见度不良天气时发出特定的音响,在能见度不良时用以导航。

(1)雾钟(bell):是一种最古老、简单的音响装置,常设在礁石或浅滩附近的灯浮或无人看守的灯船上,借助波浪起伏摇摆,自动打钟发声。雾钟的声音强弱决定于钟和波浪的大小,一般有效作用距离为 1~2 n mile。

(2)雾锣(gong):用于有人看守的灯塔及灯船上,凡遇下雾或朦胧天气时,从听到船舶发放雾号时起,每隔一定时间鸣锣,其有效作用距离和雾钟相近。

(3)雾哨(whistle):一般装在浮标上,利用波浪的起伏,使压缩空气经气哨泄出而发声。有效作用距离为 1~4 n mile。

(4)雾角(horn)或低音雾角(diaphone):一般安装在靠近港口的岸边或有发电设备的灯塔上,发音原理和普通电喇叭相似,能清晰地发送信号编码,以便船舶收听和识别,有效作用距离为 3~5 n mile。

(5)雾笛(siren):多数装在灯塔或灯船上,利用压缩空气经发声器而发声。声音清晰、洪亮,有效作用距离可达 3~10 n mile。

此外,还有爆音雾号(explosive fog signal, explores)、莫尔斯码组雾号(Morse code fog signal,Mo.)、雾炮(gun)等。

4)无线电航标

无线电航标是无线电助航设施的总称,包括无线电测向台(RG)、无线电信标(RC)、定向无线电信标(RD)、旋转式无线电信标(RW)、DGPS 信标、雷达反射器(radar reflector)、雷达指向标(Ramark)、雷达应答标(Racon)、罗兰(Loran)、AIS 实体航标和 AIS 虚拟航标等。

第二节　海上浮标制度

一、国际航标协会海上浮标制度

1. 国际海区浮标制度概述

海区水上助航标志制度具有国际通用性质。它与海上船舶的航行安全密切相关。过去百余年来，世界各地海区水上助航标志比较混乱，给航海人员带来很大不便，甚至造成航行事故。因此，在国际范围内统一的航标有着十分重要的意义。

国际上有关航标组织对海上统一浮标制度的研究，溯源自 1936 年日内瓦会议上签订的曾接近于达成统一浮标制度的国际协议，在 1957 年国际航标协会（IALA：International Association of Lighthouse Authorities）成立后继续研究，1965 年该协会设立国际技术委员会专门研究这个问题，1971 年后形成 A、B 两个制度。A 制度于 1974 年进行实地试验，经修改后，于 1975 年经国际航标协会执委会通过，1976 年获国际海事组织（IMO）批准，已经历了 40 余年。A 制度自 1977 年 4 月首先由英国航标当局开始采用，并逐步推广到欧洲、大洋洲、非洲、海湾地区和一些亚洲国家。B 制度已在 1980 年年初完成，并被美洲及日本、韩国、菲律宾等国家和地区使用。1980 年 11 月在东京召开的第 10 届国际航标会议上，在 A、B 制度的基础上，经过商讨并同意采用新的综合制度的规则，确定了浮标制度区域的界限划分，并用规则后面的附图加以说明，这是国际航标史上的一件大事。2006 年 5 月在上海召开 IALA 第 16 届大会，大会的主题是数字世界的航标（Aids to Navigation in the Digital World）。2010 年 3 月在开普敦召开 IALA 第 17 届大会，会上提出了修改后的国际航标制度。同年，国际海事组织海上安全委员会采纳了该制度。2018 年 5 月在韩国仁川召开 IALA 第 19 届大会，会议审议并采纳了我国代表团提出的对目前的《VTS 用户指南》版本进行修订、制定《向航海者发布 VTS 要求的指南-VTS 用户指南模板》作为新增工作项目纳入 2018—2022 年工作计划的建议。

2. 国际航标协会浮标制度规则

1）概述

（1）范围

本制度的规则适用于所有固定的、漂浮的和电子的标志，用以指明：

①可航水道的边侧界限；

②天然危险物和其他障碍物（如沉船）；

③初见的陆地，应驶的航向以及与航海人员有重要关系的其他水域或特征；

④新危险物。

（2）标志的类型

本浮标制度中的标志作为用于航海人员安全航行提供指导的信号，分别是：侧面标志、方位标志、孤立危险物标志、安全水域标志、专用标志、新危险物标志和其他标志。上述标志可以结合使用。

①侧面标志结合“浮标习惯走向”使用，通常用于界限明确的航道。这些标志指明所遵循

航路的左侧和右侧。在航道的分岔处可用一个经修改的侧面标志来指明推荐的航道。

②方位标志与航海罗经结合使用,指示航海人员在何处可找到可航水域。

③孤立危险物标志指明规模不大的孤立危险物,它的四周都有可航水域。

④安全水域标志指明在标位的四周都有可航水域,例如航道中央标志。

⑤专用标志主要不作为助航标志使用,但指明在航海文件中提到的有关区域或特征。

⑥新危险物标志。

⑦其他标志用于提供助航信息。

(3)表示标志特征的方法

根据下列的一种或多种特征表示标志的意义:

①夜间:光色和光质或光照增强。

②白天:标志的颜色、形状、顶标或灯光的光色和光质。

③实体标志上所带的电子(数字)符号。

④只利用电子(数字)符号。

2)侧面标志

(1)关于"浮标习惯走向"的规定

浮标的习惯走向应在适当的海图和航海文件中指明,可以是下列两种规定走向方法中的一种:

①航海人员从海上驶近港口、河流、河口或其他水道时所采取的走向。

②由浮标管理当局(必要时与相邻国家协商)所确定的方向,原则上应沿着环绕大片陆地的顺时针方向。

(2)浮标制度区域

有两种国际性的浮标制度区域——A 区域与 B 区域,两个区域的侧面标志是不同的。两区域各自的范围,如图 1-2-1 所示。

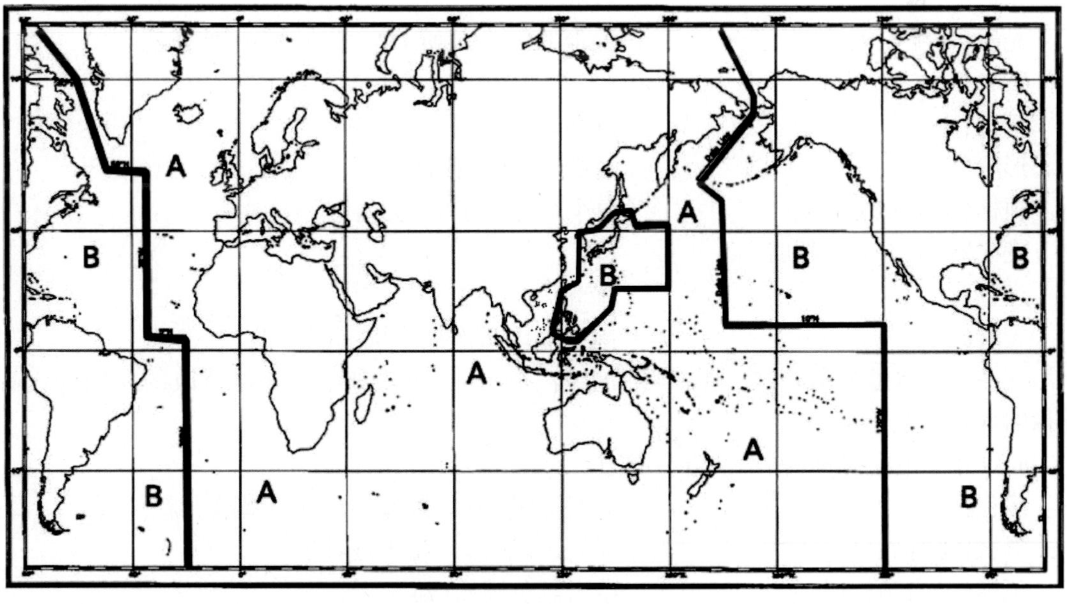

图 1-2-1 浮标制度区域

（3）在 A 区域侧面标志的说明

A 区域侧面标志，如图 1-2-2、图 1-2-3 所示。

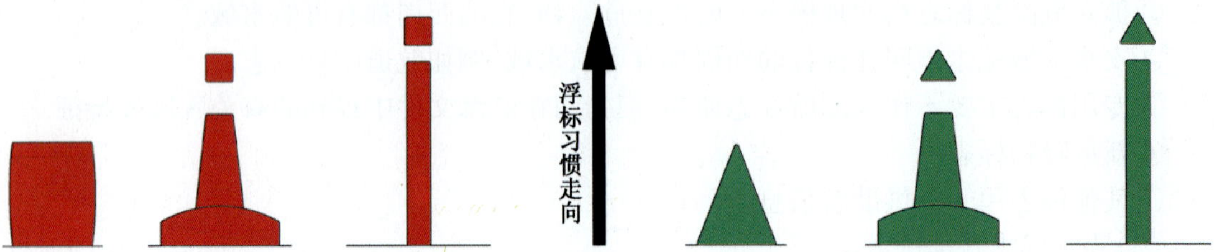

图 1-2-2　A 区域侧面标志示意图

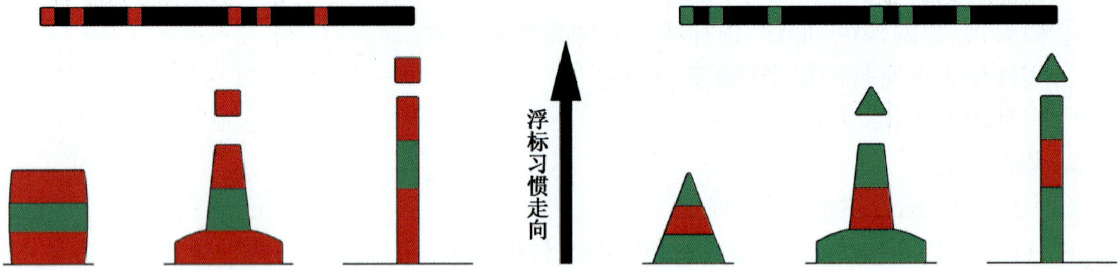

图 1-2-3　A 区域推荐航道侧面标志示意图

①左侧标

颜色：	红色
形状（浮标）：	圆筒形（罐形）、柱形或杆形
顶标（装有顶标时）：	单个红色圆筒（罐）
发光器（装有发光器时）：	
光色：	红光
光质：	除混联闪 2 次加 1 次［闪（2+1）］外任选

②右侧标

颜色：	绿色
形状（浮标）：	圆锥形、柱形或杆形
顶标（装有顶标时）：	单个绿色圆锥，锥尖向上
发光器（装有发光器时）：	
光色：	绿光
光质：	除混联闪 2 次加 1 次［闪（2+1）］外任选

③在一个水道分岔处，按“浮标习惯走向”航行时，可用如下所述经修改的左侧标或右侧标指明推荐的航道。

a. 推荐航道左侧标（推荐航道在右边）

颜色：	红色，中间有一条宽阔的绿色横纹
形状（浮标）：	圆筒形（罐形）、柱形或杆形
顶标（装有顶标时）：	单个红色圆筒（罐）
发光器（装有发光器时）：	

光色： 红光

光质： 混联闪 2 次加 1 次[闪(2+1)]

b. 推荐航道右侧标(推荐航道在左边)

颜色： 绿色,中间有一条宽阔的红色横纹

形状(浮标)： 圆锥形、柱形或杆形

顶标(装有顶标时)： 单个绿色圆锥,锥尖向上

发光器(装有发光器时)：

光色： 绿光

光质： 混联闪 2 次加 1 次[闪(2+1)]

(4)在 B 区域使用的侧面标志的说明

B 区域侧面标志示意图如图 1-2-4、图 1-2-5 所示。

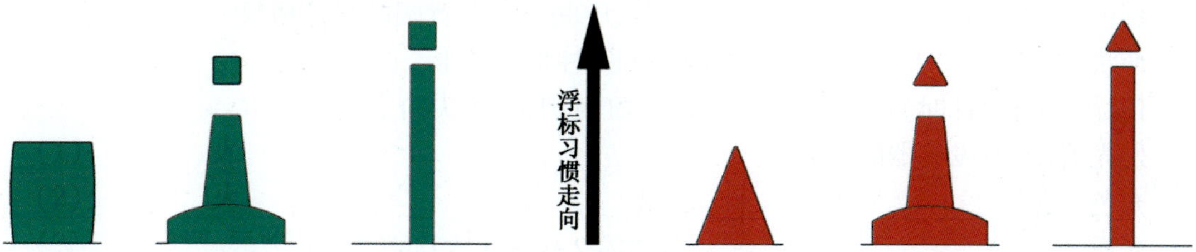

图 1-2-4 B 区域侧面标志示意图

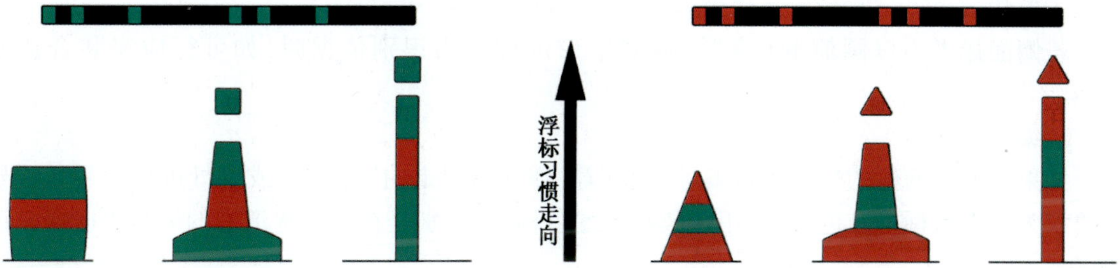

图 1-2-5 B 区域推荐航道侧面标志示意图

①左侧标

颜色： 绿色

形状(浮标)： 圆筒形(罐形)、柱形或杆形

顶标(装有顶标时)： 单个绿色圆筒(罐)

发光器(装有发光器时)：

光色： 绿光

光质： 除混联闪 2 次加 1 次[闪(2+1)]外任选

②右侧标

颜色： 红色

形状(浮标)： 圆锥形、柱形或杆形

顶标(装有顶标时)： 单个红色圆锥,锥尖向上

发光器(装有发光器时)：

光色： 红光

光质：　　　　　　　　　　除混联闪 2 次加 1 次[闪(2+1)]外任选

③在一个水道分岔处，按照“浮标习惯走向”航行时，可用如下所述经修改的左侧标或右侧标指明推荐的航道。

a. 推荐航道左侧标(推荐航道在右边)

颜色：　　　　　　　　　　绿色，中间有一条宽阔的红色横纹

形状(浮标)：　　　　　　　圆筒形(罐)、柱形或杆形

顶标(装有顶标时)：　　　　单个绿色筒(罐)

发光器(装有发光器时)：

光色：　　　　　　　　　　绿光

光质：　　　　　　　　　　混联闪 2 次加 1 次[闪(2+1)]

b. 推荐航道右侧标(推荐航道在左边)

颜色：　　　　　　　　　　红色，中间有一条宽阔的绿色横纹

形状(浮标)：　　　　　　　圆锥形、柱形或杆形

顶标(装有顶标时)：　　　　单个红色圆锥，锥尖向上

发光器(装有发光器时)：

光色：　　　　　　　　　　红光

光质：　　　　　　　　　　混联闪 2 次加 1 次[闪(2+1)]

(5)侧面标志一般规则

①形状

若侧面标志不以圆筒形(罐形)或圆锥形的标身为识别依据时，如可行应安装合适的顶标。

②编号或命名

如果对航道两侧的标志进行编号，应顺着“浮标习惯走向”用数字或字母进行编号。编号的协议为用偶数标记红色标志，用奇数标记绿色标志，特别是在狭窄水道中的编号更应遵循该协议。

③同步性

如果合适，灯光应选择同时闪光或按顺序闪光或二者结合使用。

3)方位标志

方位标志示意图如图 1-2-6 所示。

(1)方位象限和标志的定义

①四个象限(北、东、南、西)是从碍航点取真方位北西~北东、北东~南东、南东~南西、南西~北西为界限的。

②方位标志按其所在的象限确定名称。

③方位标志的名称，指明了船舶应在该标志命名的同名一侧通过。

(2)方位标志的用途

①指明某个区域内最深的水域在该标志命名的一侧。

②指明通过危险物时安全的一侧。

③引起对于航道中的特征的注意，如弯道、河流汇合处、分支点或浅滩末端等。

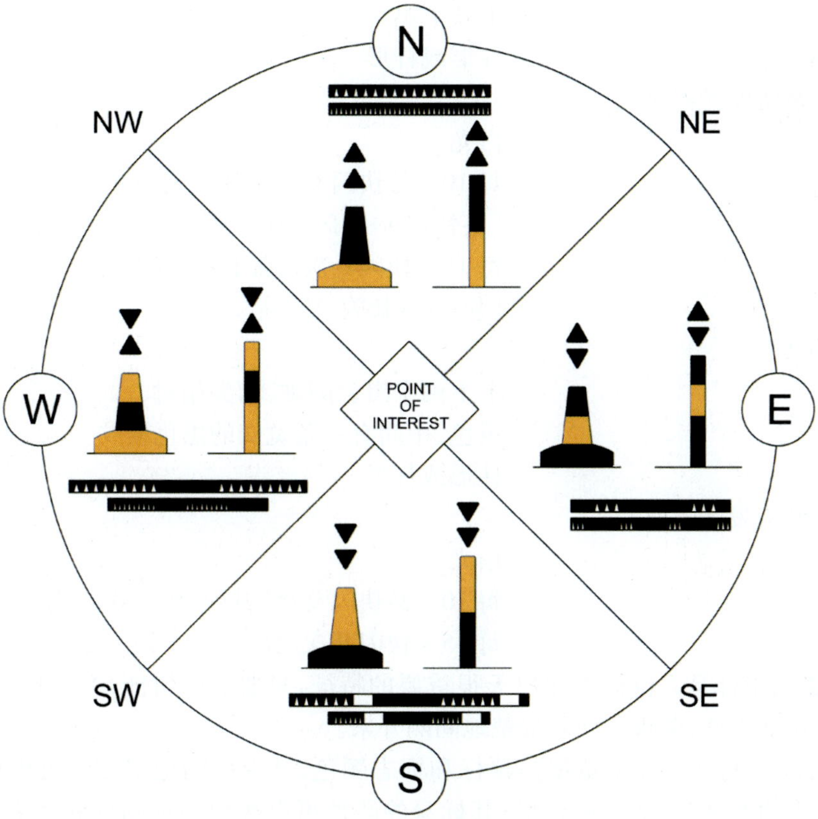

图 1-2-6　方位标志示意图

(3)方位标志的说明

①北方位标

顶标:	上下两个黑色圆锥,锥尖均向上
颜色:	上黑下黄
形状:	柱形或杆形
发光器(装有发光器时):	
光色:	白光
光质:	甚快闪[甚快]或快闪[快]

②东方位标

顶标:	上下两个黑色圆锥,锥底相对
颜色:	黑色,中间有一条宽阔的黄色横纹
形状:	柱形或杆形
发光器(装有发光器时):	
光色:	白光
光质:	每 5 s 甚快闪 3 次[甚快(3),5 s] 或每 10 s 快闪 3 次[快(3),10 s]

③南方位标

顶标:	上下两个黑色圆锥,锥尖均向下

颜色： 上黄下黑
形状： 柱形或杆形
发光器(装有发光器时)：
光色： 白光
光质： 每 10 s 甚快闪 6 次后加长闪一次，[甚快(6)+长闪,10 s]或每 15 s 快闪 6 次后加长闪一次[快(6)+长闪,15 s]

④西方位标
顶标： 上下两个黑色圆锥,锥尖相对
颜色： 黄色,中间有一条宽阔的黑色横纹
形状： 柱形或杆形
发光器(装有发光器时)：
光色： 白光
光质： 每 10 s 甚快闪 9 次[甚快(9),10 s]或每 15 s 快闪 9 次[快(9),15 s]

两个圆锥的顶标是方位标志在白天很重要的特征,只要实际可能,方位标志都要安装顶标,顶标要尽可能大些,两锥之间要清楚地间隔开来。

白天识别方位标志的主要依据是顶标和标志颜色,其顶标的记忆方法可根据其特征“上北下南,东菱形西酒杯”的规律来记忆;其标身的颜色可以按照顶标的标底代表黄色、标尖为黑色来记忆。例如,北方位标的顶标为上下两个黑色圆锥,尖向上,表示标身的颜色为上黑下黄;东方位标的顶标为上下两个黑色圆锥,底相对,表示标身的颜色为上下为黑色,中间为一条较宽的黄纹;南方位标和西方位标的标体颜色可以按照此原则来进行记忆。

夜间识别方位标志的主要依据是灯光的灯质,其灯质的记忆方法可按照钟表指示时间并鸣钟的方法来记忆:例如,北方位标的指向为“方位北”,两个顶标的指向均为向上,可以想象成钟表的分时针均指向上方,此时时间为 12 点,这时钟表的鸣钟连续鸣钟不停,代表灯质的快闪或甚快闪;东方位标的指向为“方位东”,可以想象成钟表的时针指向 3 点(东方),这时钟表的鸣钟连续鸣 3 次,代表灯质的快闪或甚快闪(3);南方位标的指向为“方位南”,可以想象成钟表的分时针均指向下方,相当于 6 点 30 分,钟表的鸣钟需在 6 点连续鸣 6 次后,再在 6 点 30 分鸣 1 次,代表灯质的快闪或甚快闪(6)+1 长闪;西方位标的指向为“方位西”,可以想象成钟表的时针指向 9 点(西方),这时钟表的鸣钟连续鸣 9 次,代表灯质的快闪或甚快闪(9)。

4)孤立危险物标志

孤立危险物标志示意图如图 1-2-7、图 1-2-8 所示。

(1)孤立危险物标志的定义

孤立危险物标志是设在孤立危险物上,或系泊在孤立危险物之上的标志,它的周围都有可航水域。

(2)孤立危险物标志的说明

顶标： 上下两个黑球
颜色： 黑色,中间有一条或多条宽阔的红色横纹

形状： 任选，但不与侧面标志相抵触，使用柱形或杆形较好

发光器（装有发光器时）：

光色： 白光

光质： 联闪（2）［闪（2）］

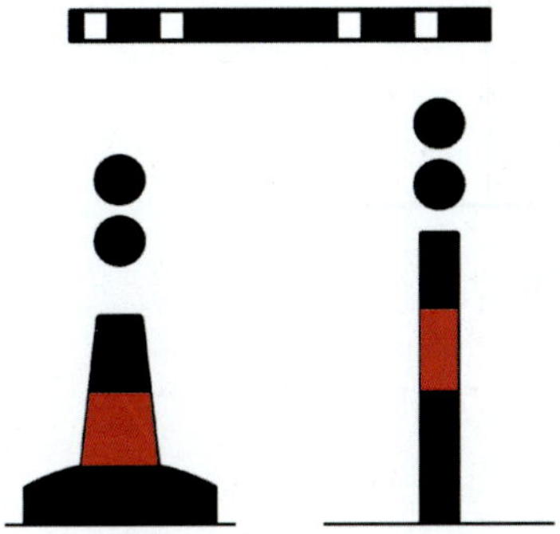

图 1-2-7 孤立危险物标志示意图（1）

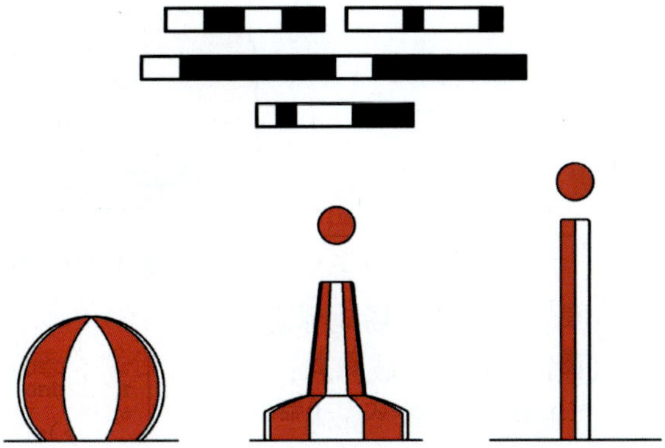

图 1-2-8 孤立危险物标志示意图（2）

两个球形的顶标是每个孤立危险物标志白天很重要的特征，只要实际可能，孤立危险物标志都要安装顶标，顶标要尽可能大些，两球之间要清楚地间隔开来。

5）安全水域标志

（1）安全水域标志的定义

安全水域标志用于指明在该标的四周都有可航水域，包括中线标志和航道中央标志，这种标志也可用于指明航道入口、接近港口或河口或初见陆地，灯光节奏也可以用于指明桥下的最佳通过点。

（2）安全水域标志的说明

颜色： 红白相间直纹

形状： 球形浮标或带有球形顶标的柱形或杆形浮标

顶标（装有顶标时）： 单个红球

发光器（装有发光器时）：

光色： 白光

光质： 等间［等间］，明暗［明暗］或每 10 s 长闪 1 次［长闪，10 s］或莫尔斯信号“A”［莫（A）］

6）专用标志

专用标志示意图如图 1-2-9 所示。

（1）专用标志的定义

专用标志主要不是为助航目的而设置的，但它指明在航海文件中提到的特定区域或特征，例如：

①海洋资料探测系统（ODAS）标志；

②分道通航制标志（如使用常规航道标志可能引起混淆）；

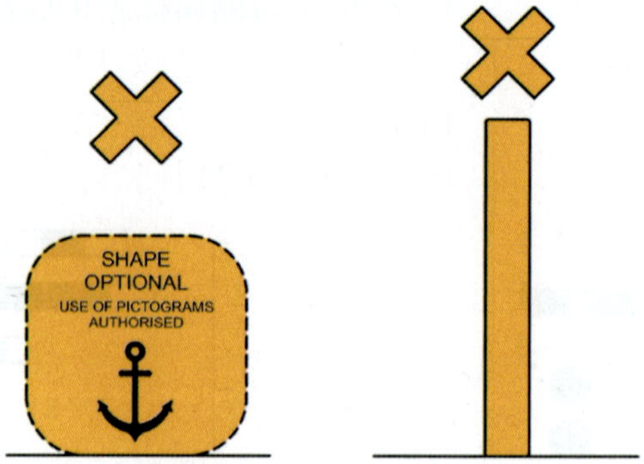

图 1-2-9　专用标志示意图

③弃土(淤泥)场地标志;
④军事演习区域标志;
⑤电缆或管道线标志;
⑥娱乐区域标志;
⑦锚地边界标志;
⑧诸如海洋可再生能源装置的结构标志;
⑨水产养殖标志。

(2)专用标志的说明

颜色:	黄色
形状:	任选,但不得与侧面标志相抵触。
顶标(装有顶标时):	单个黄色"×"
光色:	黄光
光质:	除方位标志,孤立危险物标志和安全水域标志使用的光质外任选
图形符号:	由主管机关确定

7)新危险物标志

新危险物标志示意图如图 1-2-10 所示。

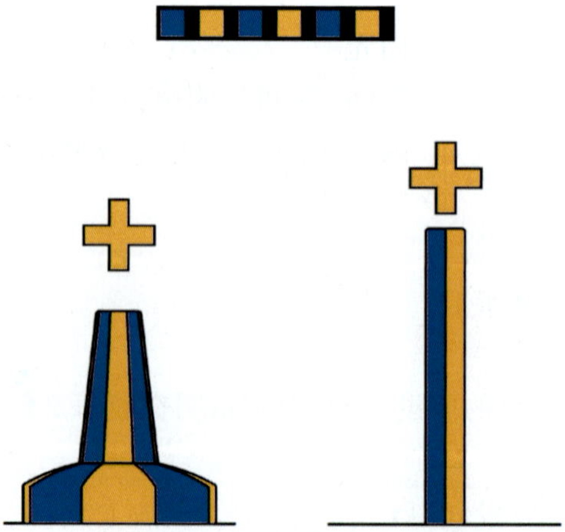

图 1-2-10　新危险物标志示意图

(1)新危险物的定义

“新危险物”这一术语是用来描述新发现而尚未在航海文件中指明的障碍物的。“新危险物”包括自然出现的障碍物如沙滩、礁石,或人为的危险物如沉船。

(2)新危险物标示方法

①新危险物应恰当地使用侧面标志、方位标志、孤立危险物标志或应急沉船示位标来进行标示,如果主管部门认为这个危险特别严重,则其标志中至少有一个必须设置重复标志。

②如果使用侧面标志标示“新危险物”,则光质应为甚快闪或快闪。

③任何重复标志在各方面都应该和它配对的标志相同。

④新危险物可以装设雷达应答器来标示,发莫尔斯信号“D(—··)”。

⑤新危险物也可使用“电子”标记,如自动识别系统(AIS as an AtoN)。

⑥虚拟航标可以单独或附加在实体航标上部署。

⑦当主管部门确认有关新危险物的消息已经充分播告出去或危险物已经清除,则标示新危险物的标志可以撤除。

(3)新危险物标志的说明

颜色:	等分的蓝黄竖纹(最少4条,最多8条)
形状:	柱形或杆形
顶标(装有顶标时):	单个垂直黄色“+”
光色:	黄蓝交替
光质:	蓝光亮1 s,黄光亮1 s,中间灭0.5 s

8)其他标志

其他标志包含导标、光弧灯标、灯塔、立标、大型浮动航标、辅助标志和港口标志。

(1)导标

导标示意图如图1-2-11所示。

①导标的定义

在同一垂直平面上,两个或以上的标志为一组,航海人员可以沿着导标线航行。

②导标的说明

导标的颜色、形状无明确规定,不能与附近的结构相混淆。

颜色:	由主管机关确定,能够与该地点的背景颜色相区分
形状:	无明确规定,建议长方形或三角形
发光器(装有发光器时):	
光色:	由主管机关确定,能够与该地点的背景颜色相区分
光质:	任何固定的特点都应谨慎地使用,应能够与背景灯光明显区分

(2)光弧灯标

光弧灯标示意图如图1-2-12所示。

①光弧灯标的定义

光弧灯标是一种固定的航标,在指定的弧线上显示不同颜色或不同节奏的灯光。光线的颜色为航海人员提供指向信息。

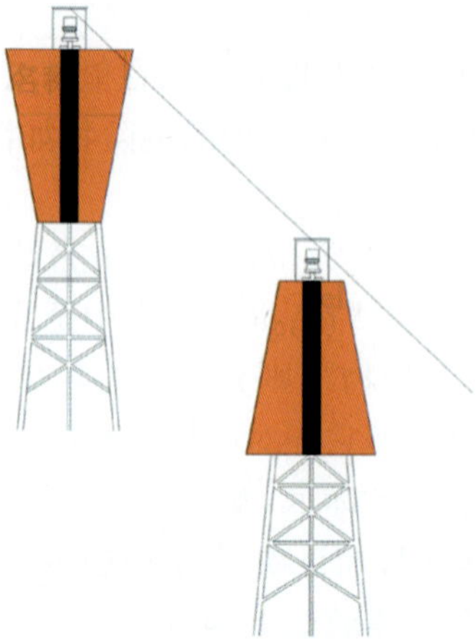

图 1-2-11　导标示意图

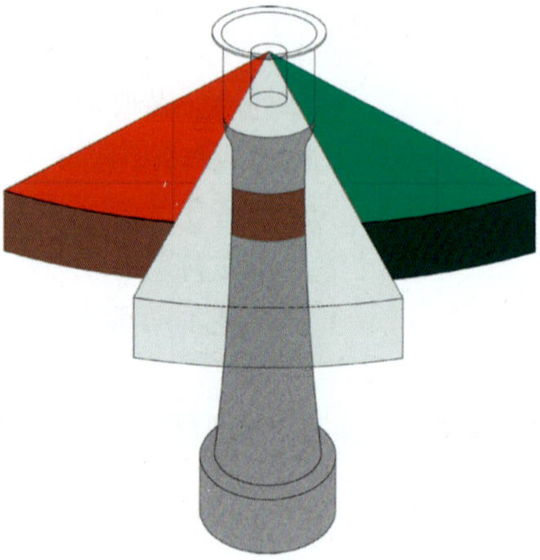

图 1-2-12　光弧灯标示意图

②光弧灯标的作用

光弧灯标可以提供航道的指向信息；可以指明转向点、航道交叉点、碍航物或其他具有航行重要性的物体；可以提供应避开的危险区域的信息。在某些情况下，可以使用单向灯光。

③光弧灯标的说明

光色：	如果用于标示航道边界，应遵守国际航标协会区域的规定
光质：	可适当选择

(3)灯塔

光色：	白光、红光或绿光
光质：	可适当选择

(4)立标

光色：	白光、红光或绿光
光质：	可适当选择

(5)大型浮动航标

①大型浮动航标的定义

大型浮动航标包括灯船、灯漂浮物和大型助航浮标。

②大型浮动航标的作用

大型浮动航标一般设置在重要的位置，用于标示沿海船舶交通密集区的航道入口，也可以作为其他航标如 Racon、AIS 等的安装平台。

③大型浮动航标的说明

颜色：　　可适当选择，主要为红色

形状：　　带灯塔架的船型或浮筒形状

发光器（装有发光器时）：

光色：　　可适当选择

光质：　　可适当选择

(6)辅助标志

辅助标志示意图如图 1-2-13 所示。

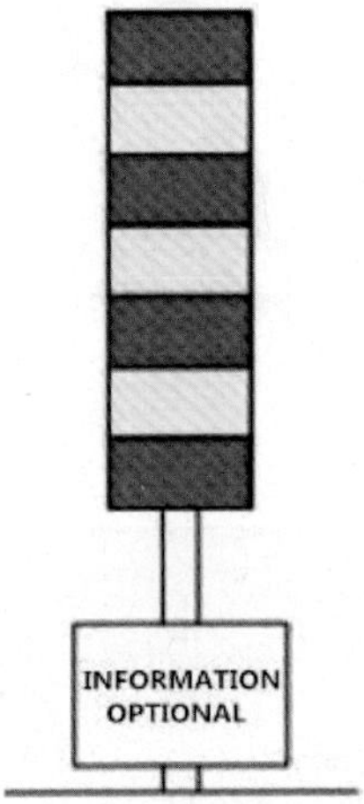

图 1-2-13　辅助标志示意图

①辅助标志的定义

前面没有提到的较小的航标。

②辅助标志的说明

辅助标志通常设置在航道外部，不用来指明航道的左右侧边界或需要避开的障碍物，也包括用于船舶航行安全信息的标志。这些标志不应该与导航标志相冲突，并应在适当的海图和航海资料中加以说明。若浮标制度中有更多适当的标志是可用的，则不应设置该类标志。

(7)港口标志

①港口标志的定义

港口标志是指地方性标志。

②港口标志的说明

航海人员应充分考虑依据地方性法规设置的地方性标志，在首次通过该区域前，应详细了解地方性标志的设置情况。地方性标志可包括但不限于防波堤、码头、桥梁、交通信号和休闲区域以及其他由主管机关规定的河道、航道、运河、船闸和水道的标志。

国际海上浮标制度的图示汇总如图 1-2-14、图 1-2-15 所示。

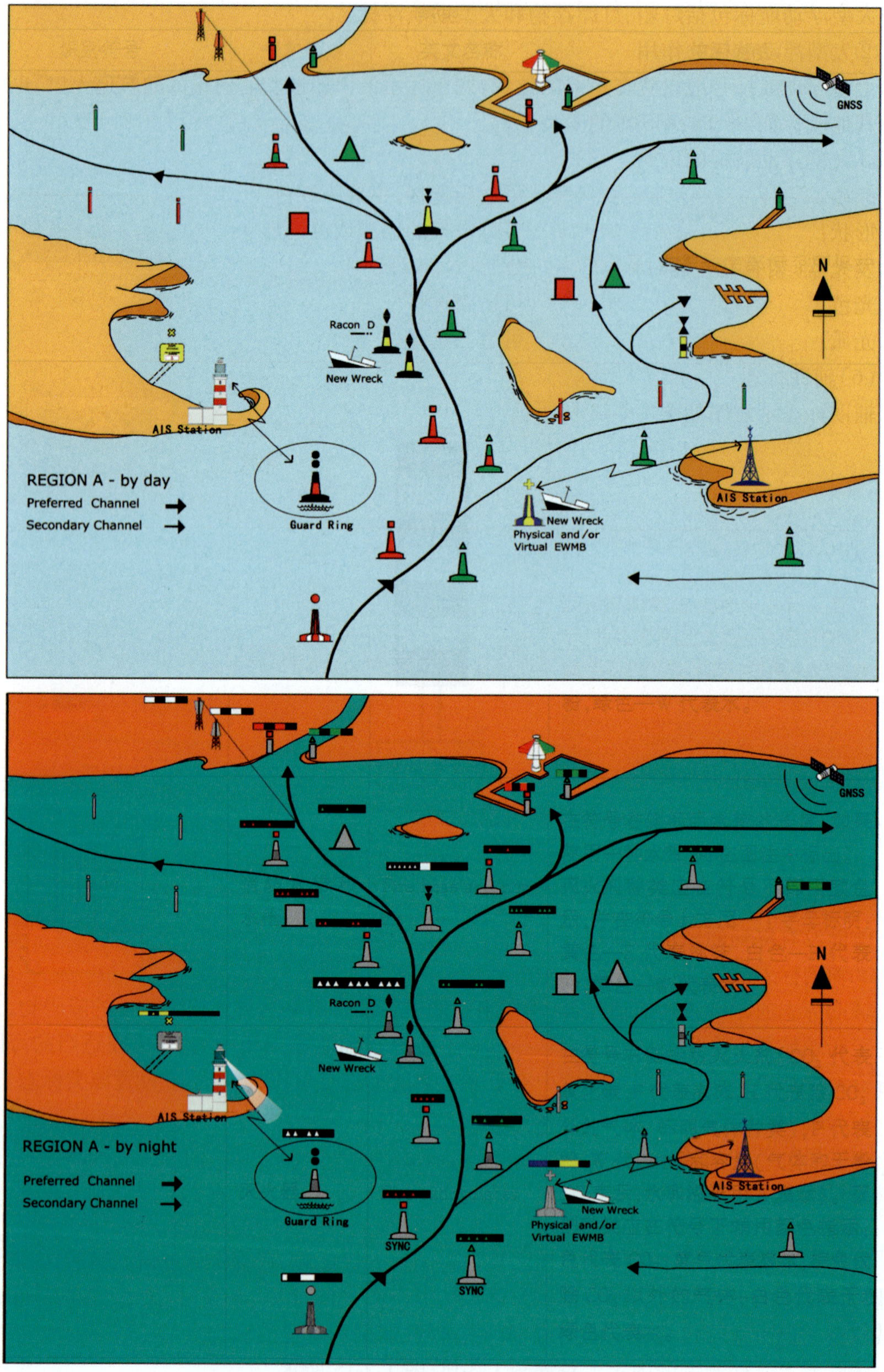

图 1-2-14　MBS Region A 示意图

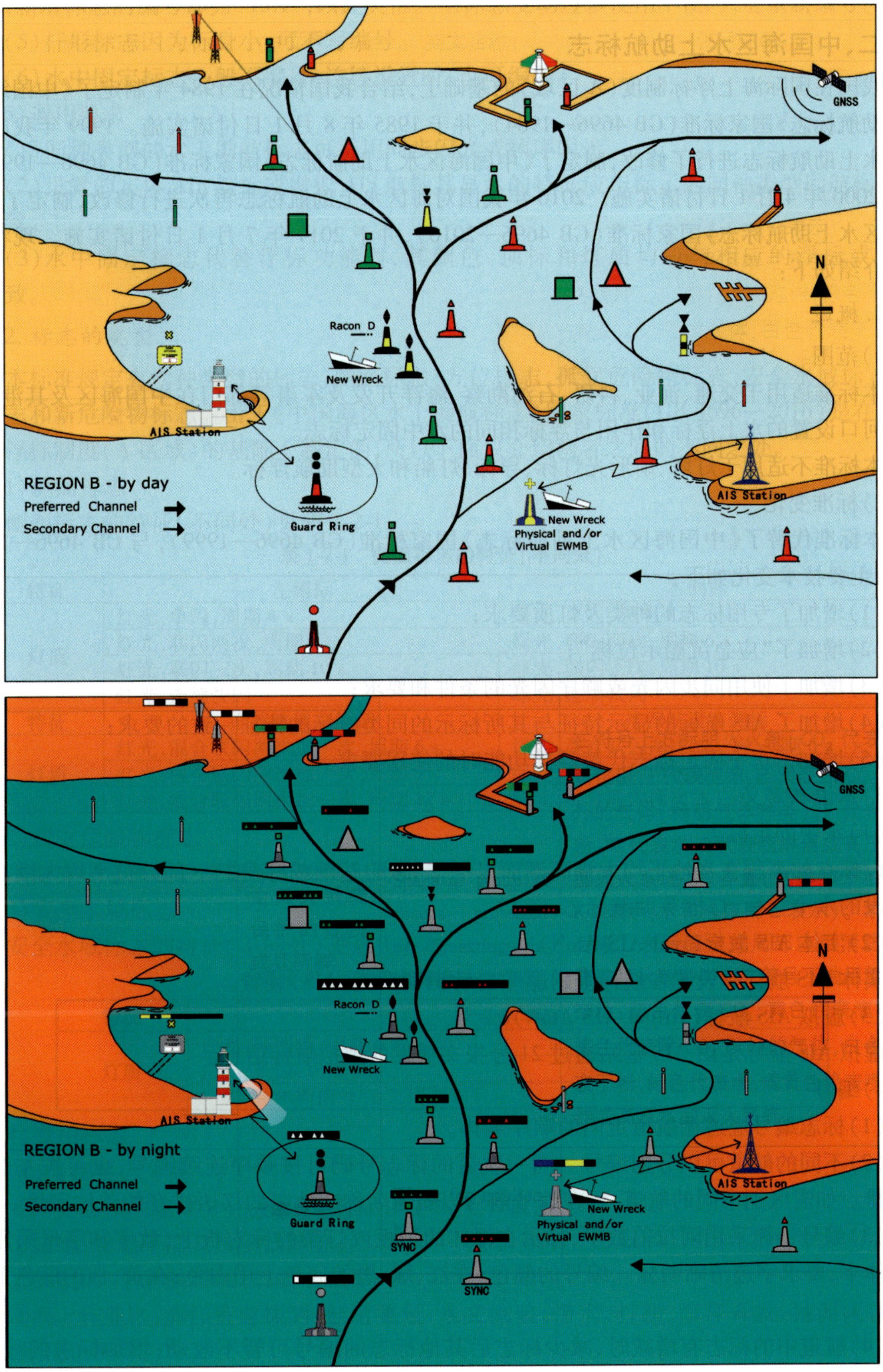

图 1-2-15 MBS Region B 示意图

可使用；

⑤水中构筑物：海上风电场、电缆、管道、进水口、出水口等；

⑥娱乐区：体育训练区、海上娱乐场等；

⑦水产作业区：水产定置网作业区和养殖场等；

⑧横越区：船舶横越航道的区域等。

(2)专用标志的说明

①专用标志应在标体明显处设置标示其用途的标记，并应在水上从任何水平方向观测时都能看到。专用标志的具体规定见表 1-2-3。

表 1-2-3　专用标志的具体规定

用途种类	标记		灯质		
	颜色	图形标志	光色	闪光节奏	周期(s)
锚地	黑		黄	莫尔斯信号“Q” – – · –	12
禁航区	黑			莫尔斯信号“P” · – – ·	
海上作业区	红、白			莫尔斯信号“O” – – –	
分道通航	黑	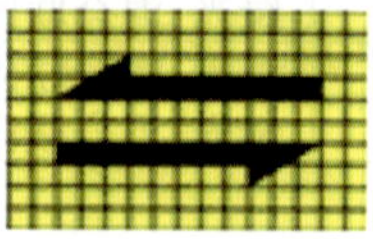		莫尔斯信号“K” – · –	
水中构筑物	黑	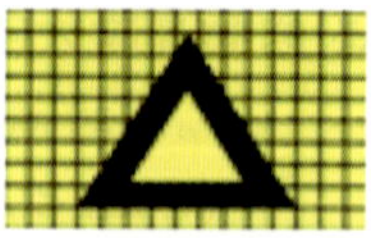		莫尔斯信号“C” – · – ·	
娱乐区	红、白			莫尔斯信号“Y” – · – –	
水产作业区	黑	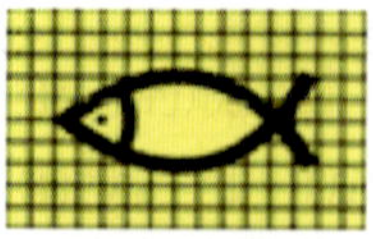		莫尔斯信号“F” · · – ·	
横越区	黑、白	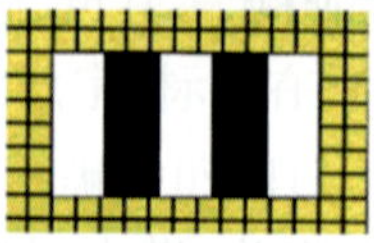		莫尔斯信号“Z” – – · ·	
注：可用 15 s 作为备用周期					

②在特殊情况下，超出本标准所列专用标志的八种用途时，经航标管理机关批准，可另行确定标记和灯质。

5）新危险物标志

（1）新危险物的标示方法

①当航标管理机关认为某一新危险物危及船舶航行安全时，应设置标志。可以使用侧面标志、方位标志、孤立危险物标志进行标示。当标示新沉船、沉物时也可使用应急沉船示位标。

②使用侧面标志标示新危险物时，灯光节奏应采用连续快闪。如航标管理机关认为航行危险很高时，应至少设置一个重复标志，其全部特征要和与它配对的标志相同。

③新危险物可用雷达应答器来标示，其编码为莫尔斯信号“D”（—··），也可选用其他无线电航标来标示，如实体 AIS 航标和虚拟 AIS 航标。

④在不适宜或不能及时设置实体助航标志的情况下，可以单独使用虚拟 AIS 航标进行标示。

（2）应急沉船示位标

①应急沉船示位标应设置或系泊在新沉船、沉物上，或尽量靠近新沉船、沉物，并标示新沉船、沉物所在位置。船舶应参照航海资料，避开本标航行。

②应急沉船示位标说明

应急沉船示位标的示意图及特征见图 1-2-16 和表 1-2-4。

图 1-2-16 应急沉船示位标示意图

表 1-2-4 应急沉船示位标特征

特征	应急沉船示位标
颜色	等宽度的蓝色和黄色竖条
顶标	垂直的黄色十字形
灯质	互顿蓝黄，周期 3 s

第二章　潮汐与潮流

潮汐现象是沿海地区的一种自然现象,海面周期性的升降运动称为潮汐(tide)。我们的祖先把发生在早晨的高潮叫潮,发生在晚上的高潮叫汐,这是潮汐名称的由来。伴随海水周期性涨落现象,还同时产生海水周期性的水平方向流动,即潮流(tidal stream)。

潮汐与航海的关系非常密切,直接影响船舶航行计划的实施和航海安全。通过浅水区或进出港口,吃水较深的船舶一般需预先依据潮汐资料计算出当地潮高,并正确调整货载和吃水差,候潮通过;同时为了保证船舶安全地行驶在计划航线上,需随时掌握当地潮汐与潮流资料,观测船位,调整航向,即使在港内也不容忽视潮汐、潮流对船舶安全的影响。在沿岸航行中,船长的航行命令、公司的航行规章制度、国际性机构对航行值班驾驶员的指导性文件中,都将掌握当时和未来的潮汐和潮流列为确保航行安全的驾驶台工作的重要内容。

潮汐学有着丰富的内容,本章仅从航海实际应用出发,阐述潮汐的基本成因、潮汐术语和潮汐、潮流推算等内容。

第一节　潮汐的基本成因和潮汐术语

潮汐的产生是由于天体的引潮力(tide-generating force)的存在,即天体的引力和地球与天体相对运动所需的惯性离心力的向量和,其中主要是月球的引潮力,其次是太阳的引潮力。而地球上某一固定点所受的地心引力和地球自转运动对潮汐不产生影响。目前,现代潮汐科学发展迅速,潮汐理论更加完善。本章仅从航海实际需要出发,为了较为简单地说明潮汐的基本成因,我们利用平衡潮理论(静力学理论)来进行分析。

所谓平衡潮,是海水在引潮力和重力作用下达到平衡时的潮汐。为了使问题简化,平衡潮理论提出两个假设:

(一)整个地球被等深的大洋所覆盖,所有自然地理因素对潮汐不起作用。

(二)海水没有摩擦力和惯性力,外力使海水在任何时候都处于平衡状态。

以下根据平衡潮理论讨论潮汐的基本成因。

一、潮汐基本成因与潮汐不等

1. 月球引潮力与潮汐的形成

1)月球的引力

根据万有引力定律,若以 m_M 表示月球质量,以 m_E 表示地球质量, R 表示地月中心间的距离,则地球和月球之间的引力为:

$$f = k\frac{m_M m_E}{R^2} \tag{2-1-1}$$

式中：k——万有引力系数。

地球表面上至月球中心距离为 x 的单位质点 P 所受的引力为：

$$f_p = k\frac{m_M}{x^2} \tag{2-1-2}$$

由此可见，地球表面上各点所受月球引力的大小和方向均不相同，其大小取决于该点至月球中心的距离，方向均指向月球中心，如图 2-1-1 所示。

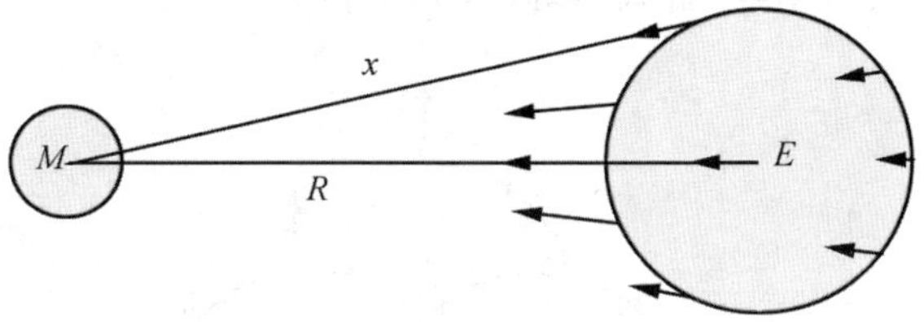

图 2-1-1　月球的引力

2）惯性离心力

由万有引力定律可知，地、月之间具有相互吸引力，但月球绕地球的公转是在一个平衡引力系统下的运动，确切地说，这种运动是月球和地球绕着它们的公共质心（G）运动，如图 2-1-2 所示。

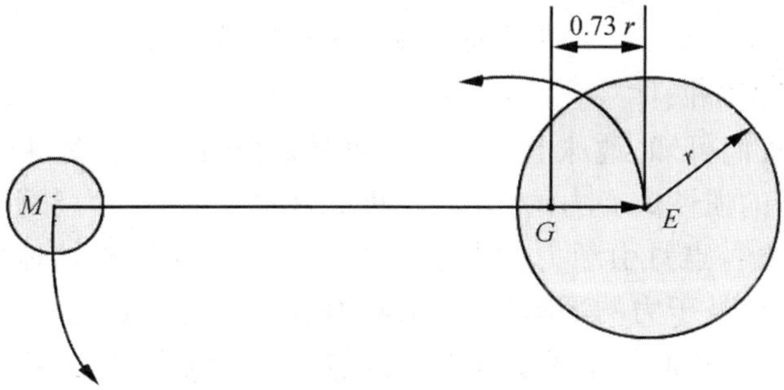

图 2-1-2　月-地系统的运动

可以推导出公共质心位于月球中心（M）和地球中心（E）的连线上，并且离地心 0.73r 处。因此，如果把月球和地球都看成一个质点，则地球和月球分别以 0.73r 和 $R-0.73r$ 为半径做圆周运动。地球质心所受到的惯性离心力应为 $m_E \times 0.73r \times \omega^2$（$\omega$ 为圆周运动的角速度），此惯性离心力必定等于月球引力 $f = k\frac{m_M m_E}{R^2}$，否则，月球引力就会把地球吸引过去。地球中心单位质量的惯性离心力与月球对其的引力（$k\frac{m_M}{R^2}$）大小相等、方向相反，方向背离月球，背离公共质心。但是，月球与地球实际都不是质点，而是有一定尺寸的几何物体，因此月球与地球的相对运动不能简单地看作质点运动，而是绕公共质心做平动运动。所谓平动运动是指运动物体内部任意一条固定的直线在运动中始终保持它的方向不变，平动运动的物体内任意一点的位移、速度和加速度都是与质心相同的。

如图 2-1-3 所示，取地球中心 E 和地球表面上的一点 A 进行说明。当地球中心位于 E_1 时，A 位于 A_1，月球位于 M_1 的方向；当 E 绕公共质心 G 转至 E_2 时，A 点转至 A_2，月球转至 M_2 的方向。由于在旋转过程中两点的连线时刻保持平行且相等，因此 A 不是绕公共质心 G，而是绕着自己中心 G' 旋转，并使得 EG 与 AG 时刻平行且相等，即 A 绕着与 E 不同的圆心但相同的半径转动，然后 E 从 E_2 到 E_3 再到 E_4，最后返回 E_1 位置，绕 G 旋转一周；A 从 A_2 到 A_3 再到 A_4，最后返回 A_1 位置，以与 E 相同的半径绕 G' 旋转一周，即在地球绕着月-地系统的公共质心 G 做平动运动时，地球上各点以相同的半径（ $0.73r$ ）绕着各自的中心旋转，且各点的旋转角速度和方向在每时每刻都相等。因此，地球表面任一单位水质点与质心 E 处单位质量一样受到一个相同的惯性离心力，大小相等，背离月球，互相平行。

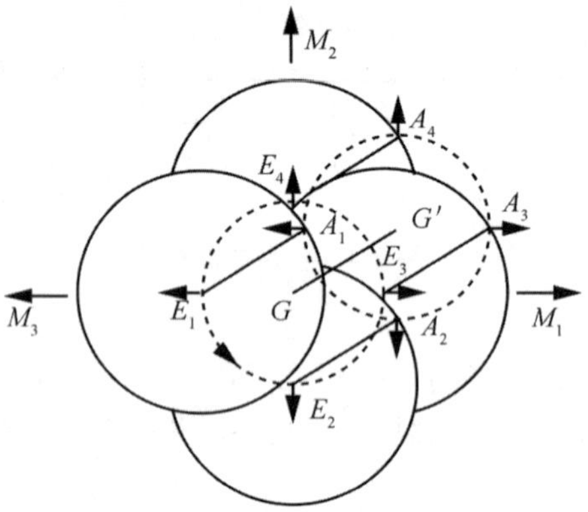

图 2-1-3　地球的平动运动

3）月引潮力和月潮椭圆体

通过上述讨论，我们可知，地球上各点在任何时刻均同时受到月球引力和地球绕公共质心进行平动运动所产生的惯性离心力的作用，这两个力的矢量和即为月引潮力。

图 2-1-4 是地球上各点月引潮力的大小和方向的示意图。在地球中心，引力和惯性离心力大小相等，方向相反，处于力的平衡状态，引潮力等于零。但是地球表面上各点的引力和惯性离心力不会相互抵消，从而产生了引潮力。虽然各点引潮力的大小和方向皆不相同，但对整个地球而言，仍处于一种平衡状态。然而，对地球表面上的水质点来说，将受到这种引潮力的作用而产生潮汐现象。

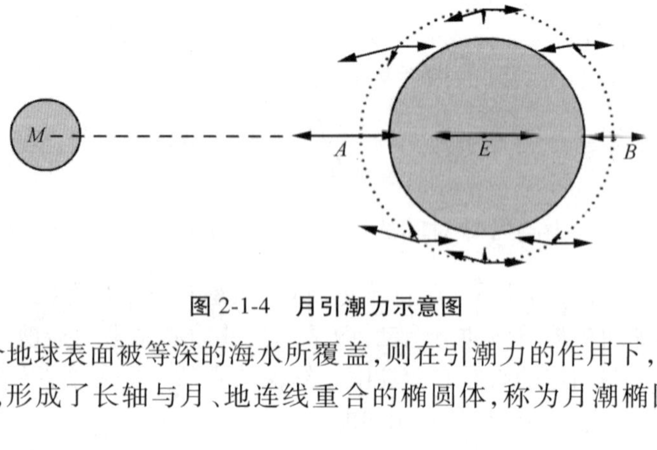

图 2-1-4　月引潮力示意图

根据假设，整个地球表面被等深的海水所覆盖，则在引潮力的作用下，地球表面的海水将达到新的平衡状态，形成了长轴与月、地连线重合的椭圆体，称为月潮椭圆体，如图 2-1-5 所示。月潮椭圆体上所受引潮力指向球心的各点所组成的水圈称为照耀圈。

4)潮汐的形成

图 2-1-5 是假定月球赤纬为零时的月潮椭圆体，P 为地极，A_1，A_2，A_3，A_4 分别表示地球表面上任意一点 A 随着地球自转中的 4 个位置。这个月潮椭圆体的长轴与月、地中心连线重合。

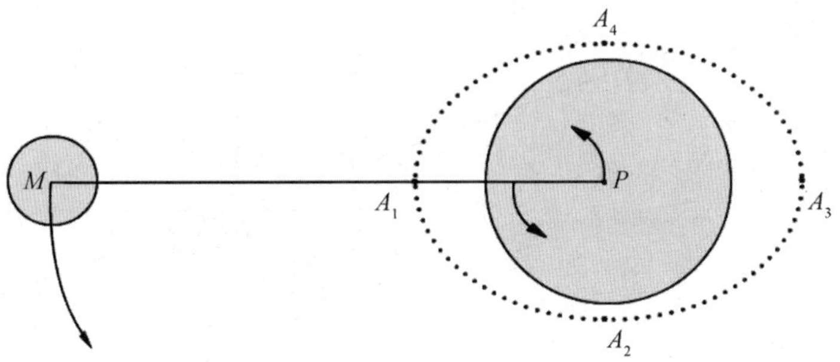

图 2-1-5　月潮椭圆体

A_1 点，月球在该点上中天，该地海面水位升到最高，产生该地当日第一次高潮；当地球自转至 A_2(第一次过照耀圈)点时，海面水位下降到最低，产生该地当日第一次低潮；当地球自转到 A_3 点时，即月下中天，海面水位再次升到最高，即发生该地当日第二次高潮，当地球自转到 A_4(第二次过照耀圈)时，海面水位再次下降到最低，则发生该地当日第二次低潮。月球连续两次上(下)中天的时间间隔约为 $24^h 50^m$，称为一个太阴日。相邻两个高(低)潮的时间间隔约为 $12^h 25^m$，称为潮汐周期。

2. 潮汐不等

1)潮汐的周日不等

上面我们讨论了月赤纬等于零的情况下地面某点潮汐一日的变化。我们把月赤纬等于零时的潮汐称为赤道潮(Equatorial tide)或分点潮。这样在一个太阴日中发生的两次高(低)潮潮高及相邻的高、低潮的时间间隔均相等。

实际上，在同一太阴日中所发生的两次高潮或两次低潮的潮高以及相邻的高、低潮的时间间隔并不相等，这种现象称为潮汐周日不等(Diurnal inequality of tide)。

图 2-1-6 是当月赤纬不等于零时的潮汐椭圆体，这时潮汐椭圆体的长轴与赤道平面的夹角等于当时的月球赤纬。当测者的纬度不为零时，如点 Z，由于地球自转的缘故，当 Z 点在 Z_1 处时，发生第一次高潮，过一段时间后，处在 Z_2 位置时，发生第一次低潮。第二次高潮则发生在 Z_3 处，显然，同一太阴日中两次高潮(低潮)的潮高不等，而且 $Z_1Z_2 \neq Z_2Z_3$，即相邻的高、低潮时间间隔不等，或涨落潮时不等。当月球赤纬增大时，这种潮汐周日不等现象更为显著。另外，潮汐周日不等现象还与测者的地理纬度有关。如果纬度等于或大于 90°与月球的赤纬之差，则每天就只有一次高潮和一次低潮了，如图中的位于 A_1A_2 纬圈上的各点。但是，对于赤道上的测者情况就不同了，其在 Q_1 处经历高潮、Q_2 处经历低潮、Q_3 处经历第二次高潮。因为 Q_l 和 Q_3 是通过潮汐椭圆体中心的直线与椭圆面的两个交点，所以 Q_1 和 Q_3 处的潮高相等，即赤道上的测者经历的两次高潮的潮高相同。再者因为 Q_2 和其地球另一侧的相对点都位于照耀圈上，所以赤道上的测者经历的两次低潮的潮高也相同。此外，因为 $Q_1Q_2 = Q_2Q_3$，所以赤道上的涨落潮时也相同，即赤道上无潮汐的周日不等现象。因此，当月球赤纬不等于零时，纬度不

为零的地方存在潮汐的周日不等现象；月球的赤纬越高，这种现象越显著；某点的纬度越高，这种现象也越显著；纬度等于或大于 90 °与月球赤纬之差的地方，一天只有一次高潮一次低潮。我们把月球赤纬达到最大时的潮汐称为回归潮(tropical tide)，此时潮汐周日不等现象最显著。

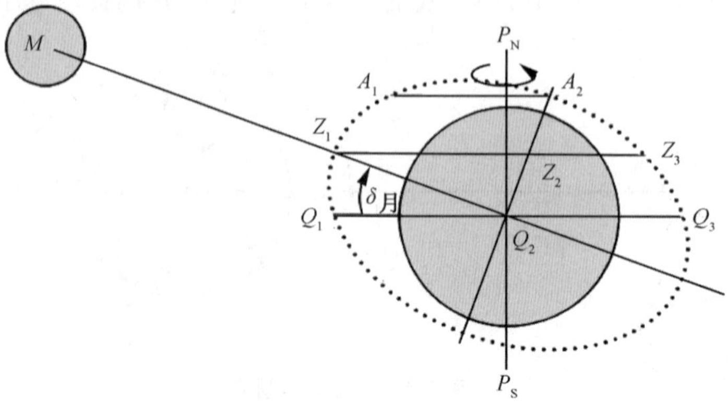

图 2-1-6　月球赤纬不等于零时的潮汐椭圆体

2)潮汐的半月不等

上面我们仅以月球引潮力为例说明了潮汐的成因及潮汐的周日不等。虽然太阳的引潮力是月球的引潮力的 1/2. 17，但是同样会产生太阳潮汐椭圆体。由于太阳两次上(下)中天的时间间隔为一个视太阳日，约为 24 h，太阳潮的半日潮周期约为 12 h。同样，当太阳的赤纬不等于零时，也会发生潮汐的周日不等现象。

太阳潮的存在增加了潮汐现象的复杂性，由于月球、太阳和地球在空间周期性地改变着它们的相对位置，从而产生了潮汐半月不等现象。

图 2-1-7 是假设太阳和月球的赤纬均等于零的情况。当月球处在新月(月相●)或满月(月相○)时，太阳、月球潮汐椭圆体的长轴在同一个子午圈平面内且太阳潮汐椭圆体与月潮椭圆体的长轴方向一致，引潮力互相叠加，出现高潮最高、低潮最低的现象，称为大潮(spring tide)。

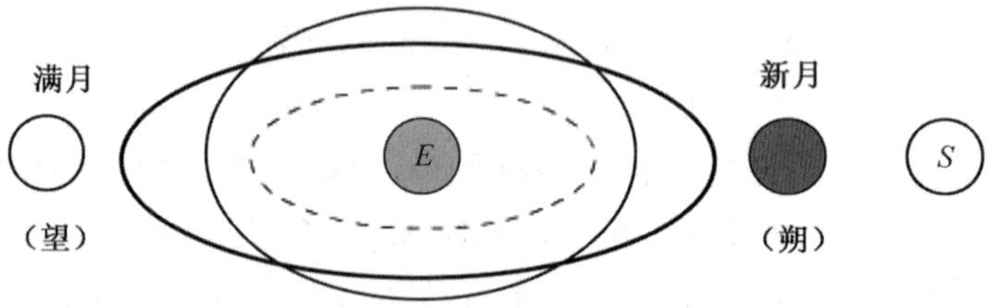

图 2-1-7　大潮的产生

图 2-1-8 是当月球在上弦或下弦时，太阳潮汐椭圆体与月球潮汐椭圆休的长轴方向互相垂直且在同一个子午圈平面内，因此引潮力互相抵消，出现了高潮最低、低潮最高的现象，称为小潮(neap tide)。

可见潮差在不断地变化着。从新月到上弦月潮差逐渐变小；从上弦月到满月潮差逐渐变大，到满月时潮差与新月时一样又达到最大。从满月到下弦月，从下弦月到新月又产生同样的重复。显然，潮差是以半个朔望月(约 14. 5 天)为周期而变化的，称为潮汐的半月不等(semi-menstrual inequality of tide)。

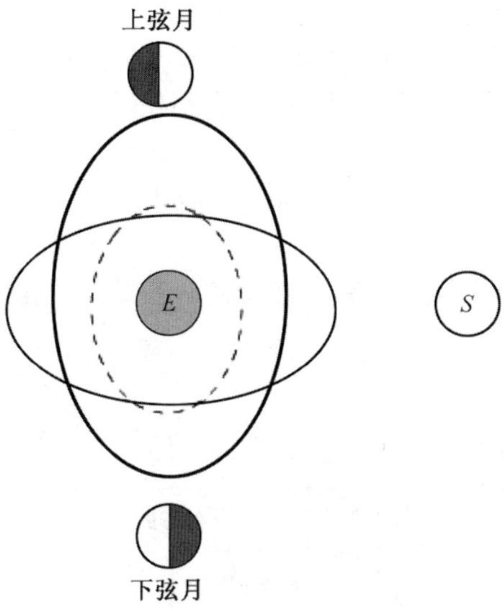

图 2-1-8　小潮的产生

3）潮汐的视差不等

由于月球是沿椭圆轨道绕地球转动的，地球在椭圆轨道的一个焦点上。当月球位于近地点时其引潮力要比位于远地点时大 40%，其周期为一个恒星月，约 27.3 天。同样，地球绕太阳公转过程中与太阳距离也是在不断变化的。每年 1 月 3 日前后，地球离太阳最近，此点为近日点，而每年 7 月 4 日前后，地球离太阳最远，此点为远日点。近日点的引潮力比远日点的引潮力大 10%，其周期为一个回归年，约 365.2422 天。这种由于地球与月球和太阳距离变化而产生的潮汐不等现象，称为潮汐视差不等（Parallax inequality of tide），平衡潮（静力学）理论是在理想的假设条件下分析潮汐基本成因和潮汐不等等问题的，实际上潮汐要复杂得多，海水的黏滞性、海洋深浅不一、海水的摩擦力等使得高潮并不发生在月上（下）中天之时，而是滞后一段时间；大潮也不是发生在朔、望之日，而是滞后 1~3 天。各地的潮差不等，甚至相差非常悬殊；相距很近的两个地区却发生性质不同的潮汐现象。用静力学理论是无法解释这些现象的，更精确的分析需要运用潮汐动力学理论和潮汐调和分析法（Tidal harmonic analysis method）。关于这方面的分析可参阅其他相关书籍。

二、潮汐类型和潮汐术语

1. 潮汐类型

根据潮汐性质可以将潮汐分为四种类型：

1）正规半日潮

正规半日潮又称半日潮，在一个太阴日内发生两次高潮和低潮，且相邻的高潮（低潮）的潮高大致相等，涨落潮时亦很接近。

2）正规日潮

正规日潮又称全日潮，在半个月中，一天出现一次高潮和一次低潮的天数超过 7 天，而其余天数为混合潮性质。

3)不正规半日潮混合潮

不正规半日潮混合潮基本具有半日潮的特征,在一个太阴日内有两次高潮和低潮,但相邻的高潮(低潮)的潮高相差很大,涨潮时和落潮时也不相等。

4)不正规日潮混合潮

在半个月中,一天出现一次高潮和一次低潮的天数不超过7天,而其余天数为不正规半日潮。

注:一些航海资料上将不正规半日潮混合潮和不正规日潮混合潮统归为一种类型潮汐,称为混合潮。

2. *潮汐术语*

为了便于掌握和实际运用潮汐计算方法,下面介绍一些潮汐术语,如图2-1-9所示。

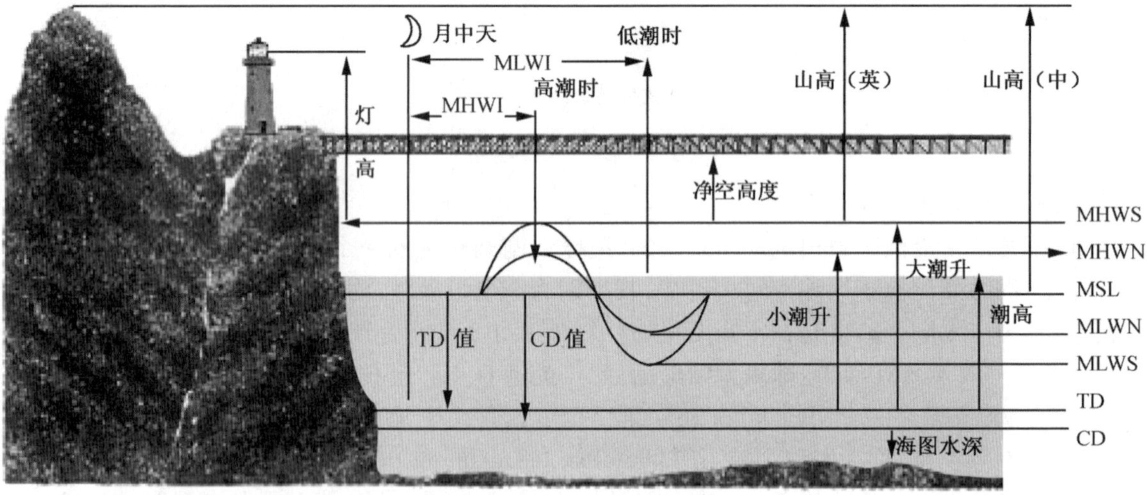

图2-1-9 潮汐术语图解

平均海面(Mean Sea Level,MSL):根据长期潮汐观测记录算得的某一时期的海面平均高度。由潮高基准面至平均海面的高度。

潮高基准面(Tidal Datum,TD):计算潮高的起算面。

海图深度基准面(Chart Datum,CD):计算海图深度的起算面。

潮高(Tide Height):从潮高基准面到海面的高度。

潮时(Tide Time):测定潮高的时间。

涨潮(Flood Tide):潮汐涨落运动中海面上升的过程。

高潮(High Water,HW)(满潮):海面升到最高。

高高潮(Higher High Water,HHW):1个太阴日中发生的2次高潮中潮高较高的高潮。

低高潮(Lower High Water,LHW):1个太阴日中发生的2次高潮中潮高较低的高潮。

落潮(Ebb Tide):潮汐涨落运动中海面下降的过程。

低潮(Low Water,LW)(干潮):海面降到最低。

低低潮(Lower Low Water,LLW):1个太阴日中发生的2次低潮中潮高较低的低潮。

高低潮(Higher Low Water,HLW):1个太阴日中发生的2次低潮中潮高较高的低潮。

平潮(Slack):高潮发生后,海面有一段时间呈现停止升降的现象。

停潮(Stand):低潮发生后,海面有一段时间呈现停止升降的现象。

潮差(Tidal Range):相邻高、低潮潮高之差。

涨潮时间(Duration of Rise):从低潮时到高潮时的时间间隔。

落潮时间(Duration of Fall):从高潮时到低潮时的时间间隔。

大潮升(Spring Rise,SR):从潮高基准面到平均大潮高潮面的高度。

小潮升(Neap Rise,NR):从潮高基准面到平均小潮高潮面的高度。

平均高(低)潮间隙(Mean High/Low Water Interval,MHWI/MLWI):每天月中天时刻到当地高(低)潮时的时间间隔的长期平均值。

潮龄(Tide Age):朔望日到实际发生大潮的时间间隔天数,一般为1~3天。

第二节 中版《潮汐表》与潮汐推算

一、中版《潮汐表》

1. 出版情况

目前,我国出版《潮汐表》的单位主要有中国人民解放军海军海道测量局和国家海洋局海洋信息中心。国家海洋局海洋信息中心还在中国海洋信息网站上提供“我国主要港口的潮汐预报(月报)”及“国家海洋科学数据共享平台”等服务。此外,中国海事局也出版部分港口的《潮汐表》。本书仅对国家海洋局海洋信息中心出版的《潮汐表》进行介绍。

中版《潮汐表》每年出版1次,下年度《潮汐表》均在本年度提前编好发行,共6册,前3册覆盖中国沿岸,后3册覆盖世界大洋区域。

第一册:中国渤海和黄海沿岸,从鸭绿江口至长江口;

第二册:中国东海沿岸,从长江口至台湾海峡(含福建和台湾);

第三册:中国南海沿岸及诸群岛,包括广东、广西和海南;

第四册:太平洋及毗邻水域;

第五册:印度洋及毗邻水域;

第六册:大西洋及毗邻水域。

以上六册潮汐表还包括主要港口、航线、渔场等的潮流预报。

根据使用情况,本节主要对中国沿岸3册《潮汐表》的使用做详细介绍。

2. 主要内容

1)主港潮汐预报表:这部分刊载的是主港的每日逐时潮高和高(低)潮潮时、潮高预报或只刊载每日高(低)潮潮时、潮高预报。

2)潮流预报表:这部分刊载是部分海峡、港湾、航道以及渔场的潮流预报站点的每日潮流预报。

3)差比数和潮信表及使用(附属港资料):这部分刊载了主、附港之间的潮时差、潮差比和改正数,用于利用差比数推算附港潮汐和用潮信资料概算潮汐。为了帮助用户了解港口的潮汐状况,还同时列出了每个港口的潮汐特征数据。

还刊有一些与潮汐表结合使用的专用图表,如《部分港口潮高订正值表》《格林尼治月中天时刻表(格林尼治平时)》《东经 120°月中天时刻表(北京标准时)》《月赤纬表(世界时零时)》《任意时潮高计算方法(梯形图卡)》《天文变量》。后 3 册最后还印有“地名索引”。

对于一些重要港口或者能够代表某些潮汐类型特征的港口,潮汐表中刊载其每日高(低)潮的潮时和潮高预报,此种港口称为主港(Standard port),根据与主港的差比关系来推算潮汐的港口称为附港(Secondary port)。

潮汐表中列出的潮时差和潮差比等数据目前大部分是利用调和常数间接计算的,其质量决定于调和常数的精度以及所选的主港。一般来说,利用差比关系推算的附港潮汐精度较低。

3. 注意事项

1)我国沿海港口用北京标准时(东 8 区),外国诸港均在每页左下角注明所用标准时。在附属港差比数中,当主、附港标准时不同时,已在它们的潮时差中做了改正,使用者无须考虑时区的不同。

本表不采用某些地区使用的夏季时间。所有港口,在一年当中都采用一个标准时。

2)潮高和水深:潮高基准面(TD)是《潮汐表》中潮高的起算面,与海图深度基准面(CD)一致。因此某一时刻的水深等于海图水深加上该时刻的潮高。

3)《潮汐表》使用时应注意,一个港口的高、低潮发生时刻并不一定是潮流的转流时刻。在开阔岸边,高、低潮时刻与落潮流或涨潮流的开始时刻相近;在狭窄水道及河口内,转流时刻与高、低潮时刻相差可达数小时。

4)关于《潮汐表》的预报误差及水文气象的影响:在正常情况下,《潮汐表》预报潮时的误差在 20~30 min 以内,潮高误差在 20~30 cm 以内。但在下列情况下误差较大,应予以注意:

(1)有寒潮、台风或其他天气急剧变化时,水位随之发生特殊变化,潮汐预报(主要是潮高)将会与实际相差较大。寒潮往往引起“减水”,使实际水位低于预报很多,个别强烈的寒潮可使实际水位低于预报 1 m 以上。台风往往带来较大的“增水”,个别情况也有引起实际水位高于预报 1 m 以上的现象。此外,长江口附近春季经常有气旋出现而引起大风,也能引起水位较大的变化。

(2)处在江河口的预报点,如营口、吴淞、温州等,每当汛期洪水下泄时,水位急涨,实际水位都会高于预报很多。

(3)南海的日潮混合港口,如海口、海安、北海等,因高潮及低潮常常有较长一段平潮时间,预报的潮时有时会与实测差 1 h 以上,但对实际使用影响不大,所预报时间的潮高仍与实测潮高相符。

二、利用《潮汐表》推算潮汐

1. 主港潮汐查算

主港高、低潮的潮时和潮高或部分港口每小时潮高可直接查《潮汐表》求得。但应注意船时和表列标准时是否一致,若不一致,应将求得的潮时修正到相应的船时。

2. 求附港的高、低潮潮时和潮高

1)名词解释

(1)附属港:如果两个港口的潮汐特征类似,则它们之间有着接近于固定不变的潮时差和潮差比(称作差比关系)。在此情况下即可利用其中一个港口的每日高、低潮预报,通过两港之间的差比关系推算另一港口的潮汐。根据这种关系推算潮汐的港口称为附属港。

(2)高(低)潮时差:主港与附港出现高(低)潮的时间差。正号(+)表示附港高(低)潮比主港高(低)潮发生得晚;负号(-)表示附港高(低)潮比主港高(低)潮发生得早。

(3)潮差比:对半日潮港来说,是指附港的平均潮差与主港的平均潮差之比;对日潮港来说,是指附港的回归潮大的潮差与主港的回归潮大的潮差之比。

(4)改正值:使用潮差比由主港潮高计算附港潮高时,若附港基准面不是用主港基准面确定的,需要对附港潮高加以订正,使之变为从附港基准面起算,此订正数就是表列的改正值。

2)用差比数计算附港潮汐的公式

(1)附港潮时的计算公式:

附港高(低)潮时=主港高(低)潮时+高(低)潮时差 (2-2-1)

(2)附港潮高的计算公式:

①中版《潮汐表》前3册附港潮高的计算公式:

a.当主、附港季节改正数较大时,附港潮高的计算公式为:

附港高(低)潮高=[主港高(低)潮高-(主港平均海面+主港季节改正数)]×潮差比+(附港平均海面+附港季节改正数) (2-2-2)

b.当主、附港季节改正数不大时,不必进行平均海面的季节改正,可以直接利用差比数栏中的改正值求得附港的潮高,即:

附港高(低)潮高=主港高(低)潮高×潮差比+改正值 (2-2-3)

②中版《潮汐表》后3册附港潮高的计算公式:

附港高(低)潮高=主港高(低)潮高×潮差比+改正数+潮高季节改正数 (2-2-4)

附属港的潮高季节改正数从“附属港的潮高季节改正数表”中查得。它们对应着每月中间日期的数值,可看作是月平均值。这些数值是将主港和附属港海面的季节变化结合考虑后计算出来的,只供由主港潮高推算附属港潮高时使用,而不是各港口海面的季节变化。各港口海面的季节变化另列在“海面季节变化表”中。

3)附港潮汐计算举例

例2-2-1:求青岛前海(山东)2007年8月1日潮汐。

解:

①从2007年第一册《潮汐表》的“差比数和潮信表”中查得资料如下:

编号	站名	主港	差比数				平均高潮间隙	平均低潮间隙	平均大潮升	平均小潮升	平均海面
			高潮时差	低潮时差	潮差比	改正值					
			时分	时分		cm	时分	时分	cm	cm	cm
3062	青　岛	主港					0419	1107	414	331	239
3064	青岛前海	青岛	-0003	-0010	0.93	17	0416	1057	399	327	240

②根据主、附港编号和日期查得青岛前海和青岛的平均海面季节改正值均为25 cm。

③从“主港潮汐预报表”中可查出青岛 2007 年 8 月 1 日潮汐资料如下：

日期	潮时 时分	潮高 cm
1	0031	35
	0603	442
W	1247	120
	1756	450

④求青岛前海(附港)潮汐格式如下：

		高潮时		低潮时	
主港青岛 1/8-2007 潮时		0603	1756	0031	1247
高、低潮时差	+)	-0003	-0003	-0010	-0010
附港青岛前海 1/8-2007 潮时		0600	1753	0021	1237
		高潮潮高		低潮潮高	
主港青岛 1/8-2007 潮高		442	450	35	120
主港季节改正后的平均海面(239+25)	-)	264	264	264	264
主港平均海面上的潮高		178	186	-229	-144
潮差比	×)	0.93	0.93	0.93	0.93
附港平均海面上的潮高		166	173	-213	-134
附港季节改正后的平均海面(240+25)	+)	265	265	265	265
附港青岛前海 1/8-2007 潮高		431	438	52	131

例 2-2-2:求唐岛湾(山东)2007 年 10 月 1 日潮汐。

解:

①从 2007 年第一册《潮汐表》的“差比数和潮信表”中查得资料如下：

编号	站名	主港	差比数				平均高潮间隙	平均低潮间隙	平均大潮升	平均小潮升	平均海面
			高潮时差	低潮时差	潮差比	改正值					
			时分	时分		cm	时分	时分	cm	cm	cm
3062	青　岛	主 港					0419	1107	414	331	239
3064	唐岛湾	青 岛	0017	0003	0.91	22	0435	1110	399	319	240

②根据主、附港编号和日期查得唐岛湾和青岛的平均海面季节改正值均为 5 cm(较小)。

③从“主港潮汐预报表”中可查出青岛 2007 年 10 月 1 日的潮汐资料如下：

日期	潮时 时分	潮高 cm
1	0136	96
	0644	436
W	1358	38
	1930	430

④求唐岛湾(附港)潮汐格式如下:

		高潮时		低潮时	
主港青岛 1/10-2007 潮时		0644	1930	0136	1358
高、低潮时差	+)	-0017	-0017	-0003	-0003
附港唐岛湾 1/10-2007 潮时		0701	1947	0139	1401
		高潮潮高		低潮潮高	
主港青岛 1/10-2007 潮高		436	430	96	38
潮差比	×)	-0.91	0.91	0.91	0.91
附港平均海面上的潮高		397	391	87	35
改正值	+)	22	22	22	22
附港唐岛湾 1/10-2007 潮高		419	413	109	57

例 2-2-3:求加拿大 Glendale Cove 2011 年 10 月 22 日的潮汐。

解:

①根据各册中版《潮汐表》的覆盖范围,选用 2011 年第四册中版《潮汐表》,从“地名索引”中查得 Glendale Cove 的编号是 1438。

②按照编号(1438)在“附属港资料(差比数表)”中查得 Glendale Cove 的主港是托菲诺(TOFINO No. 1468 p. 145),高潮时差+0038,低潮时差+0035,潮差比 1.49,改正数为+0.1 m。

③从“附属港潮高季节改正数表”中查得 Glendale Cove 的潮高季节改正数为+0.1 m。

④从“主港潮汐预报表”中查得托菲诺 2011 年 10 月 22 日的潮汐为:

日期	潮时 时分	潮高 cm
1	0210	108
	0838	308
W	1447	143
	2045	304

⑤求 Glendale Cove(附港)潮汐格式如下:

		高潮时		低潮时	
主港托菲诺 22/10-2011 潮时		0838	2045	0210	1447
高、低潮时差	+)	0038	0038	0035	0035
附港 Glendale Cove 22/10-2011 潮时		0916	2123	0245	1522
		高潮潮高		低潮潮高	
主港托菲诺 22/10-2011 潮高		308	304	108	143
潮差比	×)	1.49	1.49	1.49	1.49
附港 Glendale Cove 未改正的潮高		459	453	161	213
改正比	+)	10	10	10	10
附港 Glendale Cove 未进行季节改正的潮高		469	463	171	223
潮高季节改正数	+)	10	10	10	10
附港 Glendale Cove 22/10-2011 潮高		479	473	181	233

3. 利用潮信资料概算潮汐

潮信资料包括:平均高(低)潮间隙、平均大(小)潮升和平均海面。利用潮信资料可以概算高(低)潮潮时和潮高。

1) 当地高潮时=格林尼治月上(下)中天时+平均高潮间隙 (2-2-5)

当地低潮时=格林尼治月上(下)中天时+平均低潮间隙 (2-2-6)

例 2-2-4:求青岛 2007 年 2 月 21 日的高、低潮时间。

解:

①查附录"格林尼治月中天时刻表",得 2007 年 2 月 21 日格林尼治月上中天时刻为 1531,月下中天时刻为 0306。

②查"差比数和潮信表"得青岛的平均高潮间隙为 0419,平均低潮间隙为 1107。

	上中天	下中天	上中天	下中天
2 月 21 日格林尼治月中天时刻:	1531	0306	1531	0306
青岛平均高(低)潮间隙:	0419	0419	1107	1107
	高潮潮高		低潮潮高	
青岛 2 月 21 日的高(低)潮时间:	1950	0725	2638	1413
			0238(2 月 22 日)	

2)当不知道格林尼治月上(下)中天时间时,对于半日潮港,可用以下方法近似求取月中天时间:

上半月(农历日期):

月上中天时=(农历日期-1)×0.8+1200 (2-2-7)

月下中天时=月上中天时±1225 (2-2-8)

下半月(农历日期):

月上中天时=(农历日期-16)×0.8 (2-2-9)

月下中天时=月上中天时±1225 (2-2-10)

例 2-2-5：我国沿海某地平均高潮间隙 MHWI 为 1125，平均低潮间隙 MLWI 为 0215，求农历初十的高、低潮潮时为多少？

解：高潮潮时＝(农历日期−1)×0.8+1200+MHWI＝9×0.8+1200+1125＝3037

3037−1225＝1812/初十　　1812−1225＝0547/初十

低潮潮时＝(10−1)×0.8+1200+0215＝2127

低潮潮时＝2127−1225＝0902

例 2-2-6：我国沿海某地平均高潮间隙 MHWI 为 0955，低潮间隙 MLWI 为 0345，求农历廿一日的高、低潮潮时为多少？

解：高潮潮时＝(农历日期−16)×0.8+MHWI＝5×0.8+0955＝1355

高潮潮时＝1355−1225＝0130

低潮潮时＝(农历日期−16)×0.8+MLWI＝5×0.8+0345＝0745

低潮潮时＝0745+1225＝2010

3)用潮升估算潮高

$$\text{平均大潮高潮高}=\text{大潮升} \tag{2-2-11}$$

$$\text{平均大潮低潮高}=2\times\text{平均海面}-\text{大潮升} \tag{2-2-12}$$

$$\text{平均小潮高潮高}=\text{小潮升} \tag{2-2-13}$$

$$\text{平均小潮低潮高}=2\times\text{平均海面}-\text{小潮升} \tag{2-2-14}$$

其他日的潮高可以根据大潮日至小潮日约 7.5 日和所求日期与大(小)潮日期的关系内插求取：

$$\text{其他日高潮潮高}=\text{大潮升}-\frac{\text{大潮升}-\text{小潮升}}{7.5}\times(\text{所求日与大潮日相隔天数}) \tag{2-2-15}$$

$$\text{其他日低潮潮高}=2\times\text{平均海面}-\text{所求日高潮潮高} \tag{2-2-16}$$

中国沿海的潮龄往往取 3 日，大潮日定为初三、十八，小潮日定为初十、廿五。

例 2-2-7：我国沿海某地大潮升 4.4 m，小潮升 3.0 m，平均海面 2.5 m。求农历初五的高、低潮高各为多少？

解：
$$\text{高潮潮高}=\text{大潮升}-\frac{\text{大潮升}-\text{小潮升}}{7.5}\times(\text{所求日与大潮日相隔天数})$$

$$=4.4-\frac{4.4-3.0}{7.5}\times(5-3)=4\ \text{m}$$

低潮潮高＝2×平均海面−高潮潮高＝2×2.5−4＝1.0 m

例 2-2-8：我国沿海某地大潮升 4.5 m，小潮升 2.7 m，平均海面 2.3 m。求农历十五日的高、低潮高各为多少？

解：
$$\text{高潮潮高}=\text{大潮升}-\frac{\text{大潮升}-\text{小潮升}}{7.5}\times(\text{所求日与大潮日相隔天数})$$

$$=4.5-\frac{4.5-2.7}{7.5}\times(18-15)=3.8\ \text{m}$$

低潮潮高＝2×平均海面−高潮潮高＝2×2.3−3.8＝0.8 m

注：用潮信资料估算潮汐比用差比数计算的误差大，一般来说，有差比数者不用潮信推算潮汐。

4. 求任意时的潮高和任意潮高的潮时

在整个潮汐周期内，潮汐涨、落的速度是变化的。在高、低潮的附近，潮汐涨、落较缓慢，而在高、低潮的中间时刻，即接近平均海面时，其涨、落速度较快。

为求得相邻的高、低潮间任意时刻的潮高，通常将潮汐的涨、落运动视为简谐运动，运动曲线近似于余弦曲线，如图 2-2-1 所示。

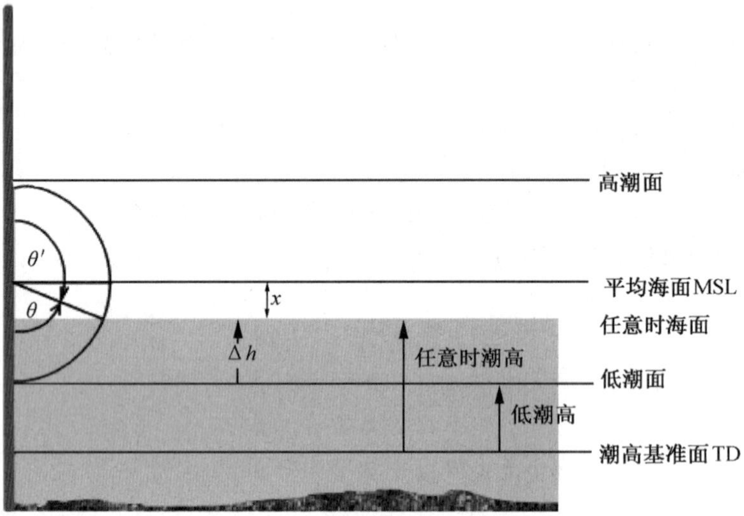

图 2-2-1　任意时潮高和任意潮高的潮时

1）公式计算法

可以看出任意时水面与低潮面的潮高改正数 Δh 为：

$$\Delta h = \frac{1}{2}\text{潮差} - x$$
$$= \frac{1}{2}\text{潮差} \times (1 - \cos\theta)$$
$$= \frac{1}{2}\text{潮差} \times \left[1 - \cos\left(\frac{t}{T} \times 180°\right)\right]$$

其中：θ——任意时刻的相位角，由低潮时起算

所以可得：

$$\text{任意时潮高} = \text{低潮潮高} + \text{潮差} \times \frac{1}{2}\left[1 - \cos\left(\frac{t}{T} \times 180°\right)\right]$$
$$= \text{高潮潮高} - \text{潮差} \times \frac{1}{2}\left[1 - \cos\left(\frac{t'}{T} \times 180°\right)\right] \quad (2\text{-}2\text{-}17)$$

式中：T——落潮或涨潮的时间间隔；

t——任意时与低潮时的时间间隔；

t'——任意时与高潮时的时间间隔。

例 2-2-9：2018 年 8 月 20 日青岛的潮汐资料为 0552　182 cm，1148　356 cm，求 0800 时潮高及其后潮高等于 3.0 m 时的潮时。

解：0800 时潮高 = 低潮潮高 + 潮差 × $\frac{1}{2}[1-\cos(\frac{t}{T}\times180°)]$

$$= 182 + (356-182)\times\frac{1}{2}\left[1-\cos(\frac{0800-0552}{1148-0552}\times180°)\right]$$

$$= 232(cm)$$

设潮高等于 3.0 m 的时间为 x，则：

300 = 低潮潮高 + 潮差 × $\frac{1}{2}[1-\cos(\frac{t}{T}\times180°)]$

$$= 182 + (356-182)\times\frac{1}{2}\left[1-\cos(\frac{x-0552}{1148-0552}\times180°)\right]$$

解得：x = 0931

2）等腰梯形图卡法

中版《潮汐表》中还附有求任意潮时潮高的等腰梯形图卡，可以方便快捷地近似求得任意潮高和潮时。

（1）构成

等腰梯形图卡由主图与潮时尺和潮高尺三部分构成，如图 2-2-2 所示：

①主图：由左右两个等腰梯形组成，左侧指示潮时，右侧指示潮高。

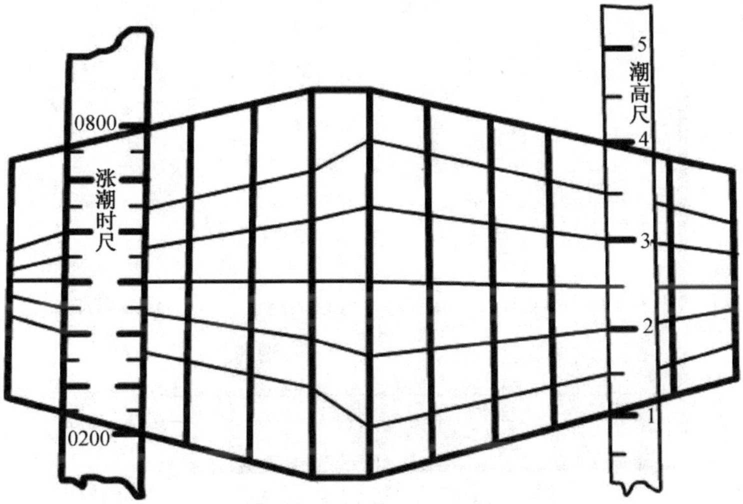

图 2-2-2　梯形图卡示意图

②潮时尺：分两侧读数，涨潮时尺和落潮时尺。涨潮时应将涨潮时尺向上，落潮时应将落潮时尺向上，潮时尺上下可衔接使用，使时间连续，以查跨日潮汐。

③潮高尺：分为上下两种刻度，上段大刻度 1～8 m，适用于一般潮高；下段小刻度 1～12 m，适用于大于 8 m 或小于 1 m 的潮高。

（2）使用方法

①利用潮时尺和潮高尺与主图上下垂线平行移动到与所求时相邻的高低潮时、潮高恰与主图梯形上下边相切，即可查得。

②潮高尺可扩大或缩小一个倍数使用，但查得值应注意缩小或扩大相同倍数。

例 2-2-10:已知某港某日的潮汐资料为 0200　1.0 m,0800　4.0 m,求在 0200~0800 任意时刻潮高或任意潮高的潮时。

解:

①由于 0200~0800 是涨潮的过程,所以应使涨潮时尺向上,使右侧读数 0200 和 0800 分别于主图左侧上下两斜边相接(潮时尺应与图卡上的垂直线平行)。

②使潮高尺上 1.0 m 和 4.0 m 处分别与主图右侧上下两斜边相接(潮时尺应与图卡上的垂直线平行)。

③然后通过图卡中的放射状斜线即可查得(见图 2-2-2):0340 的潮高为 1.5 m;0425 的潮高为 2.0 m;0500 的潮高为 2.5 m;0540 的潮高为 3.0 m;0625 的潮高为 3.5 m。

三、潮汐推算在航海上的应用

1. 求实际水深

海图水深是海图深度基准面到海底的距离,潮高是由潮高基准面向上计算到当时海面的距离。潮高基准面一般与海图深度基准面一致,某地某时潮高加上当地海图水深即得该地该时的实际水深;反之,某时某地的实测水深减去潮高,即得该时该地的海图水深,用于测深辨位。但是,有些港口的海图深度基准面与《潮汐表》采用的潮高基准面不一致,如图 2-2-3 所示,使用时应予以订正:

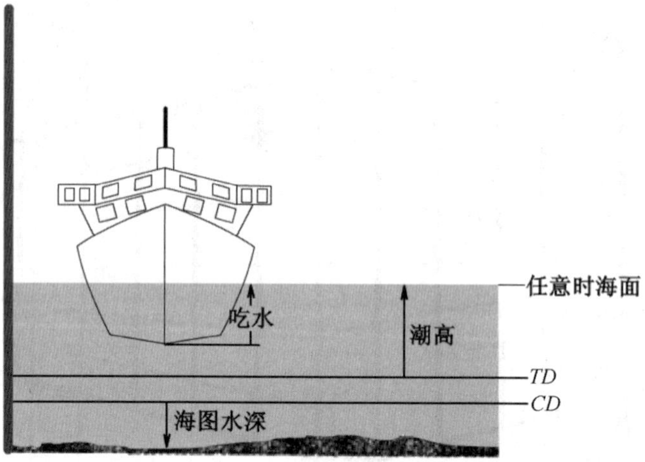

图 2-2-3　实际水深图解

$$实际水深 = 海图水深 + 潮高 + (CD - TD) \tag{2-2-18}$$

式中:CD 和 TD 分别代表海图深度基准面和潮高基准面与平均海面之间的垂直高度。

例 2-2-11:2018 年 8 月 20 日青岛的潮汐资料为 0552　182 cm,1148　356 cm,海图水深 15 m,海图深度基准面在平均海面下 2 m,潮高基准面在平均海面下 1 m,求 0800 时的实际水深。

解:0800 时潮高 = 低潮潮高 + 潮差 $\times \frac{1}{2}\left[1-\cos\left(\frac{t}{T}\times 180^{\circ}\right)\right]$

$$=182+(356-182)\times\frac{1}{2}\left[1-\cos\left(\frac{0800-0552}{1148-0552}\times180^{\circ}\right)\right]$$

$$=232\ \text{cm}\approx2.3\ \text{m}$$

实际水深=海图水深+潮高+(*CD*-*TD*)

$$=15+2.3+(2-1)=18.3\ \text{m}$$

航海上进行测深辨位时,还可以利用下式求得海图水深,以便与海图上的水深点进行比较来获得船位。

$$海图水深=实测水深+吃水-潮高-(CD-TD) \tag{2-2-19}$$

2. 求取实际山高和灯高

中版航海图书资料中物标的高程起算面采用黄海平均海面(青岛外海)或当地平均海面。灯塔灯高是由灯芯算至平均大潮高潮面的高度。英版海图上的高程基准面一般采用平均大潮高潮面。灯高同中版一致。由于潮汐的影响,实际山高和灯高与资料给出的值有所差异,必须经过修正才可用于航行计算中。

1)实际山高

(1)根据中版航海图书资料求取实际山高可以利用下式:

$$实际山高=高程+平均海面高度-潮高 \tag{2-2-20}$$

(2)而利用英版航海图书资料求取实际山高的公式为:

$$实际山高=高程+大潮升-潮高 \tag{2-2-21}$$

2)实际灯高

无论利用中版还是英版航海图书资料求取实际灯高均可用下式求取:

$$实际灯高=灯高+大潮升-潮高 \tag{2-2-22}$$

3. 过浅滩(最小安全潮高问题)

在进出港航道、狭水道、岛礁区和某些沿岸水域,特别是许多内河水系的下游港口,往往存在着一些浅水区。大型船舶通过时通常需要候潮,这要求潮高不要小于某数值即最小安全潮高,如图 2-2-4 所示。

海图水深+潮高+(*CD* - *TD*) ≥船舶吃水+安全富余水深

因此:最小安全潮高=吃水+安全富余水深-海图水深-(*CD* - *TD*)　(2-2-23)

例 2-2-12:已知某地某日潮汐: 0213　91 cm,0750　525 cm。某船吃水 10.2 m,富余水深为 1.5 m,海图水深 7.1 m,海图深度基准面在平均海面下 2 m,潮高基准面在平均海面下 1 m,求当日最早何时可以通过该浅滩。

解:

最小安全潮高=船舶吃水+安全富余水深-海图水深-(*CD* - *TD*)

$$=10.2+1.5-7.1-(2-1)=3.6\ \text{m}$$

设当日潮高等于 3.6 m 的时间为 x ,则:

$$360=低潮潮高+潮差\times\frac{1}{2}\left[1-\cos\left(\frac{t}{T}\times180^{\circ}\right)\right]$$

$$=91+(525-91)\times\frac{1}{2}\left[1-\cos\left(\frac{x-0213}{0750-0213}\times180^{\circ}\right)\right]$$

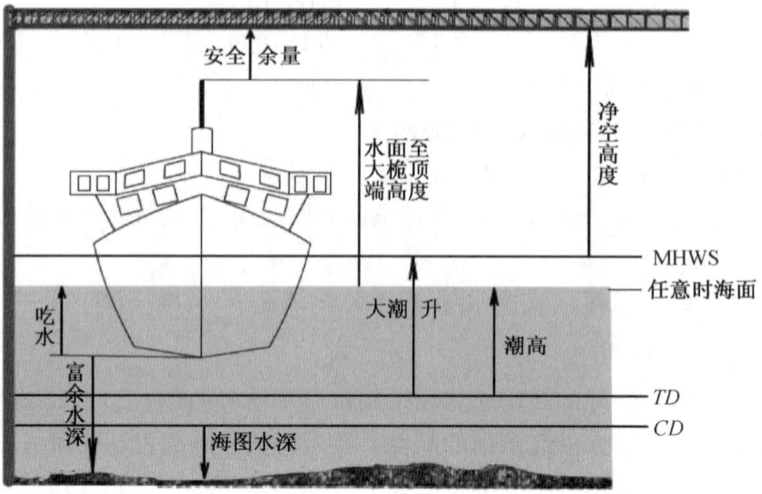

图 2-2-4　最大/小安全潮高

解得：x =0527

则当日最早可以通过该浅滩的时间为 0527。

4. 过横空障碍物(最大安全潮高问题)

在某些水道的上空,还建有横跨水道的桥梁或高空电缆等,这些建筑物构成了船舶航行的空中障碍物。架空电线(管道)或桥梁净空高度是自平均大潮高潮面或江河最高水位至管线或桥梁最低点的垂直距离。为了避开这些障碍物并保留一定安全余量,要求潮高不要大于某值即最大安全潮高,如图 2-2-4 所示。

最大安全潮高=大潮升+净空高度-水面至船舶大桅顶端的高度-安全余量 (2-2-24)

例 2-2-13:已知某地某日潮汐:0747　520 cm,1433　138 cm。某轮吃水 8.0 m,欲通过海图水深为 7 m 的水道,该水道上空有一净空高度为 34 m 的大桥,要求保留的安全余量为 2 m,该轮水面上最大高度为 33 m,该水道大潮升 4.5 m,求当日上午 0800 后最早何时可以通过该水道。

解：

最大安全潮高=大潮升+净空高度-水面至船舶大桅顶端的高度-安全余量

=4.5+34-33-2=3.5 m

设当日潮高等于 3.5 m 的时间为 x ,则：

$$350=\text{高潮潮高}-\text{潮差}\times\frac{1}{2}\left[1-\cos\left(\frac{t'}{T}\times180^\circ\right)\right]$$

$$=520-(520-138)\times\frac{1}{2}\left[1-\cos\left(\frac{x-0747}{1433-0747}\times180^\circ\right)\right]$$

解得：x =1056

则当日上午 0800 后最早可以通过该水道的时间为 1056。

第三节 英版《潮汐表》与潮汐推算

一、英版《潮汐表》

1. 出版情况

英版《潮汐表》(Admiralty Tide Tables,ATT)由英国水道测量局出版,每年一版,下年度《潮汐表》均在本年度提前编好发行,共有9卷。书号为NP201A,NP201B,NP202,NP203,NP204,NP205,NP206,NP207,NP208,包括世界各主要港口的潮汐预报资料。各卷《潮汐表》所包括的海区界限,可查看英版《海图及航海出版物目录》(NP131)或《潮汐表》内或封底英版潮汐表界限图。

NP201A:英国—英吉利海峡到亨伯河(包括锡利群岛、海峡群岛和欧洲水道各港)[United Kingdom—English Channel to River Humber(Including Isles of Scilly,Channel Islands and European Channel Ports)];

NP201B:英国和爱尔兰(不包括锡利群岛、英吉利海峡到亨伯河、海峡群岛和欧洲水道各港)[United Kingdom and Ireland(excluding Isles of Scilly,English Channel to River Humber,Channel Islands and European Channel Ports)];

NP202:北大西洋和北极地区[North Atlantic Ocean and Arctic Regions];

NP203:印度洋(包括潮流表)[Indian Ocean(including Tidal Stream Tables)];

NP204:南太平洋(包括潮流表)[South Pacific Ocean(including Tidal Stream Tables)];

NP205:南海和印度尼西亚(包括潮流表)[South China Sea and Indonesia(including Tidal Stream Tables)];

NP206:北太平洋(包括潮流表)[North Pacific Ocean(including Tidal Stream Tables)];

NP207:西南大西洋和南美洲[South West Atlantic Ocean and South America];

NP208:东南大西洋,西非和地中海(包括潮流表)[South East Atlantic Ocean,West Africa and Mediterranean(including Tidal Stream Tables)];

有关各卷《潮汐表》出版后的重要修正可在周版航海通告的第七部分中查询。

2. 各卷主要内容

各卷主要由三部分组成:

1)第一部分:主港潮汐预报(Part I Tidal Predictions for Standard Ports)

预报主港每日高、低潮时和潮高,潮高单位均采用m,各港潮时均采用当地标准时,并在每页的左上角用“TIME ZONE ××××”注明。

NP201A、NP201B卷还有一些主要港口的逐时潮高预报(Part Ia Hourly Height Predictions);NP203、NP204、NP205、NP206、NP208卷还有潮流表(Part Ia Tidal Stream Tables)。

2)第二部分:用以预报附港潮汐的潮时差和潮高差(Part Ⅱ Time and Height Differences for Predicting the Tide at Secondary Ports)。

表中列出主港(用黑体字印刷)和附港编号(No.)、潮时差(Time Differences)、潮高差

(Height Differences),每两页的右下页还印有平均海面季节改正(Seasonal Changes In Mean Level),表后有注意事项(Notes),以便用这些资料求取附港的潮时和潮高。

3)第三部分:调和常数(Part Ⅲ Harmonic Constants)。

这部分提供了编号、地点、平均海面和4个主要分潮(M_2, S_2, K_1, O_1)的调和常数:振幅(H)和迟角(g),浅水改正(S. W. Corrections)数据;每2页的右下页还提供了平均海面和调和常数的季节改正(Seasonal Changes in Mean Level and Harmonic Constants),以便利用简化的调和常数法预报潮汐。

个别卷后还印有"关于潮流的调和常数"(Part Ⅲa Harmonic Constants for Tidal Streams),以便利用简化的调和常数法预报潮流。

利用调和常数推算潮汐的方法最适合于利用计算机编程,《潮汐表》中介绍了这种算法并通过举例进行了说明。英国海军水道测量局出版了这种方法的计算机软件——基于微软视窗环境的简化调和常数潮汐计算程序(SHM FOR WINDOWS),其编号为DP560。软件以光盘版形式发行,长期可用。使用时,操作者将潮汐表给出的调和常数按要求输入,即可以图形方式给出长达7天的连续潮汐,并可对结果打印输出。利用调和常数推算潮汐的精度要高于用差比数推算的精度。但是,由于其计算复杂,对于缺乏较先进计算手段的船舶,这种方法只适合于不能用一般方法求算潮汐的地点求潮汐使用。

3. 其他内容

1)索引

(1)主港索引(Index to Standard Ports):印在各卷封里页,按港名字母顺序排列,给出主港预报资料所在页数。港名前注有" * "号者,是指该港每日逐时潮高预报资料刊载于本卷(Part Ia Hourly Height Predictions)中。

(2)地理索引(Geographical Index):印在各卷书末,按主、附港名字母顺序排列(其中主港名用黑体字印刷),给出港口编号,以便用此编号在第二部分中查取该附港的有关资料。

2)求高、低潮之间任意时潮高曲线图(For Finding the Height of Tide at Times between High and Low Water)

这是根据潮汐涨落的运动曲线近似为余弦曲线的原理制成的曲线图,其原理和计算结果均与我国《潮汐表》中的梯形图卡基本相同,可以互用。在求取任意时潮高和任意潮高的潮时时利用该曲线图较为方便快捷。

3)辅助用表(Supplementary Table)

(1)表Ⅰ:米和英尺换算表(Conversion Table:metres to feet)。

(2)表Ⅱ:乘积表(Multiplication Table)。

该表顶端引数为主(附)港的潮差(Range),左边引数是由任意潮时和潮高曲线图(For Finding the Height of Tide at Times Between High and Low Water)查得的系数(Factor),乘积表所列数值为潮差与系数的乘积(即潮高改正数Δh),精确到小数点后一位,如要求更精确可自行计算。

(3)表Ⅲ:英国以米为单位的海图基准面相对于法定基准面的高度(Height in Metres of Chart Datum relative to Ordnance Datum in the United Kingdom)(仅NP201A、NP201B卷有)。

(4)表Ⅳ:英国以外国家以米为单位的海图基准面相对于陆地平面系统的高度(Height in Metres of Chart Datum relative to the Land Levelling System in Countries outside the United Kingdom)(仅 NP201A、NP201B、NP202 卷有)。

(5)表Ⅴ:分两部分

第一部分:主港潮面表(单位为米)、观测和预报单位、预报方法等[Tidal levels at Standard Ports, Authorities, methods of prediction, etc. (with notes)]。

所列潮面均由海图基准面起算。表中各栏内容包括:最低天文潮面(LAT)、平均大潮低潮面(MLWS)、平均小潮低潮面(MLWN)、平均海面(ML)、平均小潮高潮面(MHWN)、平均大潮高潮面(MHWS)、最高天文潮面(HAT)以及观测和预报单位、观测年份(括号内注明进行完全的年观测的数目)。当潮面高度为"+"时,表示该潮面在海图基准面上;为"-"时,表示在海图基准面下;为"0"时,表示该面即海图基准面。由该表可以了解海图基准面(即表中潮高基准面)离平均海面的距离,还可以了解海图基准面与其他潮面的关系,从中可以看出该港海图基准面是否过高或过低,引起对当地海图水深可能会出现大于实际水深的情况的注意。对于具有日潮或混合潮性质的主港,则用平均低低潮(MLLW)、平均高低潮(MHLW)及平均低高潮(MLHW)、平均高高潮(MHHW)潮面来表示。

第二部分:附港最高天文潮面高度表(单位为米)[Highest Astronomical Tide Levels(HAT) at Secondary Ports]。

表中列出了编号、地点和最高天文潮面(HAT)高度。

(6)表Ⅵ:两周一次的浅水改正(Fortnightly shallow water correction)。

(7)表Ⅶ:潮角和潮汐因子(Tidal angles and factors)。

(8)表Ⅷ:轨道要素(Orbital Elements)。

4)其他:前言(Preface)、目的(Purpose)、有关的航海出版物(Related ADMIRALTY Publications)、航海数字出版物(ADMIRALTY Digital Publications-ADMIRALTY Total Tide)、英版《潮汐表》的分区界限图(Diagram showing limits of ADMIRALTY Tide Tables)、介绍(Introduction)、用法说明(Instructions for the use of tables)、主要流向示意图(Diagram showing direction of main flood stream)、潮汐出版物列表(List of tidal publications)和防伪证明书(Certificate of Authenticity)等内容。

二、利用《潮汐表》推算潮汐

1. 主港潮汐

可从"主港索引"查得欲求港名在表中的页数,然后翻到此页,即可查到所求日的高、低潮时和潮高,对于第一卷有的主港还可查得逐时潮高。如船时与表列区时不一致,则应进行改正。

例 2-3-1:求天津港(TIANJIN GANG)2018 年 3 月 30 日潮汐。

解:根据天津港位置确定使用英版《潮汐表》第六卷(NP206),在地理索引中查得 TIANJIN GANG 为黑体字印刷,故而得知天津港为主港,翻至卷首的主港索引,以港名"TIANJIN GANG"为索引查得天津港所在的页数,翻至该页查得 2018 年 3 月 30 日天津港的潮汐资料如下:

	MARCH	
	Time	m
30	0217	3.5
	0843	1.4
F	1413	3.4
	2109	0.7

2. 附港高、低潮潮时和潮高

1)计算公式

$$附港高(低)潮潮时=主港高(低)潮潮时+高(低)潮时差 \quad (2\text{-}3\text{-}1)$$

$$附港高(低)潮潮高=主港高(低)潮潮高-主港平均海面季节改正+高(低)潮潮高差+附港平均海面季节改正 \quad (2\text{-}3\text{-}2)$$

计算时,应注意表列潮时差对于 NP201A、NP201B 卷各港和 NP202 卷的欧洲港口需要经内插求取,表列潮高差在全部九卷中需要经内插求取。

2)查算步骤

(1)根据所求附港所在海区选定《潮汐表》的卷别;

(2)根据附港名称在地理索引中查取其编号,并根据编号在第二部分"用以预报附港潮汐的潮时差和潮高差表"中查得该附港的主港名称及编号、潮时差、潮高差和平均海面的季节改正数据;

(3)根据第二部分表中提供的主港页码查取主港相关的高低潮时和潮高;

(4)采用"潮汐预报表格"计算附港高、低潮潮时和潮高。

3)举例

例 2-3-2:试求英国 Dungeness 港 2018 年 3 月 1 日高、低潮时和潮高。

解:根据 Dungeness 港的地理位置确定使用英版《潮汐表》(NP201A)卷推算潮汐,具体步骤如下:

(1)从"地理索引"中查得 Dungeness 港的编号为 87,根据该编号在第二部分"用于预报附港潮汐的潮时差和潮高差"表中查得如下资料:

				TIME DIFFERENCES				HEIGHT DIFFERENCES(IN METERS)				M L
No.	Place	Lat. N	Long. W	High Water		Low Water		MHWS	MHWN	MLWN	MLWS	Z_0 m
				Zone UT(GMT)								
89	**DOVER**	(see page 74)		0000 and 1200	0600 and 1800	0100 and 1300	0700 and 1900	6.8	5.3	2.1	0.8	
87	Dungeness	50 55	0 58	-0010	-0015	-0020	-0010	+1.0	+0.6	+0.4	+0.1	

SEASONAL CHANGES IN MEAN LEVEL

No.	Jan. 1	Feb. 1	Mar. 1	Apr. 1	May 1	June 1	July 1	Aug. 1	Sep. 1	Oct. 1	Nov. 1	Dec. 1	Jan. 1
65-129	Negligible1												

(2)翻到74页,查得DOVER港2018年3月1日高低潮资料如下:

	MARCH	
	Time	m
1	0543	0.8
	1042	6.6
TH	1818	0.8
	2301	6.8

(3)根据主港资料,使用第二部分“用于预报附港潮汐的潮时差和潮高差”表中的资料线性内插求取潮时差和潮高差。

①潮时差:由于当主港高潮发生在0000和1200时,附港的高潮时差为-0010,当主港高潮发生在0600和1800时,附港的高潮时差为-0015。因此:

主港高潮时为1042所对应的附港潮时差为:

$$高潮时差=(-0015)+\frac{1042-0600}{1200-0600}\times[-0010-(-0015)]\approx-0011$$

主港高潮时为2301所对应的附港潮时差为:

$$高潮时差=(-0015)+\frac{2301-1800}{2400-1800}\times[-0010-(-0015)]\approx-0011$$

由于当主港低潮发生在0100和1300时,附港的低潮时差为-0020,当主港低潮发生在0700和1900时,附港的低潮时差为-0010.因此:

主港低潮时为0543所对应的附港潮时差为:

$$低潮时差=(-0020)+\frac{0543-0100}{0700-0100}\times[-0010-(-0020)]\approx-0012$$

主港低潮时为1818所对应的附港潮时差为:

$$低潮时差=(-0020)+\frac{1818-1300}{1900-1300}\times[-0010-(-0020)]\approx-0011$$

②潮高差:由于当主港高潮潮高为6.8 m时,附港的潮高差为1.0 m,主港高潮潮高为5.3 m时,附港的潮高差为0.6 m,所以线性内插求得主港高潮潮高为6.6 m和6.8 m时,潮高差分别约为0.9 m和1.0 m。同理求得主港低潮潮高为0.8 m时,潮高差为0.1 m。

(4)计算附港的高低潮潮高和潮时:

潮汐预报表格1~15栏含义如下:(运算步骤)

1~4栏:填入根据日期在《潮汐表》第一部分查得的该主港的高、低潮潮时(1、2栏),高、低潮潮高(3、4栏)预报值。

5栏:计算主港该日的潮差(即3与4栏之差),本例与此项无关。

6栏:填入用主港编号、日期为引数在《潮汐表》第二部分“平均海面季节改正”(Seasonal change in mean level)表中查得的主港平均海面季节改正值。

7~8栏:填入经线性内插计算得到的附港高、低潮潮时差。

9~10栏:填入经线性内插计算得到的附港高、低潮潮高差。

11栏:填入用附港编号、日期为引数在《潮汐表》第二部分“平均海面季节改正”(Seasonal change in mean level)表中查得的附港平均海面季节改正值。

TIDAL PREDICTION FORM

STANDARD PORT **DOVER** TIME/HEIGHT REQUIRED ALL

SECONDARY PORT Dungeness DATE 1 March TIME ZONE UT(GMT)

	TIME		HEIGHT		
STANDARD PORT	HW	LW	HW	LW	RANGE
	1 1042 2301	2 0543 1818	3 6.6 6.8	4 0.8 0.8	5
Seasonal change	STANDARD PORT		6 0.0	6 0.0	
DIFFERENCES	7 −0011 −0011	8 −0012 −0011	9 0.9 1.0	10 0.1 0.1	
Seasonal change	SECONDARY PORT		11 0.0	11 0.0	
SECONDARY PORT	12 1031 2250	13 0531 1807	14 7.5 7.8	15 0.9 0.9	
Duration	16				

12~15 栏:填入计算所得的附港高低潮潮时和潮高,计算公式如下:

附港高潮时(12 栏)= 主港高潮时(1 栏) +高潮时差(7 栏)

附港低潮时(13 栏)= 主港低潮时(2 栏) +低潮时差(8 栏)

附港高潮高(14 栏)= 主港高潮高(3 栏)-主港平均海面季节改正(6 栏)+内插后的潮高差(9 栏)+附港平均海面季节改正(11 栏)

附港低潮高(15 栏)= 主港低潮高(4 栏)-主港平均海面季节改正(6 栏)+内插后的潮高差(10 栏)+附港平均海面季节改正(11 栏)

如果需要潮高差值和涨(落)潮时间,可将其求出,并将潮差值填入第 5 栏,将涨(落)潮时间填入第 16 栏。

例 2-3-3:试求 Qingdao 港 2018 年 3 月 10 日高、低潮潮时和潮高。

解:根据 Qingdao 港的地理位置确定使用英版《潮汐表》第六卷(NP206)推算潮汐,具体步骤如下:

(1)从“地理索引”中查得 Qingdao 港的编号为 7318,根据该编号在第二部分“用于预报附港潮汐的潮时差和潮高差”表中查得如下资料:

No.	Place	Lat. N	Long. W	TIME DIFFERENCES MHW (Zone −0800)	WLW	HEIGHT DIFFERENCES(IN METERS) MHWS	MHWN	MLWN	MLWS	M L Z_0 m
7799	**MOJI**	(see page 114)				**2.3**	**1.7**	**0.9**	**0.3**	
7318	Qingdao	36　05	120　18	+0740	+0815	+1.9	+1.6	+0.6	+0.3	

SEASONAL CHANGESIN MEAN LEVEL

No.	Jan. 1	Feb. 1	Mar. 1	Apr. 1	May. 1	June. 1	July. 1	Aug. 1	Sep. 1	Oct. 1	Nov. 1	Dec. 1	Jan. 1
7303−7351	−0.2	−0.2	−0.2	−0.1	0.0	0.0	+0.1	+0.2	+0.2	+0.1	0.0	−0.1	−0.2
7799	−0.1	−0.2	−0.2	−0.1	0.0	0.0	+0.1	+0.2	+0.2	+0.1	0.0	−0.1	−0.1

(2)翻到 114 页,查得 MOJI 港 3 月 10 日的潮汐资料如下:

	MARCH	
	Time	m
10	0235	1.4
	0808	1.0
SA	1356	1.5
	2217	0.7

(3)根据主港资料,使用第二部分“用于预报附港潮汐的潮时差和潮高差”表中的资料线性内插求取潮高差。

由于当主港高潮潮高为 2.3 m 时,附港的潮高差为 1.9 m,主港高潮潮高为 1.7 m 时,附港的潮高差为 1.6 m,所以线性内插求得主港高潮潮高为 1.4 m 和 1.5 m 时,附港的高潮潮高差均约为 1.5 m。同理求得主港低潮潮高为 1.0 m 和 0.7 m 时,附港的低潮潮高差分别约为 0.7 m 和 0.5 m。

(4)计算附港的高低潮潮高和潮时时,可采用英版《潮汐表》的“潮汐预报表格”(该表格以正式出版物形式出版,书号为 NP204)格式进行计算,表格式样和计算步骤同上例。

TIDAL PREDICTION FORM

STANDARD PORT MOJI TIME/HEIGHT REQUIRED ALL

SECONDARY PORT Qingdao DATE 10 March TIME ZONE -0800

	TIME		HEIGHT		
STANDARD PORT	HW	LW	HW	LW	RANGE
	1 0235 1356	2 0808 2217	3 1.4 1.5	4 1.0 0.7	5
Seasonal change	STANDARD PORT		6 −0.2	6 −0.2	
DIFFERENCES	7 0740	8 0815	9 1.5 1.5	10 0.7 0.5	
Seasonal change	SECONDARY PORT		11 −0.2	11 −0.2	
SECONDARY PORT	12 1015 2136	13 1623 0632 11/3	14 2.9 3.0	15 1.7 1.2	
Duration	16				

3. 求任意时潮高和任意潮高的潮时

英版《潮汐表》中给出了“求任意时潮高曲线图”，该曲线图的作用类似于中版《潮汐表》中的“梯形图卡”。使用者可以利用该曲线图方便快捷地求出任意时潮高和任意潮高的潮时，特别是《潮汐表》NP201A 和 NP201B 卷中的曲线图是针对不同主港和特别的附港给出的，其推算精度较高。下面通过实例来介绍“求任意时潮高曲线图”的使用方法及注意事项。

例 2-3-4：试求英国 Dungeness 港 2018 年 3 月 1 日 1031 至 1807 间潮高为 4.0 m 的潮时和 1500 的潮高（相关潮汐数据参见例 2-3-2）。

解：英国 Dungeness 港为附港，其主港为 DOVER 港，所以应利用 DOVER 港的任意时潮高曲线图来求解。该曲线图位于 DOVER 港资料的首页（74 页），如图 2-3-1 所示。该曲线图的左边上、下横坐标是潮高坐标轴，其中上边代表高潮潮高，下边代表低潮潮高；曲线图的右边是潮汐的涨落曲线，其下方是潮时坐标，其中 HW 代表高潮时，+1、+2……代表高潮后第 1、2……小时，−1、−2……代表高潮前第 1、2……小时，具体的潮时由使用者根据实际潮汐时间自行在下面的方格内对应填写。潮汐涨落曲线中线上的数字是求任意时潮高用的系数（Factor）。右上角的方格内的 MEAN RANGES 代表潮差，其中 Springs 代表大潮潮差，Neaps 代表小潮潮差。该曲线图中有两条涨落曲线，一条为实线，一条为虚线，其中实线为大潮曲线，虚线为小潮曲线。在求任意时潮高和任意潮高的潮时时，若当时的潮差接近或等于大潮潮差则使用大潮曲线（实线）；若当时的潮差接近或等于小潮潮差则使用小潮曲线（虚线），其他情况则需在两线之间进行目视内插，但不要外插（若当时的潮差大于大潮潮差，则直接使用大潮曲线；若当时的潮差小于小潮潮差,则直接使用小潮曲线)。

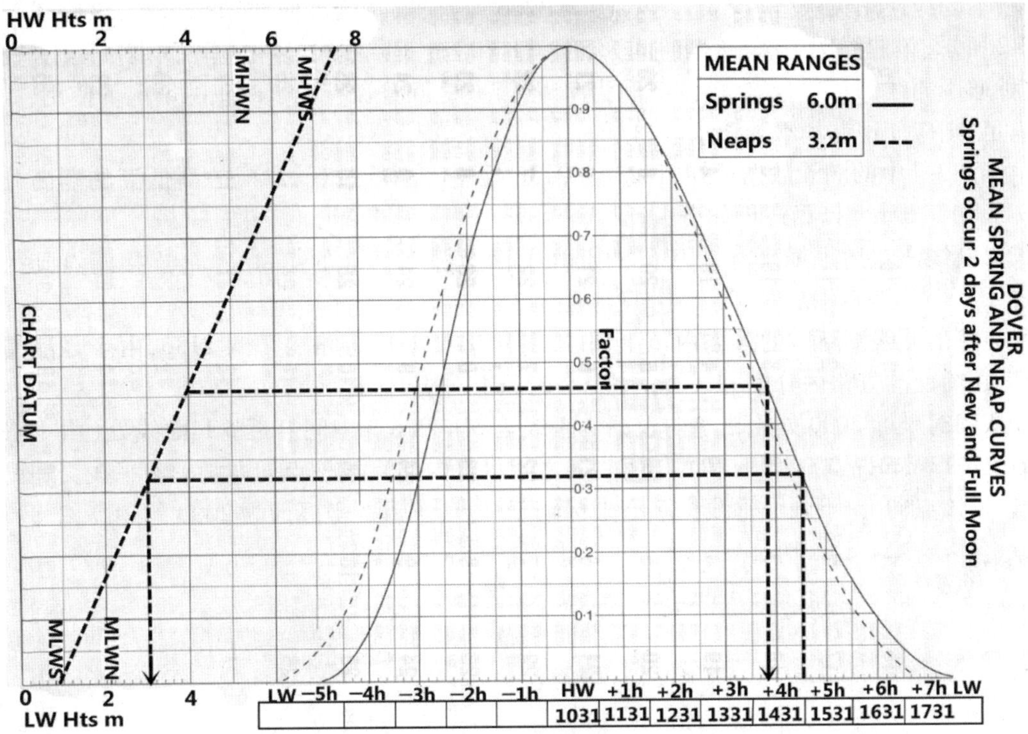

图 2-3-1　DOVER 港求任意时潮高曲线图

由例 2-3-2 中的潮汐数据可知,1031 至 1807 处于落潮的过程,对应的高低潮的潮高分别为 7. 5 m 和 0. 9 m。计算过程如下:

①取曲线图左边上横坐标 7. 5 m 的点和下横坐标 0. 9 m 的点,用铅笔连接两点画一辅助线。

②在涨落曲线图下方的方格内填上潮时,其中 HW 对应方格内填入 1031,由于是落潮过程,所以在后面的方格内分别+1、+2……个小时填上对应时间。

③从图左侧上/下横坐标的 4. 0 m 处,用铅笔向下/上画一垂线交辅助线于一点,过该点向右画一水平线与大潮曲线相交(本题的潮差为 6. 6 m,而大潮潮差为 6. 0 m,小潮潮差为 3. 2 m,本题的潮差大于大潮潮差,故使用大潮曲线),再向下画一垂线交潮时坐标轴于一点,此交点的坐标即为英国 Dungeness 港 2018 年 3 月 1 日 1031 至 1807 间潮高为 4. 0 m 的潮时:1420。

④从潮时坐标 1500 处用铅笔向上画一垂线交大潮曲线于一点,过该点向左画一水平线交辅助线于一点,过该点向上/下画一垂线交潮高坐标轴于一点,该点的坐标即为 1500 的潮高:3. 0 m。

求任意时潮高也可以使用 Factor,具体的计算公式如下:

$$任意时潮高=低潮潮高+Factor\times 潮差 \tag{2-3-3}$$

从图 2-3-1 中可知,潮时 1500 对应的 Factor 约为 0. 32,潮差为 6. 6(7. 5−0. 9=6. 6),利用式(2-3-3)可得:1500 时潮高=0. 9+0. 32×6. 6≈3. 0 m。

例 2-3-5:求 Qingdao 港 2018 年 3 月 10 日 2000 的潮高(相关潮汐数据参见例 2-3-3)。

解:本题应使用英版《潮汐表》第六卷(NP206)的任意时潮高曲线图来求解,该曲线图如图 2-3-2 所示,该曲线图为涨/落潮时间为 5 h、6 h 和 7 h 三条曲线,以适应不同港口使用。(注意:这种通用曲线图只适合涨/落潮时间为 5 h 到 7 h 之间且没有浅水改正的情况下使用,如条件不满足,则应使用调和常数法求取。)

由例 2-3-3 中的潮汐数据可知,1623 至 2136 处于涨潮的过程,对应的高低潮的潮高分别为 1.7 m 和 3.0 m。计算过程如下:

①取曲线图左边上横坐标 3.0 m 的点和下横坐标 1.7 m 的点,用铅笔连接两点画一辅助线。

②在涨落曲线图下方的方格内填上潮时,其中 HW 对应方格内填入 2136,由于是涨潮过程,所以在前面的方格内分别-1、-2……个小时填上对应时间。

③从潮时坐标 2000 处用铅笔向上画一垂线至 5 h 和 6 h 中间靠近 5 h 曲线处(由于涨潮时间为 5 h 13 min,故应在 5 h 和 6 h 两曲线之间目视内插),过该点向左画一水平线交辅助线于一点,过该点向上/下画一垂线交潮高坐标轴于一点,该点的坐标即为 2000 的潮高:2.8 m。

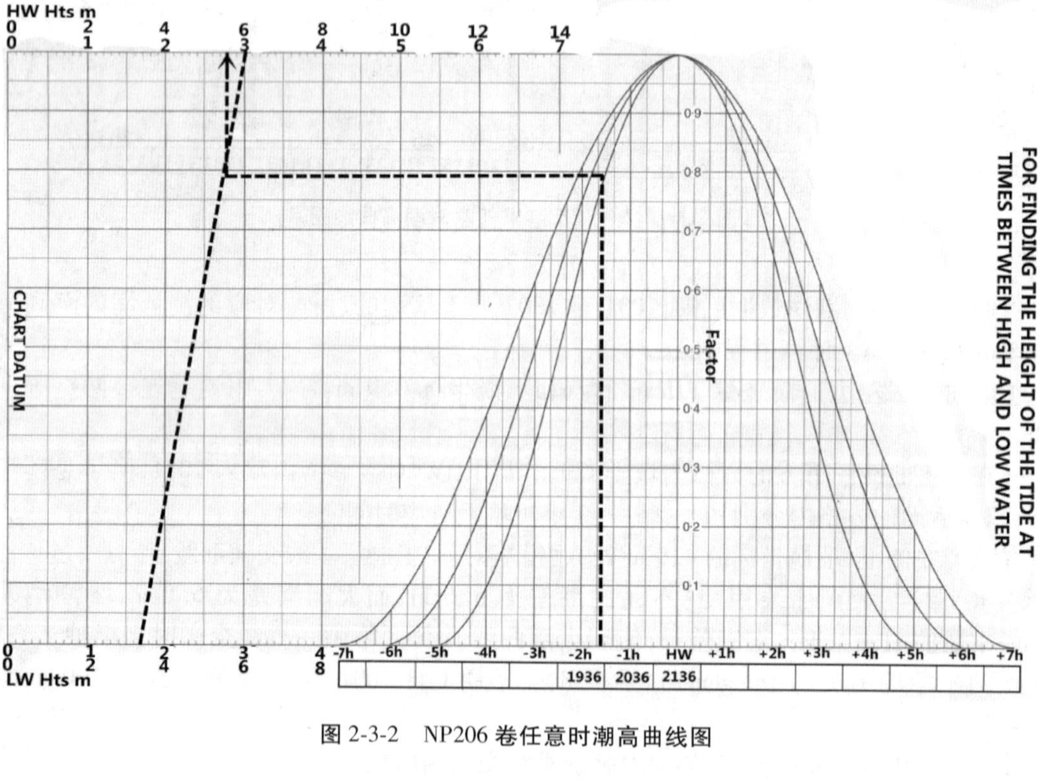

图 2-3-2　NP206 卷任意时潮高曲线图

三、数字《潮汐表》(Admiralty Total Tide,ATT)

英版数字《潮汐表》(Admiralty Total Tide,ATT)由英国水道测量局出版,每年一版,将全球划分为 7 个数据区,包含 7000 多个港口和 3000 多个潮流站的数据。它将全球潮汐高度和潮流数据结合在一起,可以方便、快捷地进行潮汐计算。具体分区如下:

1)数据区 1(海域 1-4):包括欧洲、北部水域和地中海。

2)数据区 2(海域 5):包括印度洋北部和红海。

3)数据区 3(海域 6):包括新加坡至日本。

4)数据区 4(海域 7):包括澳大利亚、婆罗洲和菲律宾。

5)数据区 5(海域 8):包括太平洋。

6)数据区 6(海域 9):包括北美东海岸和加勒比海。

7)数据区 7(海域 10):包括南大西洋和印度洋南部。

第四节　潮流推算

海水在引潮力作用下产生的周期性的水平流动称为潮流。潮流一般分为往复流和回转流两种。本节分别介绍在海图及中、英版《潮汐表》上的潮流资料和潮流的推算方法。

一、海图上的潮流资料与潮流推算

1. 往复流

1)定义

往复流是由于地形的影响而产生的涨、落潮流向相反或接近相反的潮流,大多发生在海峡、江河、港湾和沿岸一带。涨潮时的海水水平流动称为涨潮流(Flood Tide Stream);落潮时的海水水平流动称为落潮流(Ebb Tide Stream)。涨潮流与落潮流转换的时间为转流时间,转流时流向不定,流速很小,可视为零。

2)表示方法

在航用海图上,往复流的资料用箭矢和数字标示。其中涨潮流的潮流图式为 $\xrightarrow{3\ kn}$(箭杆带羽),落潮流的潮流图式为 $\xrightarrow{3\ kn}$,图示中箭矢的方向表示流向,箭矢上的数字表示流速。若箭矢上有两个数字,则较大的数字表示大潮日最大流速,较小的数字表示小潮日最大流速;若箭矢上只有一个数字,则该数字表示大潮日的最大流速,此时认为小潮日的最大流速为大潮日最大流速的一半。

3)潮流推算

(1)当日最大流速的确定

依据箭矢旁注明的流速数值,由农历或月相确定该日的最大流速,方法是:

①大潮日及其前后两天,取大潮日的最大流速作为当日的最大流速;

②小潮日及其前后两天,取小潮日的最大流速作为当日的最大流速;

③其他日期,取大、小潮日最大流速的平均值作为当日的最大流速。

$$\text{平均潮流速}=\frac{1}{2}(\text{大潮日最大流速}+\text{小潮日最大流速}) \qquad (2\text{-}4\text{-}1)$$

(2)任意时流速的求取

往复流流速随时间变化的规律是:在转流时流向不定,流速很小,可视为 0 kn;转流以后流速逐渐由小变大,到相邻两次转流时间的中间时刻,流速达到最大;以后又逐渐变小,到下次转流时刻流速又降至 0。我们可将流速的这种变化规律近似地以正弦函数曲线来描述,

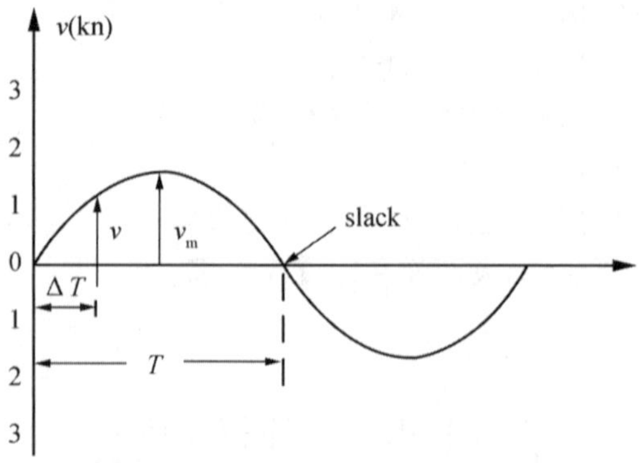

图 2-4-1　流速变化曲线

如图 2-4-1 所示。

设当天最大流速为 v_m,涨(落)潮流持续时间为 T,所求时(t)与它前面的转流时间间隔为 ΔT,所求时的流速为 v,则

$$v=v_m\sin(\frac{\Delta T}{T}\times180°) \tag{2-4-2}$$

可见,只要知道 v_m、T 和 ΔT,即可求得任意时的流速。

例 2-4-1:我国沿海某地海图上的潮流图示为 3 kn,涨(落)潮流持续时间为 6 h,求该处农历初九涨潮流 2 h 的潮流流速。

解:①确定当日的最大流速:

我国沿海,一般认为农历初十为小潮日,由于小潮日及其前后两天,取小潮日的最大流速作为当日的最大流速,所以,农历初九的最大流速为:

$$v_m=3\div2=1.5(\text{kn})$$

②涨潮流 2 h 的潮流流速为:

$$v=v_m\sin(\frac{\Delta T}{T}\times180°)=1.5\times\sin(\frac{2}{6}\times180°)\approx1.3(\text{kn})$$

(3)半日潮潮流的近似算法

对于半日潮港一天中流速的变化,可认为涨潮流和落潮流的时间均约为 6 h,这样可运用 1、2、3、3、2、1 的简谐运动规律,概略估算任意时潮流的流速,方法为:

转流后 1 h 的平均流速是当日最大流速的 1/3;

转流后 1~2 h 的平均流速是当日最大流速的 2/3;

转流后 2~3 h 的平均流速是当日的最人流速;

转流后 3~4 h 的平均流速是当日的最大流速;

转流后 4~5 h 的平均流速是当日最大流速的 2/3;

转流后 5~6 h 的平均流速是当日最大流速的 1/3。

例 2-4-2:某半日潮港往复流落潮流箭矢上标注:4 kn,求该处农历初六落潮流第 2 h 的平均流速。

解:农历初六的最大流速 $=\frac{1}{2}\times(4+2)=3.0(\text{kn})$,

第 2 h 的流速 $=3.0\times\frac{2}{3}=2.0(\text{kn})$。

2. 回转流

1) 定义

回转流一般表现在一个潮流周期内流向随时间顺时针(北半球)或逆时针(南半球)方向变化 360°,流速也随时间变化。回转流主要发生在开阔海域,旋转方向视潮流的前进方向和海区的地形特点等因素确定。流速在一个周期内出现两次最强两次最弱,没有憩流现象。

2) 表示方法

在航用海图上,回转流的资料用两种方式给出:回转潮流图和回转潮流表。

(1) 回转潮流图:图 2-4-2 是黄海某处的回转潮流图,中心地名表示主港港名,最外圈数字表示不同时间:0 表示主港高潮时,1、2、3…… 表示主港高潮前第 1、2、3…… 小时,Ⅰ、Ⅱ、Ⅲ…… 表示主港高潮后第 1、2、3…… 小时,箭矢的方向即流向,箭矢顶部的数字表示流速,较大的数字是大潮流速,较小数字是小潮流速。

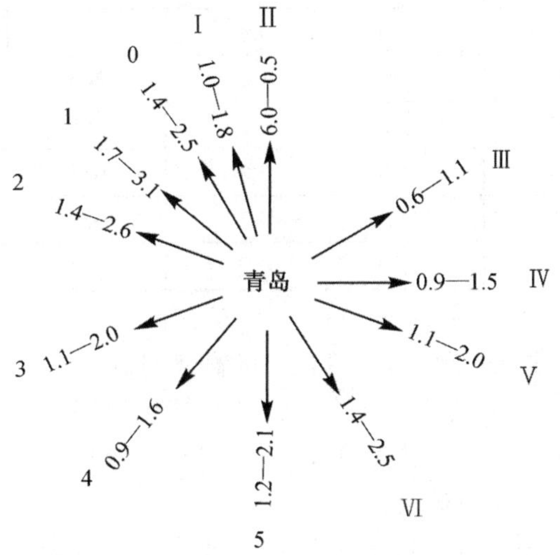

图 2-4-2 回转潮流图

(2) 回转潮流表:表 2-4-1 是回转潮流表的例子,回转潮流表的使用是为了海图的清晰,它一般印在海图标题栏或不影响船舶航行的位置,仅在潮流发生处用符◇A号、◇B…… 表示回转潮流发生的位置。

表 2-4-1 回转潮流表

Tidal Streams referred to HW at CHANGJIANG APPROACHES (LUHUADAO)								
Hours (h)		A 34°24′.9N,125°56′.0E			B 34°15.4N,126°35′.7E			
		Dir (°)	Rate(kn) SP	NP	Dir (°)	Rate(kn) SP	NP
Before HW	6	148	2.2	0.9	085	5.1	2.8
	5	175	2.6	1.1	085	4.8	2.4
	4	195	2.6	1.1	085	3.0	1.5
	3	213	1.6	0.7	085	0.5	0.3
	2	231	1.1	0.5	265	1.9	1.0
	1	259	0.9	0.4	265	3.8	1.9
HW	0	307	1.2	0.5	265	4.9	2.5
After HW	1	347	2.0	0.9	265	4.8	2.4
	2	022	2.5	1.1	265	3.6	1.8
	3	033	2.2	0.9	265	1.8	0.9
	4	051	1.8	0.8	085	0.4	0.2
	5	088	1.6	0.7	085	2.8	1.4
	6	133	1.9	0.9	085	4.7	2.4

3)潮流推算

(1)根据主港名称和日期查《潮汐表》得该日的高潮时;

(2)依据所求时在高潮时前(后)第几小时,在回转潮流图上找出对应的箭矢,再量取其方向即为该地该时的潮流流向,或在回转潮流表里直接查取该地该时的潮流流向,如果所求时间不是图中或表中的时间,可以内插求取;

(3)依据回转潮流图上箭矢旁注明的流速数值或回转潮流表里直接查取的流速数值,由农历或月相确定该日的最大流速,方法参考往复流当日最大流速的确定方法。

二、中版《潮汐表》的"潮流预报表"与潮流推算

中版《潮汐表》中潮流预报的站位,分为两种情况,一是往复流性质的站位,表中给出逐日的转流时刻、最大流速时刻以及对应于最大流速时刻的流速,同时用流速的正、负号标明流速的方向;二是回转流性质的站位,表中给出潮流回转一周(大约一个潮汐周期)过程中的两个最大流速及流向和两个最小流速及流向以及与其对应的时刻。

应该指出的是表中的预报值只是海流中的潮流部分。在一般情况下本表预报的潮流是海流中的主要部分,可以近似地视为实际海流。但是,在特殊天气或预报站位处于河口或非潮流因素较强的海域,海流受风、径流以及其他非潮汐因素影响较大,余流比较显著,潮流成分相应降低,这时表中的预报值与实际海流有较大差别,使用时应予以注意。

1. 往复流

1)潮流表的主要内容

(1)预报资料的上方给出:预报位置,经纬度,预报年度,该地的标准时和流速资料中的"+""-"号所代表的流向的具体度数。其中"+"一般代表涨潮流向,"-"一般代表落潮流向。

(2)表中给出:逐日的转流时间、最大流速时刻以及对应于最大流速时刻的流速。

(3)第四册还在每页的下方说明了预报值中是否包含海流。

2)潮流推算

例 2-4-3:求大三山水道 2007 年 8 月 6 日 0600 的流向和流速。

解,从 2007 年中国《潮汐表》第一册的"潮流预报表"中查得大三山水道 8 月 6 日的潮流资料为:

大三山水道

38°52′.0N　　121°44′.3E

流速单位:kn　　(+)**表示流向** 50°　　(-)**表示流向** 230°

8　月

日期	转流	最大流	
	时分	时分	流速
6	0125	0433	-1.3
	0840	1105	0.6
M	1331	1559	-0.6
	1827	2244	1.5

因为 0600 在 0125 和 0840 两次转流之间,而两次转流之间的流向是一致的,所以 0600 的流向为"-",即 230°;又由于该方向最大流速为 1.3 kn(发生在 0433),所以 0600 的流速为:

根据式(2-4-2)可得:

$$v=v_{\mathrm{m}}\sin\left(\frac{\Delta T}{T}\times 180^{\circ}\right)=1.3\times\sin\left(\frac{0600-0125}{0840-0125}\times 180^{\circ}\right)\approx 1.2(\mathrm{kn})$$

即 0600 的流向为 230°,流速约为 1.2 kn。

注意:公式 $v=v_{\mathrm{m}}\sin\left(\frac{\Delta T}{T}\times 180^{\circ}\right)$ 中的 v_{m} 在本题中不是当天的最大流速而是两次转流之间的最大流速。

2. 回转流

潮流预报表中给出了预报位置,经、纬度,预报年度,该地的标准时,一个回转周期内的两次极大值和两次极小值的流向、流速,其他时间的流向、流速可在其间通过内插求取。

三、英版《潮汐表》中的"潮流表"与潮流推算

1. 英版《潮汐表》中的潮流表

英版《潮汐表》中仅针对某些重要而且潮流周日不等现象显著的区域编制潮流表。其中只有 NP203、NP204、NP205、NP206 和 NP208 五卷《潮汐表》中包含潮流表。潮流表资料的具体编排与我国《潮汐表》第四册的"潮流预报表"的编排基本一样,所不同的是,在表的开头给

出了包括半日潮、日潮和混合潮港等几种类型的典型潮流曲线，以便对不同类型潮流的解释和理解。

2. 潮流推算

由于“潮流表”中所预报的各地的潮流均不具备半日潮的特性，在根据其提供的资料推算潮汐时，应利用式(2-4-2)计算任意时的潮流。但应注意，如果预报数据中包括有海流的成分，计算时应在最大流速的取值中将海流减去后计算出任意时的潮流的大小，再与海流矢量合成求出当时总的流速和流向。

第三章　航海图书资料

航海图书资料是船舶为保证航行安全必须配备的。根据 SOLAS 公约，“所有船舶都应配备合适的、改正至最新的海图、航路指南、灯标表、航海通告、潮汐表和其他必要的航海出版物。”另外，各国的航海法规，如美国、英国、加拿大政府等对此也做出了专门规定，详细情况可查阅英版《航海通告年度汇编》的有关通告。配备充分、准确的航海图书资料也是世界各国进行港口国检查的重要内容。中华人民共和国交通部在 1995 年 4 月 1 日批准实施的《中华人民共和国交通行业标准》(JT/T 95—94)中的“海船航海图书资料配备要求”对远洋船舶应配备的航海图书资料也做出了相关的规定。

第一节　航海图书目录

一、中版《航海图书目录》

中版《航海图书目录》由中国人民解放军海军海道测量局(以下简称海道测量局)每年更新一次，其编号为 K102。有关《航海图书目录》的出版消息，发布于中版《航海通告》的第Ⅰ部分，新版出版，旧版作废。该目录汇集海道测量局出版的中国沿海海区总图、航行图、港湾图、渔业图、形势图等专用图，航海书表及其他相关出版物等，供国内外使用者查阅海图及航海书表的编号、名称、比例尺、出版时间等内容。

书中所刊载图书的出版与作废，可查阅《航海通告》第Ⅰ部分，使用者可根据《航海通告》对《航海图书目录》进行改正。

1. 主要内容

以 2018 年出版的《航海图书目录》为例，该目录主要由五部分组成。

第一部分为航海图(nautical charts)。

主要内容有：

中国海区分区索引。将中国海区划分为 8 个海区(1-1～1-8)，并给出各海区海图所在的页数。另外，中国海区及附近海域的范围统称为 1 区，列在本书 4～7 页。利用该索引可以查出航线所经区域的航用海图所在的页数。

航用海图的分区界限图。用以抽取航线所经海区的航海图，其中第 5 页为中国沿海及附近的、比例尺小于等于 1∶500000 的小比例尺海图的分区界限图；第 7 页为中国海区比例尺为 1∶250000 的中等比例尺海图的分区界限图。第 9 页至 31 页为中国沿海及其毗邻海区比例尺大于 1∶250000 的沿岸图和港泊图的分区界限图。

第二部分为专用图(thematic charts)。

主要内容有：

1)渔业图分区界限图

左页以F开头列出了渔业用图的图号、图名、比例尺、第1版时间、改版时间、添印时间和图积，右页给出了渔业用图的分区界限。

2)其他专用图

给出了台风位置标示图、世界时区图、救生艇专用图及绘图工具包、世界主要港口分布图、中国主要港口分布图、西北太平洋形势图等航海上常用的专用图的图号、图名、第1版时间、改版时间等信息，便于用户据此随时掌握相关海图的更新情况。

第三部分为航海书表(nautical publications)。

主要介绍了《中国航路指南》《航标表》《潮汐表》的主要内容、作用、对应的分区索引图及版本信息等。除此之外，还给出了《中国港口指南》《船舶定线制》《中国沿海船舶定线制及VTS指南》以及中国沿海部分港口的航行指南、天文用书等书表的书号、书名、第1版时间、改版时间等信息。用户可以利用本部分内容选择所需要的航海书表，检查本船航海书表的更新情况。

第四部分为中国航海图书出版社航海图书专销站(network of CNPP charts & publications distribution)。

包括各专销站的分布示意图、站名、地址、电话/传真及邮政编码等。用户可以根据该分布图自行与有关供应站联系购买相关海图及航海书表。

第五部分为航海图书号索引(numerical index of nautical publications)。

包括航海图图号索引、专用图图号索引和航海书表、其他出版物书号索引三部分。航海图图号索引按图号的数字顺序列出所有中国沿海的航海图，该索引共分三栏，分别为图号、图名和海图所在的页数。专用图图号索引按专用图图号顺序列出专用图的图号、图名及其所在的页数。航海书表、其他出版物书号索引中列出了航海书表及其他出版物的书号、名称及页码。

在本书的书末还有一张航海通告改正登记表(record of corrections)。该表共分改正时间、通告期数和备注三栏，在根据中版《航海通告》的第Ⅰ部分对《航海图书目录》进行改正后，应在该表中登记改正时间、通告期数及必要的备注事项。

2. 主要用途

1)查取购买中版海图及航海书表专销站的地址

利用书中第四部分“中国航海图书出版社航海图书专销站”，查取可以购买中版海图及航海书表的机构地址、电话/传真及邮政编码等。

2)抽选航用海图(以青岛至厦门为例)

(1)翻全分区索引图，根据航次任务，查航线经过的各分区界限图编号及其所在的页数。本航线所经过的各分区索引图编号依次为1-2、1-3、1-4、1。

(2)根据各分区索引图所在页数，按航行顺序抽选航次所需的航用海图。本航次所需的海图为：12353、12354、12355、12351、12339、12300、12000、13100、13170、13300、13500、13700、13900、14100、14240、14249、14281、14291、14293、14292。

3)抽选航海书表(以抽选青岛至厦门的《中国航路指南》为例)

利用本书第三部分“航海书表”可以找到《中国航路指南》的分区索引图，根据航行海区选择所需要的卷别为A101及A102。

4）检验船存海图是否为最新版

（1）根据船存海图的图号，查阅《航海图书目录》第五部分“航海图书号索引”，知该海图的有关资料所在的页数。

（2）翻至该页，查知该海图“第1版时间、改版时间”栏中的登记日期。把该日期与海图上相应的日期相比较，若日期相同，则说明该海图为最新版海图；若海图上的日期比较早，则说明该船存海图已经作废，应及时购买新版海图。

5）检验船存航海书表是否为最新版

由于中版航海书表中的相当一部分为每年更新出版一次，如中版《航标表》等。此部分图书应每年更新一次。但中版《航路指南》《中国港口指南》等为多年更新一次的资料，就有必要随时检验资料是否为最新。

（1）首先查阅中版《航海图书目录》的第三部分“航海书表”。

（2）在该部分中根据资料的名称，查出该书“第1版时间、改版时间”栏中登记的日期。若船存书表中的日期与该日期相同，证明其为最新版资料。

（3）若船存书表中的日期早于“第1版时间、改版时间”栏中所列的日期，说明该资料已经作废，应予以更新。

3. 中版《航海图书目录》的改正

为保持中版《航海图书目录》的资料保持最新，需要利用中版《航海通告》的有关内容对其及时进行改正。

1）对航用海图撤废情况的改正

（1）仔细阅读中版《航海通告》第Ⅰ部分的有关内容，找出有关海图撤废情况的通告。

（2）根据所涉及的海图图号，查阅中版《航海图书目录》第五部分中的“航海图图号索引”，知该海图的有关资料所在的页数。

（3）翻至该页，找到该图的有关资料并用红笔将其勾掉，同时在右页将该海图的图框勾掉，然后回到“航海图图号索引”部分，划掉有关撤废海图的内容，并在航海通告改正登记表中进行登记。

2）对航用海图出版情况的改正

（1）仔细阅读中版《航海通告》第Ⅰ部分的有关内容，找出有关海图出版情况的通告。

（2）根据海图所覆盖的范围，查阅第一部分中“中国海区分区索引”部分，找出该海图所在海区及页数。

（3）翻至该页，在左半页按海图图号的顺序填入表格中所需填入的内容，如图号、图名、比例尺、出版日期等。

（4）在该页的右半页按海图覆盖的经纬度范围，在相应位置填入海图的四边。

（5）翻至“航海图图号索引”处，按海图图号的顺序填入表格中所需填入的内容，如图号、图名、图积及所在的页数等，并在航海通告改正登记表中进行登记。

3）对航用海图改版情况的改正

（1）仔细阅读中版《航海通告》第Ⅰ部分的有关内容，找出有关海图改版情况的通告。

（2）根据涉及的图号，查阅中版《航海图书目录》中的“航海图图号索引”，知该海图的有关资料所在的页数。

（3）翻至该页，找到该图的有关资料并用红笔将其改版日期按通告内容进行修改，并在航海通告改正登记表中进行登记。

4)对航海书表新版情况的改正

(1)仔细阅读中版《航海通告》第Ⅰ部分的有关内容,找出有关航海书表新版情况的通告。

(2)根据所涉及的图书资料书号,查阅第五部分中的“航海书表、其他出版物书号索引”找出该图书资料所在页数。

(3)翻至该页,找到该航海书表并用红笔将其新版日期按通告内容进行修改,并在航海通告改正登记表中进行登记。

二、英版《海图及航海出版物目录》

英版《海图及航海出版物目录》(Catalogue of Admiralty Charts and Publications),书号NP131,由英国水道测量局出版,录入了由英国水道测量局出版的全部海图及航海出版物。该目录每年重新修订和出版一次,若印刷期间的资料有所变化,则通过补遗表(addendum)以插页的形式进行更新。英版《海图及航海出版物目录》出版后若资料有变化,则通过英版《航海通告》(Admiralty Notices to Mariners)中有关海图及出版物的出版、撤废等信息进行改正。

1. 主要内容

该目录的内容可能每年有所变化,2018年版的英版《海图及航海出版物目录》共分八个部分。

1)第一部分为“概述(overview)”,主要有两部分内容:

(1)英版海图分区界限索引图(Limits of Admiralty Charts Indexes):该索引图以字母和数字标出各海区的编号,并把该编号作为本海区海图在书中的页数,便于抽取本海区的海图。

(2)全球授权分销商一览表(Admiralty Authorized Distributors):该一览表主要介绍英版海图及航海出版物全球授权分销商分布情况和联系方式,按国家名称字母顺序列出了全球授权分销商的联系方式及服务范围,便于准确掌握可以购买到英版海图及航海出版物的机构的详细信息,方便用户购买。

2)第二部分为“数字产品服务(digital services)”

该部分主要介绍了英版矢量海图服务(admiralty vector chart service)、英版光栅海图服务(admiralty raster chart service)、英版ECDIS服务(admiralty ECDIS service)、英版数字出版物(admiralty digital publications)、英版电子航海出版物(admiralty e-nautical publications)、planning station及H-Note软件。

3)第三部分为“航用海图(admiralty standard nautical charts)”

(1)航行计划图(planning charts)索引图AA:绝大部分海图的比例尺≤1∶20000000。主要用于抽选拟定航行计划的大洋或跨大洋的小比例尺海图。

(2)世界大洋海图索引图A(the world-general charts of the oceans):该图中列出了全球范围内比例尺在1∶10000000的海图分区界限。

(3)索引图A1:主要用于抽选比例尺在1∶3500000左右的海图。

(4)索引图A2:主要用于抽选东北大西洋、欧洲水域及地中海的小比例尺海图。

(5)索引图B-W:为各分区海图索引图,用于抽选各分区的大中比例尺海图。

在上述各索引图的左页,还有该分区索引图内所有海图的详细资料,包括海图的图号、图名、比例尺、出版日期及新版日期,便于用户核对船存的海图是否为最新版海图。海图图号前标有“⊙”的,表明该图另有英版光栅海图。海图图号前标有“I”的,表明该图也属国际版海图。

索引图X:为海图图夹号索引图。在该索引图中列出了全球100个分区图夹及每一个图夹中所包含的海图数量。

4)第四部分为航行计划专用图(planning charts)、参考图与标绘图(reference and plotting charts)

(1)航行计划专用图(planning charts)

航行计划专用图提供了附加航行计划信息,帮助航海人员制定更加安全、有效的航行计划。该部分海图主要有如下几类:

①定线指南(Routeing guides):主要提供重要航线和地区的航线设计信息,如分道通航制、地方规则等。目前共有英吉利海峡和多佛尔海峡(5500)、苏伊士湾(5501)、波罗的海(5503)等15张海图。

②航路设计图(Routeing Charts):航路设计图是拟定大洋航线必不可少的海图,它包括世界主要港口间的航线及里程、洋流、冰区界限、风花、载重线区域界限等资料。

③海上保安用图(Maritime Security Charts):该海图主要用于规避船舶保安风险。目前有Q6099~Q6114,共6张海图。

④进港指南海图(Port Approach Guides):其中包含一系列英版海图及出版物的信息,是船舶进出港口的参考资料。目前共有亚洲77张海图,欧洲132张海图,非洲18张海图,北美洲41张海图,南美洲15张海图。

(2)参考图及标绘图(Reference and Plotting Charts)

这类海图主要有:世界时区图(Time Zone Chart)、载重线规则(Load Line Regulations)、大圆海图(Gnomonic Charts)、磁差图(Magnetic Variation Charts)、教学用图(Instructional Charts)、空白海图(Ocean Plotting Sheets)、英国军事演习区图(UK Practice and Exercise Charts)、领海基线图(Territorial Sea Baseline Charts)、渔业用图(Fisheries Charts)。

5)第五部分为英版航海出版物(Navigational Publications),主要有:

(1)英版《航路指南》(书号为NP1-72):包括各卷分区界限索引图和《航路指南》版本信息资料。

(2)英版《灯标与雾号表》(书号为NP74-87):给出了纸质《灯标表与雾号表》与数字《灯标与雾号表》的有关资料及纸质《灯标表与雾号表》分区界限索引图,数字《灯标与雾号表》的分区界限索引图则在该书第二部分“数字产品服务”中给出。

(3)潮汐与潮流资料,包括英版《潮汐表》一至八卷(书号为NP201-208)的分区界限索引图、西北欧区域的英版《潮流表图集》和其他潮汐资料。

(4)英版《无线电信号表》(书号为NP281-286):包括各卷分区界限索引、版本、出版信息及内容简介。

(5)天文用书(astronomical publications):主要有《航海天文历》《索星与辨星》等天文类用书。

(6)其他资料:包括《航海员手册》《世界大洋航路》《里程表》《ENC维护记录》《IALA海上浮标系统》,英版《海图图式》等资料的简要说明。

6)第六部分为航海安全信息。主要内容有:

(1)英版《航海通告》:介绍了英版周版《航海通告》、英版《航海通告年度汇编》、英版《航海通告累积表》的主要内容、出版情况,及纸质、电子版《航海通告》的获取方式。

(2)英版光盘产品及电子软件服务。

(3)假冒产品识别。介绍了识别盗版海图、出版物的方法。

7)第七部分为各国广告商一览表(advertisers)。

8)第八部分为数字索引(numerical indexes):在该部分中分为以下几个索引:

(1)航用海图索引(admiralty standard nautical charts, UKHO reproductions of Australian charts, UKHO reproductions of Indian charts, UKHO reproductions of New Zealand charts, UKHO reproductions of Japanese charts):列出了英国及其重印的澳大利亚、印度、新西兰、日本等国出版的海图的信息,根据此索引可以查出某一图号的海图在本目录上的页数,便于查找该海图的出版及新版日期等详细资料。

(2)英版辅助用图索引(admiralty thematic charts):列出了海图辅助用图的编号及海图资料所在的页数,便于查找该海图的出版及新版日期等详细资料。

(3)国际版海图索引(international charts):列出了国际版海图的编号及海图资料所在的页数,便于查找该海图的出版及新版日期等详细资料。

(4)英版航海出版物书号索引(admiralty publications):列出了英版出版物的书号及其所在的页数,便于查找该出版物的出版及新版日期等详细资料。

(5)数字产品索引:列出了数字产品所在的页数,便于查找数字产品信息。

2. 主要用途

1)查阅英版海图及出版物授权分销商有关资料

利用第一部分中全球授权分销商一览表(admiralty authorized distributors)可以查出英版海图及出版物全球授权分销商分布情况和联系方式,便于了解可以购买到英版海图及出版物的机构及其详细信息。

2)查取可以获得英版《航海通告》的方法

利用第六部分中"英版《航海通告》"部分可以查到纸质、电子版《航海通告》的获取方式。

3)抽选航用海图(以 2018 年 8 月 8 日青岛至日本东京港为例)

(1)首先抽选总图。根据航行海区,利用索引图 A1 抽选总图为 4509。

(2)利用英版海图分区索引图(limits of admiralty charts indexes),并参考《航路设计图》中提供的推荐航线,在该索引图查出本航线所经过的各海区的编号,分别为 K1、L。

(3)把选定的推荐航线在 K1、L 页上画出,并根据航线所涉及的海图确定拟抽选大、中比例尺海图图号,分别为 1505、1502、1253、3480、3237、2347、JP1222、JP1221、1648、996、JP80、JP90、JP1062、JP1081、JP1061、JP1065。

注意:

①在抽选航用海图前首先应根据航次任务,结合每月《航路设计图》确定计划航线,并绘画在总图上,作为抽选航用海图的依据。

②航用海图的抽选原则是尽量抽选比例尺较大的海图,同时视具体情况抽选必要的参考图。

4)抽选每月《航路设计图》(以 2018 年 8 月 8 日青岛至日本东京港为例):根据航线所经

过的区域和季节(2018 年 8 月),从该目录的第四部分中抽选每月航路设计图为 5141(8)。

5) 抽选本航次所用的航海图书(以 2018 年 8 月 8 日青岛至日本东京港为例)

利用“第五部分英版航海图书(publications)”,抽选本航次所需英版《航路指南》为第 32 卷(NP32)、42C 卷(NP42C)、42A 卷(NP42A)、第 41 卷(NP41);英版《灯标与雾号表》P 卷(NP87)、M 卷(NP85)、数字《灯标表》(在书中第二部分)第六区;英版《潮汐表》第六卷(NP206);英版《无线电信号表》第一卷第二部分[NP281(1)]、第二卷第二部分[NP282(2)]、第三卷第二部分[NP283(2)]、第四卷(NP284)、第五卷(NP285)及第六卷第六部分[NP286(6)],及其他一些必需的航海图书。

6) 检验船存海图是否为最新版(以 1505 海图为例)

(1) 根据船存海图的图号 1505,查阅英版《海图及航海出版物目录》第八部分中的“航用海图索引(admiralty standard nautical charts)”,查知该海图的有关资料在第 82 页。

(2) 翻至第 82 页,查知该海图的出版日期为 2013 年 3 月,新版日期为 2016 年 10 月。把此出版日期和新版日期与海图上的日期相比较,若日期相同,则说明该海图为最新版海图;若海图上的日期早于该日期,则说明该船存海图已经作废,应及时购买新版海图。

7) 检验船存航海出版物是否为最新版

由于英版航海出版物中的相当一部分为每年更新出版一次,如英版《灯标与雾号表》《潮汐表》《无线电信号表》等。此部分图书应每年更新一次。但像英版《航路指南》《世界大洋航路》《航海员手册》等多年更新一次的资料,就有必要随时检验资料的最新性。例如,检验船存《China Sea Pilot Ⅰ》(书号为 NP30,出版日期为 2004 年第六版)是否为最新版资料。

(1) 首先查阅英版《海图及航海出版物目录》的第五部分中的“Admiralty Sailing Directions (Pilots)”部分。

(2) 在该部分中根据书号 NP30,查阅该书的出版日期为 2016 年,版本为第十版。船存 NP30 的出版日期早于英版《海图及航海出版物目录》中的日期,说明船存 NP30 已经过期,应予以更新。

(3) 若船存 NP30 的出版日期与英版《海图及航海出版物目录》中的日期相同,说明船存 NP30 为最新版。

注:在检验海图及航海出版物是否为最新前,应利用英版《海图及航海出版物目录》的补遗表、英版《航海通告》将英版《海图及航海出版物目录》改正至最新。

3. 英版《海图及航海出版物目录》的改正

英版《海图及航海出版物目录》每年更新一次,在下一版出版之前,若英版海图及航海出版物的信息有所变化,则应对《海图及航海出版物目录》中相应的内容进行改正。该书改正资料主要有两种,一种是该书的补遗表,另一种是英版《航海通告》中有关海图及出版物的出版、撤废等消息的内容。

1) 利用该书的补遗表进行改正

由于该书在搜集资料至出版前的一段时间内,有关资料已经发生了变化。为了便于用户的准确使用,英国水道测量局又对该书出版后的一些改正信息增加了补遗表,用户在购买该书时,随书夹带补遗表。为了防止在日常工作中丢失补遗表,在收到补遗表后应尽快地根据补遗表对该英版《海图及航海出版物目录》进行改正,同时妥善保管补遗表。

2) 利用英版《航海通告》进行改正

(1)对海图撤废情况的改正

①仔细阅读英版《航海通告》第Ⅰ部分的有关内容,找出有关海图撤废情况的通告。

②根据涉及的图号,查阅第八部分“数字索引”,找出该海图的有关资料所在页数。

③翻至该页,找到该图的有关资料并用红笔将其勾掉,同时在右页将该海图的图框勾掉,并注明“通告×期删除”。

④翻到第八部分“数字索引”,找出该海图的图号及页数,将其删除。

⑤翻到目录页,在其中的航海通告改正登记表中进行登记。

(2)对海图出版情况的改正

①仔细阅读英版《航海通告》第Ⅰ部分的有关内容,找出有关海图出版情况的通告。

②根据涉及的海图所覆盖的范围,查阅“英版海图分区界限索引图(limits of admiralty charts indexes)”,找出该海图的有关资料所在页数。

③翻至该页,画出该图的框架并注上图号,同时在该页的左页按海图图号的顺序添上有关资料,并注明“通告×期增加”。

④翻到第八部分“数字索引”,按海图图号的顺序添上图号及页数。

⑤翻到目录页,在其中的航海通告改正登记表中进行登记。

(3)对海图新版情况的改正

①仔细阅读英版《航海通告》第Ⅰ部分的有关内容,找出有关海图新版情况的通告。

②根据涉及的图号,查阅第八部分“数字索引”,找出该海图的有关资料所在页数。

③翻至该页,找到该图的有关资料并用红笔将其新版日期按通告内容进行修改,并注明“通告×期新版”。

④翻到目录页,在其中的航海通告改正登记表中进行登记。

(4)对航海出版物新版情况的改正

①仔细阅读英版《航海通告》第Ⅰ部分的有关内容,找出有关出版物资料新版情况的通告。

②根据所涉及的出版物书号,查阅第五部分的“英版航海出版物”,找到该出版物。

③用红笔将其新版日期按通告内容进行修改,并注明“通告×期新版”。

④翻到目录页,在其中的航海通告改正登记表中进行登记。

第二节 《世界大洋航路》与每月《航路设计图》

一、《世界大洋航路》

1. 概述

《世界大洋航路》(Admiralty Ocean Passages for the World)由英国水道测量局出版,主要介绍了世界主要大洋航线,影响航线设计的风、涌、洋流、冰等因素的基本情况及各海区航行的注意事项,供船舶拟定大洋航线时参考。该书分为两册,书号为NP136(1)和NP136(2)。第一册[NP136(1)]范围包括大西洋、地中海、黑海、加勒比海和墨西哥湾,第二册[NP136(2)]范围包括印度洋、红海、波斯湾、东南亚、印度尼西亚和太平洋。两册各自的范围还可查看该书的封底。该书所提供的推荐航线是通过收集装配于集装箱船、散货船及客船上 AIS 设备一年以上信息形成，包含世界上最繁忙的区域、港口之间的航线。

《世界大洋航路》不定期出版，上一版为 2014 年（第五版），现行版为 2018 年版。新版出版后，旧版作废。

2. 主要内容

1）卷首部分

主要内容有：英版《航海通告》改正记录（record of updates）、前言（preface）、目录（contents）、《世界大洋航路》海区界限图（admiralty ocean passages for the world limits of volumes 1-2）等内容。

2）第一章为概述（overview），内容主要有：

航线设计（route planning）、载重线区域界限图（load line zones）、自然条件概述（nature conditions）等内容。其中，自然条件概述部分详细给出了天气条件、季风、低气压、浪和涌等信息，同时也给出了一月份和七月份的世界气象统计图和一月份、四月份、七月份、十月份的浪高图。在世界气象统计图中，主要介绍了气压、风、涌、热带风暴、洋流、海水温度、雾、海冰、降水等统计信息。在浪高图中，用红、绿线的形式给出了上述四个月份的不同的浪高出现的频率。红线及其上数字表示该地浪高大于 6 m 的波浪出现的百分率（10%）等值线；绿线及其上数字表示该地浪高大于 3.5 m 的波浪出现的百分率（50%）等值线。

3）第二章及以后各章

分海区介绍该海区覆盖范围、海区内的主要港口及航路连接点、航线使用注意事项（如自然条件、限制条件、航海危险物及规则等）、航路连接点间的航线、主要港口间航线及港口与航路连接点间航线等信息。其中，航线以插图及表格的形式给出。

4）索引（index）

按各项资料的字母顺序排列，读者在查阅时可以根据所要查阅资料的字母顺序查得该资料的内容所在的页数，便于阅读。

3. 使用注意事项

1）新版发行后，旧版作废，到下一版出版前的改正资料均在英版《航海通告》的第Ⅶ部分印出。到年底仍有效的改正资料在英版《航海通告年度汇编》第二部分［NP247（2）］进行重印。另外，至今仍有效的改正资料一览表在每季度末期《航海通告》中印出。有关新版《世界大洋航路》的出版及作废消息均发布于英版《航海通告》的第Ⅰ部分。

2）除非参阅最新版补篇和周版《航海通告》第Ⅶ部分，否则不应使用该书。

3）在使用本书时，应结合适当的海图和参阅《航海员手册》《灯标表》《无线电信号表》《航海通告年度汇编》《潮汐表》等。

4）在使用本书时，应仔细阅读本卷的卷首部分，了解使用的注意事项。查阅推荐航线时，应仔细阅读第一章关于航线设计及水文气象资料，以及世界气象统计图和浪高图，从而了解未来航区内的水文气象条件和航行注意事项。

4. 推荐航线的查阅方法

1）根据始发港和目的港，参考相关总图或大洋图，了解推荐航线的大致情况，以及途经哪些重要的港口和航区。

2）根据航行海区范围，查阅该书任一卷的封底，确定所需要的卷别。

3）根据航行海区范围，查阅目录，确定推荐航线所在章节及页数。

4）翻到相关章节，可找到航线插图，然后可根据出发港和目的港名称从图中找到所需航线。图中的航线还给出航线上各转向点的编号，根据该编号可以从后方的表格中找到各转向点的名称及经纬度。

下面，以查阅上海到新加坡的航线为例，介绍推荐航线的查阅方法。

①根据航线所经海区查阅任意一册《世界大洋航路》的封底，确定所需的卷别为 NP136（2）。

②翻开 NP136（2）目录，根据航行海区，找到相关航线资料在书中第三章。

③翻到第三章，从其中插图中可以找到上海到新加坡的航线示意图，图中还有各个转向点编号，各转向点经纬度可根据转向点编号查看后方表格。

在查阅推荐航线时，还应注意以下几个问题：

①根据航次任务确定的始发港或目的港，有时书中并未提及，此时，可采用始发港或目的港附近的港口或重要航路点的方法予以代替。

②始发港和目的港有时不在同一海区，甚至不在同一卷中，此时应通过各海区的航路连接点（connector）分别查阅各海区的航路，并将它们连接起来。以上海到塞得港为例，应首先从 NP136（2）第三章中查得上海到马六甲海峡西北部（Malacca Strait NW）的航线，然后从 NP136（2）第二章中查得马六甲海峡西北部（Malacca Strait NW）到塞得港（Port Said）的航线。

③另外《世界大洋航路》中给出的推荐航线为通常天气条件下的航线，船舶应根据本船的条件和当时的环境条件具体分析，以便设计出一条最安全经济的航线。

二、每月《航路设计图》

1. 概述

现在航海上应用的每月《航路设计图》（Routeing Charts）有中、英、美、澳等多个版本。这些版本的内容与结构大同小异，中国远洋船舶上常用的是英版每月《航路设计图》。

英版每月《航路设计图》共分为北大西洋、南大西洋、印度洋、北太平洋、南太平洋、马六甲海峡到马绍尔群岛、墨西哥湾和加勒比海、地中海和黑海、阿拉伯海和红海、孟加拉湾等 11 个海区，每个海区每月 1 张，全年共计 132 张。有关各航路设计图的分区界限可查阅英版《海图及航海出版物目录》第四部分的“routeing charts”。

该海图的投影原理为墨卡托投影，它可以作为总图供船舶拟定航行计划、研究总的航行条件使用。它是拟定大洋航线的重要参考资料，可与英版《世界大洋航路》配合使用。

2. 主要内容

以 2013 年 12 月出版的北太平洋海区《航路设计图》[5127（12）]为例，每月《航路设计图》的主要内容包括以下几个部分：

1）推荐航线和里程（shipping route）

连接港口间的绿线为推荐航线，其上还给出了以海里为单位的航程，曲线为大圆航线，直线为恒向线航线。

2)洋流(current)

用蓝色箭头表示洋流流向,并以不同形状的箭头表示该方向上的洋流的稳定度,其后的数字表示洋流的流速。例如:

——▶表示该方向上洋流的稳定度大于75%。

– –▶表示该方向上洋流的稳定度为50%~75%。

- - - -▶表示该方向上洋流的稳定度小于50%。

·········▶表示该洋流可能的流向,观测资料不足。

3)风花(wind roses)

用红色圆圈和许多不同形状的红色箭头组成风花,表示当地盛行风在该月份的可能方向、风级及其出现的百分率。箭头的长度表示该方向上的风出现的百分率,箭杆越长,百分率越高。箭头的方向为风向。箭杆的形状不同,表示风级不同。风花中间有三个数字,最上面的数字表示多年来在该月份对该地区风的总的观测次数;中间数字表示不定风占全部观测次数的百分率;最下面的数字表示无风的百分率。

4)冰区界限(ice limits)

用浅蓝色波浪线表示海冰密集度在12%的界限。

5)国际载重线区域界限(limits of load line zone)

依据《国际载重线公约》,用不同的颜色表明船舶在本月的特定区域可以使用的最大吃水载重线区域界限。绿色表示热带载重线使用区带,橙红色表示夏季载重线使用区带,浅蓝色表示冬季载重线使用区带。有关载重线区域的详细情况可参阅英版海图D6083。

6)四个附图

(1)平均气温气压图

图上绿线为以摄氏度(℃)为单位的海面月平均气温等温线。红线为以百帕(hPa)、毫巴(mbar)为单位的海面月平均气压等压线。

(2)雾与低能见度图

图上绿线为能见度低于5 n mile的情况出现的百分率等值线。红线为能见度低于0.5 n mile的情况出现的百分率等值线。

(3)露点温度与平均海水温度图

图上红线为以摄氏度(℃)为单位的露点温度等温线。绿线为以摄氏度(℃)为单位的本月平均海水温度等温线。

(4)大风频率与热带气旋路径图

图上绿线是指出现7级和7级以上大风的百分比等值线。红线是指多年来产生于本月份的热带气旋路径。

第三节　航路指南

航路指南提供了在海图上没有的,但与航行安全密切相关的资料,它是拟定近海航线的重要参考资料。

一、《中国航路指南》

1. 概况

《中国航路指南》由中国人民解放军海军海道测量局不定期出版，有关各卷的出版消息可查阅中版《航海通告》的第 I 部分。现行《中国航路指南》为 2016 年版，有关现行版的出版年份可查阅中版《航海图书目录》的第三部分“航海书表”。

《中国航路指南》共有三卷，分别为《中国航路指南 黄、渤海海区》《中国航路指南 东海海区》《中国航路指南 南海海区》，其编号分别为 A101、A102、A103。各卷所覆盖的范围如下：

(1)《中国航路指南 黄、渤海海区》：记述的海区范围为北起鸭绿江口，南到长江口北角，包括渤海、黄海及沿海岛屿。

(2)《中国航路指南 东海海区》：记述的海区范围为北起长江口北角，南到闽粤交界处的诏安湾的我国东海海区，包括舟山群岛、台湾岛、钓鱼岛及赤尾屿等沿海群岛和岛屿。

(3)《中国航路指南 南海海区》：记述的海区范围为东起闽粤交界处的诏安湾，西至北仑河口的我国南海海区，包括海南岛及南海诸岛。

有关各卷的覆盖范围可查阅中版《航海图书目录》第三部分“航海书表”。

2. 主要内容

1）前言：在各卷的“前言”部分中主要介绍了本卷《中国航路指南》所记载的海区范围、资料截止日期、《航海通告》的改正日期以及本卷《中国航路指南》的出版情况及书中各章的主要内容。例如，《中国航路指南》第一卷（2016 年版）的“前言”指出，“《中国航路指南 黄、渤海海区》记述的海区为北起鸭绿江口，南至长江口北角，包括渤海、黄海及沿海岛屿”，并同时指出“该指南资料截止至 2016 年 3 月，航海通告改正到 2016 年第 35 期”。

2）说明

(1) 保持《中国航路指南》现势性的说明。例如，2016 年版《中国航路指南 黄、渤海海区》的“说明”中特别注明“为了保持现势性，本书一般 5 年改版一次，并视情况编制补篇，新补篇包括前期补篇中的保留部分，新补篇出版后，前期补篇即行作废”。本书应与其最新版补篇、海图及《航海通告》结合使用。

(2) 坐标系说明。2016 年版《中国航路指南》采用 CGCS 2000 坐标系。

(3) 其他说明。主要对有关航向与方位、水深、长度和距离单位、温度、降水量、气压、风速及航道左右侧的划分、海角的位置点、船舶与岛礁间的距离等做了说明。

3）中国航路指南索引图

给出书中各章描述的海区范围及部分海图的范围。

4）正文内容

各卷的结构大体一致。一般第一章为总述，主要介绍本卷《中国航路指南》所覆盖海区的概况（包括地理位置、沿岸地形、海岸和干出礁、海底地形、岛屿分布等）、气象水文资料及航路、港湾、航标、航泊限制、航海保证等信息，供航海者研究该海区总的航行条件用。此后各章节分海区介绍各海区的概况、水文气象、助航标志、航行障碍物、水道航法和港湾锚地等资料。

在各卷正文的第一章“总述”中还有大量的插图资料，如海底地形示意图、底质分布示意图、中国沿海入射潮波传播示意图、沿岸潮汐性质分布图、平均最大潮差曲线图、等潮时线图、表层海流图(1月、4月、7月、10月各1张)、风浪图(1月、7月各1张)、涌浪图(1月、7月各1张)、海面风图(1月、4月、7月、10月各1张)、台风移动路径图、航法图、本海区主要港口分布图等。

5)附录

在各卷的后面一般印有与航行安全有关的重要文件,包括《中华人民共和国海上交通安全法》《中华人民共和国对外国籍船舶管理规则》《中华人民共和国船舶交通管理系统安全监督管理规则》《船舶引航管理规定》《中国船舶报告系统船长指南》等。

3. 查阅方法

《中国航路指南》的查阅方法比较简单,它主要依靠各卷前面"中国航路指南 ×海区索引图"来进行的,其查阅方法如下:

1)根据所要了解海区的地理位置,查上述索引图,可得该海区所在的章节。

2)根据该章节编号,查阅本卷目录,即可知该章内容所在的页数。

3)翻至该页,即可查阅有关信息。

4. 使用注意事项

1)阅读《中国航路指南》前,应首先了解目录及内容的编排细节,便于查阅。

2)阅读《中国航路指南》时,应特别注意阅读各卷的卷首说明,便于正确理解有关概念。

3)阅读《中国航路指南》时,应注意与所引用的海图相对照,便于正确理解有关内容。

为了保持《中国航路指南》的有效性,该书出版后视情况出补编,本书应与其最新补编和《航海通告》结合使用。

二、英版《航路指南》

英版《航路指南》(Pilots or Sailing Directions)由英国水道测量局出版,书号为NP1-NP72,共70余卷,大约每隔3年出版一次,其范围覆盖了世界上所有可航水域,内容涵盖航海危险物、浮标系统、引航、规章、有关国家的一般说明、港口设施、季节性水流、冰和气候条件等信息,用于补充英版海图及其他出版物的不足。有关各卷的分区界限可查阅英版《海图及航海出版物目录》中的第5部分。

1. 卷首说明

英版《航路指南》各卷的卷首说明略有不同,使用时应仔细阅读,但大致的内容基本相似,一般包括以下内容:

1)关于英版《航路指南》的改正

英版《航路指南》大约每隔3年出版一次,其出版消息在英版《航海通告》第Ⅰ部分发布。其现行版本一览表在季末一期英版《航海通告》的1B部分及每6个月一期的《航海通告累积表》(NP234)中公布。该一览表也可通过UKHO网站 http://admiralty.co.uk/maritime-safety-information 获取。在该书使用期间,其改正资料在英版《航海通告》的第Ⅳ部分中发布。仍然有效的改正资料一览表在季末一期《航海通告》第Ⅳ部分中发布,到年底仍有效的通告在次年年初由英版《航海通告年度汇编》第二部分[NP247(2)]予以重印。

2)前言部分

一般列有编写该卷《航路指南》的资料来源及所参阅的资料和文件。

3)英版《航路指南》的主要作用

英版《航路指南》主要供150总吨以上的船舶使用。它详细记载了纸质海图、ENC或其他出版物上所没有的、但对航行安全所必需的航海资料。它应与适当的海图及ENC结合使用。

4)英版《航路指南》内容编排

(1)每卷都有一张索引图,标示了每章的地理范围,用于确定哪一章包含所需的信息。

(2)每章的第一页都有一个索引图,索引图中紧靠箭头或港口的地方都有一个数字,该数字用于表示的是对应信息在书中的起始段落号。

(3)每章的内容分为节,每节又分为小节,对航道或主要港口等进行了描述,对于一些小港口,则包含在对航道的描述中。

(4)全书的一般信息包含在第一章。其他章开头的一般信息是与全章有关的资料,包括地形、危险物、引航、VTS和交通规则、自然条件等内容。每小节的一般信息只与该小节有关。

5)UKHO的联系方式及英版海图与出版物的获取方式

6)与本书相关的出版物

英版《航海通告》《航海员手册》《灯标与雾号表》《无线电信号表》《潮汐表》等。

7)重要问题的说明

(1)浮标:一般只有在它们有特殊的航海用途或海图的比例尺太小而不能清楚地标示出来的时候,才在本书中予以说明。

(2)章节索引图:给出每章的覆盖范围。箭头方向指示书中文本描述的方向,其上的数字表示相应的段落号。

(3)引用的海图:海图通常不在正文中引用。书中所引用的海图,一般为最大比例尺的英版海图,但偶尔也有较小比例尺者,也可能引用相关的ENC单元。

(4)炮火演习区和军事演习区:除潜艇演习外,其他演习一般只涉及有限的信息,但与航行安全有关的信号和浮标有时也在其中予以说明。关于此部分请参阅英版《航海通告年度汇编》。

(5)名称:均来自最权威当局。

(6)港口平面图:仅供参考,不能用于航行,应使用适当比例尺的海图。

(7)有关的潮汐资料:本指南中未提及,应参阅英版《潮汐表》。

(8)时间差:书中使用的时间为当地标准时间,必须留意有些地区使用季节性的夏令时。

(9)沉船资料:只包括对航行或锚泊有显著影响的干出或水下沉船的有关资料。

8)缩写

对正文中所使用的缩写进行了解释。

9)词汇表

对正文中所使用的名词进行了解释。

10)章节索引图

2. 主要内容

1)英版《航路指南》每卷的第一章都有三部分内容。

(1)航行与规则(navigation and regulation):包括本卷范围、航海危险物、交通与作业、海图、助航标志、引航业务、无线电设施、规则、信号、遇险与救助等。

(2)国家(country):包括一般情况、国家界限、政府、人口、语言、工作及贸易等有关信息。

(3)自然条件(nature condition):包括海洋地形、洋流、潮汐与潮流、海浪与涌、海水特征、冰情、气候与气象等信息。

2)第二章及以后各章分区顺岸介绍有关的航海资料。

各章航海资料的主要内容是对该章所覆盖的地区的航行条件及有关情况予以说明,包括该区域的地理情况、灯标、立标、锚地、潮流及有关引航和供应情况等。每章的第一页都有一个索引图,索引图中紧靠箭头或港口的地方都有一个数字,该数字用于表示的是对应信息的起始段落号,方便航海人员快速找到所需的信息。

3)另外,各卷还有一些附录、对景图及索引等。

(1)附录:通常包括一些地方规则及需要特别注意的航海危险。

(2)对景图:各卷中均有一些重要物标在不同方向上的对景图,便于航海者辨认物标。

(3)各卷的索引:位于各卷的后部,按字母顺序排列,读者在查阅时可以以地区名称的字母顺序查得该地区的内容所在的页数,便于阅读。

3. 查阅方法

1)根据英版《海图及航海出版物目录》第五部分中的英版《航路指南》索引图,抽选必要的英版《航路指南》。

2)仔细地阅读所需英版《航路指南》卷首说明部分,以便了解本卷《航路指南》的使用注意事项。

3)仔细阅读该卷《航路指南》的第一章,掌握本卷《航路指南》所述地区的总的情况。

4)如需查阅有关地区的航海资料,可根据该地区的字母名称查书末的索引,即可知道有关资料所在的页数。也可通过资料所在地区,利用书中的章节索引图,确定所需资料所在的章,然后翻到该章第一页确定所查资料在书中的起始段落号,根据该段落号找到所需的资料。

4. 改正方法

1)英版《航路指南》的改正资料

(1)英版《航海通告》的第Ⅳ部分——英版《航路指南》的改正。

(2)下列资料也可以帮助改正英版《航路指南》:

①英版《航海通告年度汇编》第二部分“至本年度 1 月 1 日前仍有效的针对英版《航路指南》改正的通告的重印”。该部分可供读者了解针对各卷《航路指南》的改正资料的发布情况,可用于校对各卷《航路指南》的改正资料是否有漏登的情况。

②《航海通告》季末期中的针对《航路指南》改正的“通告一览表”。此一览表可供读者了解仍有效的改正《航路指南》的资料。

2)英版《航路指南》的改正

(1)根据英版《航海通告》的第Ⅳ部分,查取针对英版《航路指南》的改正资料。

(2)把有关资料按卷别装订成册,最新资料在最上面,便于查阅。

(3)根据改正资料中提到的卷名、卷别及改正页数,在相应的《航路指南》中找到应改正的部分。

(4)在该部分中用铅笔加注“C/NM * *”,表明该资料已由第 * * 期通告予以改正。

三、英版《航海人员定线指南》

1. 概况

《航海人员定线指南》(Mariner's Routeing Guides):主要提供重要航线的设计信息和重要航行区域的分道通航制资料。目前共有英吉利海峡和多佛尔海峡(5500)、苏伊士湾(5501)、波罗的海(5503)等 15 张海图。

该书主要介绍了上述地区的船舶定线航行的有关信息,包括使用该指南的必要性说明,定线航行应遵循的基本原则和推荐建议,定线航行应遵循的特殊原则和推荐建议,航线设计时针对深吃水船舶、油轮及散装化学品船的特殊分级,各国/地区为防油污染及危险货物污染对航行措施提出的有关规定,本区域无线电船舶报告制度的实施,向本区域内的目的港报告的有关要求,本区域内的无线电服务介绍,引航服务,潮汐信息和服务以及备忘录等方面的内容。

2. 使用方法及注意事项

在海区的重要地点用洋红色文字列出了该航区的航行建议和注意事项,重要航段或航区用附图的方式予以专门说明,航海人员在使用该图进行航线设计时应仔细阅读。

第四节 《中国港口指南》与英版《进港指南》

一、《中国港口指南》

1. 概况

《中国港口指南》共有三卷,分别为《中国港口指南》(黄、渤海海区)、《中国港口指南》(东海海区)、《中国港口指南》(南海海区),其书号分别为 C103、C104、C105。该书由中国人民解放军海军海道测量局出版。各卷的范围如下:

《中国港口指南》(黄、渤海海区):自鸭绿江口至长江口北角。

《中国港口指南》(东海海区):自长江口北角至闽粤交界的诏安湾。

《中国港口指南》(南海海区):自闽粤交界的诏安湾至北仑河口,包括海南岛及西沙群岛。

《中国港口指南》不定期出版,现行版为 2016 年版,新版出版,旧版作废。有关各卷的出版消息,可查阅中版《航海通告》的第 I 部分。另外,在中版《航海图书目录》第三部分"航海书表"中还列有现行航海图书的第 1 版及改版的日期,航海人员可据此决定是否需要更新有关卷别。

2. 主要内容

1)前言

以 2016 年版《中国港口指南》(黄、渤海海区)为例,在该部分主要说明以下问题:

(1)《中国港口指南》(黄、渤海海区)详细记述了北起鸭绿江口,南至长江口北角之间的主要港口情况,重点向航海人员介绍进出港口的航行方法、航泊条件、引航、通信联络、港口设备、港口服务和规章等内容。

(2)该指南采用海道测量局最新的港口资料，深度基准为略最低低潮面。示意图采用最新海图绘制，示意图仅供参考，不能用于航行。所采用资料航海通告改正到 2016 年第 8 期。该指南主要供船舶进出港口时查阅，是航海人员应配备的重要参考书。

(3)使用该指南时，要充分参照《航海通告》《航标表》及海图等相关航海图书，确认其是否有所变更。

2)说明

该部分对有关航向、方位、概略方位、水深、高程、长度和距离、单位、风浪涌的方向、山峰及岛屿、港口及航道的左右侧等进行了说明。航海人员在使用本书时应提前阅读，便于正确理解有关内容。

3)正文

该书的正文部分共分三章。

(1)第一章为总述，主要介绍海区概况、影响海区的灾害性天气(热带气旋、温带气旋和寒潮)、航标、引航、进出口检查、港口信号、海难救助、避风锚地和航路里程等有关的要求和知识。

(2)第二章为港口，是《中国港口指南》的主体部分，除介绍航行于国际航线和沿海航线上的船舶经常进出的港口等一般情况外，还重点记述了进出港口的航行方法、航泊条件、进出港手续、引航、通信联络、装卸作业和港口服务等内容。便于航海人员及时掌握有关的港口资料。该部分中还对每一个港口列出了港口平面图，便于读者在阅读正文有关内容时参照。

(3)第三章为规章，包括通用规章和各港的规章。例如，《中华人民共和国港口法》《中华人民共和国船舶装运危险货物安全监督管理规定》《国际航行船舶出入境检验检疫管理办法》，以及本区域的有关船舶报告、定线航行、禁航区的规定等，便于船舶及时了解有关航行法规。

3. 查阅方法

1)根据港口所在的区域确定查阅的卷别。

2)根据港口名称在该卷的“目录”部分中查出该港口资料所在的页数。

3)翻至相关页即可阅读有关资料。

二、英版《进港指南》

1. 概述

英版《进港指南》(Guide to Port Entry)由英国航运指南有限公司出版并发行，每两年再版一次。新版发行，旧版作废。该书(2017/2018 年版)由两卷共四册组成。第一卷是以国名的首字母为 A-J 的各国港口资料组成，其中各港口资料的文字描述为一册，为港口所配的附图为一册。第二卷是以国名的首字母为 K-Y 的各国港口资料组成，其分册情况与上卷相同。

2. 使用说明

1)信息来源(sources)

航运指南公司发布的信息均来自权威部门，但并不透露信息来源。

2)警告性说明(warning)

(1)该书只是作为一个指南,并不能保证完全准确,最后的责任属于船长。

(2)在某些港口,一些具有导航意义的项目包含于一般指导。书中的港口平面图用于一般性指导,不能用于航行。浮标的形状可能由不同的符号表示,这些符号可能是当地使用的,与国际公认的符号不同。

(3)使用《进港指南》时应注意参阅主管机关和水道部门发布的信息。

3)吃水

如果没有另行规定,吃水为最大安全吃水,DWT 表示夏季载重量。

4)名称

在大多数情况下,港口或设施的名称尽量引用主管当局使用的名称。

5)数字

书中出现的国际电话和传真号码已标准化,使用规范格式。

关于船长报告的说明(reports)指出"本指南的以前版本载有一些较旧的船长报告和在其他出版物及指南中出现的航海信息已在本版中取消,因此,航海者可以保留以前的版本供进一步参考"。

3. 目录

《进港指南》(2017/2018 版)的目录放在该书第一卷的前面,共分三栏:第一栏为按字母顺序排列的国家名称;第二栏为该国港口资料正文所在的卷别;第三栏为该国港口资料正文所在的页码。

4. 港口的二维码

在书中,每个港都带有一个二维码,该二维码链接到 findaport. com 上该港口的信息,其中数据每天更新。

5. 正文

该书的正文部分按国家名称的字母顺序编排,在每一个国家中又按港口名称的字母顺序列出了各主要港口的港口资料,它主要包括港口名称及经纬度(port name, lat. & long.);进出港所需单证文件(documents);引航(pilotage);锚地(anchorage):包括界限、水深和区域;进出港最大尺度(max size):主要是最大允许吃水和船舶总长;健康(health)包括检疫要领;无线电台及呼号(radio station & call sign);VHF 服务;雷达(radar);拖轮(tug);泊位(berth);起重设备(crane);散货设施(bulk cargo facilities);特殊货物作业设施(special cargo-handling);桥梁及净空高度(bridge & air draft);装卸工(stevedore);医疗(medical care);油轮作业(tanker);海水密度及盐度(sea density & salinity);淡水供应(fresh water supply);燃料(fuel);防火(fire precaution);领事(consuls);修理(repair);干船坞(dry dock);船舶检验(survey);舷梯与看船人(gangway & watchman);开关舱(hatch);海关烟酒允许量(customs allowances);装卸货设备(cargo gear);遣返回国(repatriation);机场(airport);时制(time);节假日(holidays);警察/急救/火灾(police/ambulance/fire);应急协调中心(emergency coordination center);特别服务(special service);银行(bank);物料供应(ship's store replenishment);船员登岸(shore leave);证件(identification);垃圾处理(garbage disposal);废油处理(waste oil disposal);现金兑换(cash exchange);海员俱乐部(seaman's club);港口特别规定(special regulation);在装卸货、靠泊或加

装燃油过程中可能遇到的延迟(delay: what delay in berthing, loading, discharging or bunkering can normally be expected);船长/驾驶员报告(shipmaster's /ship officer's report);其他资料(general);港口当局的地址、电话(address & telephone number of port authorities);代理(agent)等。

6. 港口平面图

该书独立分册列出了有关港口的港口平面图(port plan),便于读者在阅读正文有关内容时参照。该书的编排格式与正文版的相同,使用时需要与正文版相互参考,便于正确理解有关内容。

7. 索引

《进港指南》(2017/2018 版)的索引放在书末,共分三栏:第一栏为按字母顺序排列的港口名称;第二栏为港口资料正文所在的页数;第三栏为港口平面图所在的页数。

8. 查阅方法

(1)根据港口所在国家的名称首字母确定查阅的卷别。

(2)根据港口名称在该卷后面的"索引(index)"部分中查出该港口资料及平面图所在的页码。

(3)翻至相关的页即可阅读有关资料。

第五节　中版《航标表》与英版《灯标与雾号表》

一、中版《航标表》

1. 概况

中版《航标表》由中国人民解放军海军海道测量局出版,共分五卷,分别为《航标表》(黄、渤海海区)、《航标表》(东海海区)、《航标表》(南海海区)、《航标表》(太平洋北西部)和《航标表》(北印度洋)。其书号分别为 G101、G102、G103、G201 和 G301。目前中国远洋船舶常用的是 G101、G102、G103。前三卷(2017 年版)的范围如下:

《航标表》(黄、渤海海区):鸭绿江口至长江口北角。

《航标表》(东海海区):自长江口北角至闽粤交界的诏安湾。

《航标表》(南海海区):自闽粤交界的诏安湾至北仑河口,包括海南岛及西沙群岛。

有关各卷《航标表》的分区界限可查阅中版《航海图书目录》的第三部分"航海书表"。中版《航标表》每年出版一次,新版出版,旧版作废。有关各卷的出版消息,可查阅中版《航海通告》。

2. 主要内容

1)前言

以 2017 年版《航标表》(黄、渤海海区)为例,在该部分中主要提及"本表资料采用截止到 2017 年 6 月底,航海通告改正至 2017 年 29 期","凡使用本表的用户,需及时根据航海通告的有关内容对航标表进行改正”。

2)说明

(1)航标的编排

在此部分中主要介绍了中国沿海航标表所记载的航标资料情况、分卷情况和航标编号的编制原则等。航标的编号原则一般是按地理位置由北向南,由东向西,按进港的顺序排列。

(2)航标的地理位置

航标表所载各航标的位置(经纬度)均采用2000国家大地坐标系。

经度以格林尼治子午线为基准。

方位均系真方位,自真北000°,顺时针方向转至360°。

距离以米计算。

(3)对航标灯光的说明

灯光性质:现有定、闪、快闪、甚快闪、明暗、等明暗、莫尔斯、互光等,共13种,详细说明请参阅“航标灯质图解”。

灯光射程:通常指在晴天黑夜条件下,按照观察者眼高在海面上5 m所能看到灯塔(桩)灯光的距离,以海里表示。

灯高:指平均大潮高潮面至灯光中心的高度,以米表示。构造栏内所记载的高度则系灯塔(桩)本身的高度(自地面至灯顶)。

光弧界限(扇形光)依顺时针方向记载,方位系自海上视灯光的真方位。

因受大气情况变化的影响,光弧界限有时不甚分明,航海人员不能只靠光弧的灯光颜色测定船位,而应力求以灯的方位定位。

(4)海区水上助航标志制度

中国海区水上助航标志制度系按照《中国海区水上助航标志》国家标准GB 4696—1999的规定实行。此标准适用于中国海区及其海港、通海河口的所有浮标和水中固定的标志(不包括灯塔、扇形光灯标、导标、灯船和大型助航浮标)。

此标准包括五类标志:侧面标志、方位标志、孤立危险物标志、安全水域标志和专用标志。它们可以结合使用。各种标志的作用和特征,参阅《中国海区水上助航标志》国家标准简图。凡设于水中的立标和灯桩,其设标点的高程在平均大潮高潮面以下,标志的基础或标身的一部分被平均大潮高潮淹没,而且作用与浮标相同者称为水中固定标志,它的颜色、顶标和灯质均须与相应的浮标或灯浮标一致。

灯浮标和浮标的编号系遵循航道走向顺序排列。

(5)灯船

中国海区的灯船船身及灯架均涂红色,船身两舷写白色的船名。灯质根据需要而定。

有人看守的灯船漂离原位时,分别悬挂下列信号:

日间:在船首尾各悬挂黑球一个或红旗一面,并悬挂国际信号旗“PC”,表明“本船不在原位”。

夜间:在船首尾各悬挂红灯一盏。

当有人看守的灯船离开原位时,原来发出的灯光和雾号即停止工作。

(6)无线电航标

无线电航标包括雷达应答器、船舶自动识别系统(简称AIS)、无线电指向标、差分全球定位系统(简称差分 GPS)、差分北斗卫星导航系统(简称差分北斗)等,其详细信息均刊载在《中国海区无线电信号表》(书号 F101)内。安装在视觉航标上的无线电导航设备均在《航标表》中各航标的附记栏加以提示。

(7)其他

灯光射程在 15 n mile 及以上的灯塔(桩),其名称在本表内用黑体字排印。

浮标与无人看守的灯船容易漂离原位或灯光熄灭,尤其在暴风雨之后更容易发生上述现象,航海人员应加以注意。

附记栏内注有"内河标"者,系内河标,其资料变化较快,仅供参考。

罗经校正场、测速场供船舶校正罗经、测定航速使用。

3)目录

目录列出了五部分内容,分别为:

(1)航标灯质图解:主要介绍常见航标灯质的分类、说明、缩写及图解。

(2)《中国海区水上助航标志》国家标准简图:该部分对侧面标志、方位标志、孤立危险物标志、安全水域标志和专用标志的形状、灯质、顶标、颜色及遇到上述标志时的航法进行了说明。

(3)航标索引图:在该图中以红色箭头表示航标的编排顺序,以红色圆点表示灯塔、灯桩的位置,用红色圆圈表示灯浮、浮标的位置,用红色数字表示该航标在本表中所在的页码。

(4)《航标表》:以编号、名称、位置、灯质、灯高、射程、构造及附记八项内容描绘各灯标的细节。

(5)罗经校正标、测速标表

罗经标与测速标以场为单位,用前面加注"L"或"C"的偶数编排,奇数用作新插入标,共有四项:

①名称:按分组及前后顺序排列。

②位置:给出了各标志的位置,有的是以方位距离表示,有的是以经纬度表示。

③构造:给出了标志的颜色、标身形状及顶标,便于白天识别。

④附记:列出了该场的叠标方位及某些叠标之间的距离。

在该部分中还给出了各罗经校正场、测速场的位置插图。

另外,各卷的前面还列有改正登记表,供改正后登记。

3. 改正方法

中版《航标表》依靠中版《航海通告》的第Ⅳ部分改正。各卷改正的起始通告在每卷的前言中都有注明。航海者在改正时应按此提示进行,不得出现漏改的情况。《航标表》在改正时可按如下方法进行:

1)把中版《航海通告》的第Ⅳ部分"灯标表的改正"按卷别正确分卷。

2)把各通告的改正内容剪成细长的贴条,并根据通告中提及的航标编号,翻至该航标所在的页数。

3)把贴条贴在相应的编号上。属于插入新编号者,该贴条应贴在两个相邻的编号之间。注意各栏对齐,且不要贴死原资料,应保留原资料可见。

4)改正完毕后,应在书前的改正登记表中进行登记,表示改正完成。

4. 查阅方法

《航标表》的查阅方法如下：

1）根据航标的地理位置确定中版《航标表》的卷别。

2）根据航标的地理位置查阅《航标表》前面的“航标索引图”，可在该航标的位置附近看见一红色的数字，此数字为该航标所在的页数。

3）翻至该页，即可阅读该航标的有关资料。

例 3-5-1：利用中版《航标表》查阅成山角灯塔的详细资料。

解：通过成山角的地理位置，选用中版《航标表》（黄、渤海海区），翻至航标索引图，在成山角位置找到红色数字 195，翻至 195 页，即可找到成山角灯塔的详细资料。

二、英版《灯标与雾号表》

英版《灯标与雾号表》（Admiralty List of Lights and Fog Signals），简称英版《灯标表》，由英国水道测量局出版，本书（2017/18 年）共有 A、B、C、D、E、F、G、H、J、K、L、M、N、P 等 14 卷，它们提供了世界范围内所有固定灯光、雾号和一些有导航意义的发光浮动标志的细节资料。有关各卷的分区界限可查阅英版《海图及航海出版物目录》第五部分中的有关索引图或各卷《灯标表》的最后一页。

各卷《灯标表》每年重新出版一次，出版消息需查阅英版《航海通告》的第 I 部分，并可从该部分中获取新购入的《灯标表》的改正开始日期。新版出版，旧版作废。各卷《灯标表》依靠英版《航海通告》的第 V 部分进行改正。

1. 主要内容

1）辅助及解释性说明

（1）灯标位置和灯标编号表（Light-location and light numbers）：可查询不同地理位置的灯标编号。

（2）英版数字《灯标表》（Admiralty Digital List of Lights）：简要介绍了英版数字《灯标表》的使用、更新、硬件和平台要求、附加信息及分区界限图。

（3）英版《灯标与雾号表》的分区界限图。

（4）特殊说明（Special remarks）：特殊说明中列出了采用额定光力射程的国家和地区，未列出的国家和地区则采用光力射程，并给予了一些必要的说明。特殊说明还对该卷的灯标、雾号等的特点进行了说明。

（5）地理能见距离表（Geographical range table）：该表中列出了以 m 和 ft 为单位不同的测者眼高和物标高程所对应的以海里为单位的地理能见距离。

（6）照距图或光达距离图（Luminous range diagrams）：在夜间灯塔灯光可见的情况下，该图可以帮助航海人员根据观测时的气象能见度确定大概的灯塔照射距离。

该表由顶边的额定光力射程、底边的灯光强度、左边的照距及表中不同的能见度曲线组成，部分国家的灯塔射程采用额定光力射程（Nominal range），在查表时直接使用即可。部分国家的灯塔射程采用的是能见度为 20 n mile 时的光力射程，其光达距离的传递系数为 0.85，即用该 20 n mile 时的光力射程作为查表引数求灯塔的光达距离时，其实际的光达距离应为查表距离的 0.85 倍。

(7)航标灯质图解(Light characteristics and co-located AIDS to navigation):对不同的灯质通过文字和图示的形式进行说明。

(8)缩写和词汇(Abbreviations and glossary)

2)《灯标表》主表

主表为该卷《灯标表》的主要内容,记述了该书所覆盖地区内的各灯标细节,有八项内容,分别为:

第一栏:灯标编号(Number)。

第二栏:灯标的名称位置。地名为大写,灯标射程等于或大于 15 n mile 者,其内容用黑体字(bold)印刷;射程小于 15 n mile 者,其内容用正体字(roman type)印刷,灯船用大写斜体字(italic capital)印刷。

第三栏:经纬度(Latitude & Longitude)。

第四栏:灯质与灯光强度。

第五栏:灯高。

第六栏:射程(单位为 n mile)。射程等于或大于 15 n mile 者,用黑体字印刷;射程小于 15 n mile 者,其内容用正体字印刷。

第七栏:灯标结构及塔(标)高。

第八栏:备注。

3)索引表(Index)

在每卷《灯标与雾号表》的后面均有一个"索引表",该索引表由两栏组成,一栏为灯标名称,按名称的英文字母顺序排列,一栏为灯标的编号。

2. 查阅方法

航海人员若想了解某个灯标的详细资料,可以根据灯标的名称,查后面的索引,得到灯标的编号,根据编号便可查阅灯标的有关资料。

例 3-5-2:利用英版《灯标表》查阅韩国的 Mukho Hang 灯塔的详细资料。

解:利用英版《海图及航海出版物目录》第五部分中的《灯标表》分区索引图或各卷《灯标表》的最后一页的《灯标表》分区索引图,找到韩国属于英版《灯标表》的 M 卷(NP85)。翻开 NP85 书后的索引,找到 Mukho Hang 的编号为 M4447,翻至 M4447 所在的页数(108 页),即可找到 Mukho Hang 灯塔的详细资料。

3. 改正与更新

1)英版《灯标与雾号表》的改正资料来源于英版《航海通告》的第Ⅴ部分。

2)新购入的英版《灯标与雾号表》到船后应先了解该卷改正的起始时间,以保证改正的连续性。

3)仔细阅读英版《航海通告》的第Ⅴ部分,根据该部分改正资料上所注明的卷别和编号,正确分卷。

4)将改正资料剪成细长的贴条,并将贴条按编号顺序粘贴在相应的编号上,各栏对齐,且不要贴死原资料,保留原资料可见。

5)改正完毕后,在封里的改正登记表(record of updates)中做好登记。

在改正时应注意:

（1）《航海通告》到船后，千万不要把新的改正资料贴到旧版本的英版《灯标与雾号表》中。

（2）有关各卷的出版消息需查阅英版《航海通告》的第Ⅰ部分，一旦有新版出版，应马上购买。

（3）具体改正时的第一次改正的记录应填到"新版的第一次改正处（new edition first updates）"，此后的改正记录按其下的表格顺序填写。

三、英版数字《灯标表》

英版数字《灯标表》（Admiralty digital list of lights）由英国水道测量局出版，该资料共有 Area 1+2—Area 10 等 9 卷，有关各卷的分区界限可查阅英版《海图及航海出版物目录》第二部分（Digital Services）中的分区界限图或每卷卷首内的英版数字《灯标表》分区界限图。英版数字《灯标表》提供了全球最全面的灯标、雾号的信息，包含了 85000 多个灯标的数据。与纸质版的英版《灯标与雾号表》相比具有以下优点：

1. 更新更简单、快捷

每周的电子更新可以通过互联网下载/电子邮件或光盘的形式来完成。

2. 查找更简单、快捷

用户通过搜索的方式可方便、快速地查找到航标资料。

3. 使用更简单、快捷

船员可以打印或输出信息，使用更简单、快捷。

第六节　英版《无线电信号表》

一、概述

英版《无线电信号表》（Admiralty List of Radio Signals，ALRS）由英国水道测量局出版，该书（2018/19 年）共分六卷十六册，每年的卷数及册数都可能发生变化。英版《无线电信号表》每年出版一次，新版出版，旧版作废。有关英版《无线电信号表》各卷的出版消息可查阅英版《航海通告》的第Ⅰ部分，并可从该部分中获取新购入的英版《无线电信号表》的改正开始日期。新书出版后，根据英版《航海通告》的第Ⅵ部分进行改正。英版《无线电信号表》对于船舶的航行和操作至关重要，各卷书涵盖了世界上关于海洋无线电通信各方面最全面和最权威的信息来源，而且现在所有卷都以数字格式提供，搜索和更新更方便、快捷。

英版《无线电信号表》（2018/19 年版）各卷的主要内容如下：

第一卷（volume 1）：海上无线电台［Maritime radio stations，NP281（parts 1 & 2）］，主要包括全球海上通信、卫星通信、海岸警卫队通信、海上远程医疗援助服务、无线电检疫和污染报告、反盗版联络表等内容。

该卷由两册组成。第一册覆盖欧洲、非洲和亚洲（不包括远东地区）；第二册覆盖美洲、远东地区和大洋洲。两册的分区界限图可从英版《海图及航海出版物目录》第五部分中的英版《无线电信号表》或每册的最后一页查得。

第二卷(volume 2):无线电助航标志、差分全球定位系统、法定时间、无线电时号和电子定位系统[Radio aids to navigation, Differential GPS(DGPS), Legal time, Radio time signals and electronic position fixing systems NP282(parts 1 & 2)],主要包括甚高频无线电测向站一览表、全球雷达信标一览表、全球自动识别系统航标一览表、全球发射 DGPS 改正的无线电信标一览表、国际标准时和夏令时、国际无线电时号广播细节、带有插图的电子定位系统等内容。

该卷由两册组成。第一册覆盖欧洲、非洲和亚洲(不包括远东地区);第二册覆盖美洲、远东地区和大洋洲。两册的分区界限图可从英版《海图及航海出版物目录》第五部分中的英版《无线电信号表》或每册的最后一页查得。

第三卷(volume 3):航海安全信息服务[Maritime safety information services, NP283(parts 1 & 2)],主要包括海上天气服务、海上安全信息广播、全球范围的航海电传(NAVTEX)和安全网信息(SafetyNET)、水下及实弹射击警报、无线电传真站及其频率和分布图等内容。

该卷由两册组成。第一册覆盖欧洲、非洲和亚洲(不包括远东地区);第二册覆盖美洲、远东地区和大洋洲。两册的分区界限图可从英版《海图及航海出版物目录》第五部分中的英版《无线电信号表》或每册的最后一页查得。

第四卷(volume 4):气象观测站(Meteorological observation stations NP284)。该卷主要包括全球气象观测站的有关信息。

第五卷(volume 5):全球海上遇险与安全系统(Global maritime distress and safety system, GMDSS NP285)。该卷主要包括全球海上遇险与安全系统及相关规则与资料。

第六卷(volume 6):引航服务、船舶交通服务和港口作业[Pilot services, Vessel traffic services and port operations, NP286(parts1-8)],主要包括详细的引航员信息、联系细节和程序;船舶交通服务信息、联系细节和程序;船舶报告系统;港口信息、联系细节和程序等内容。书中还用大量插图对船舶交通服务和港口作业做了补充。

该卷目前由八册组成。第一册[NP286(1)]覆盖英国与欧洲(不包括北极、波罗的海和地中海海岸);第二册[NP286(2)]覆盖欧洲、北极和波罗的海海岸包括冰岛和法罗群岛;第三册[NP286(3)]覆盖地中海、黑海、里海和苏伊士运河;第四册[NP286(4)]覆盖印度次大陆、东南亚和大洋洲;第五册[NP286(5)]覆盖北美洲、加拿大和格陵兰岛;第六册[NP286(6)]覆盖东北亚及俄罗斯(太平洋海岸);第七册[NP286(7)]覆盖中、南美洲和加勒比海地区;第八册[NP286(8)]覆盖非洲(不包括地中海沿岸和苏伊士运河)、红海和波斯湾。八册的分区界限图可从英版《海图及航海出版物目录》第五部分中的英版《无线电信号表》或每册的最后一页查得。

在以上各卷中,驾驶人员常用的是第二卷和第六卷,因此本节只介绍第二卷和第六卷。

二、第二卷的主要内容

英版《无线电信号表》第二卷[NP282(parts 1 & 2)]的主要内容按照编排顺序介绍如下:

1. 无线电航标地理区域索引(Index of geographical sections for Radio Aids to navigation)

利用该索引可根据国家或地区名称的字母顺序查得该国家或地区的无线电测向台、雷达航标和 AIS 航标所在的页码,翻至该页即可查得该国家或地区的航标的细节资料。

2. 无线电测向台(Radio Direction-Finding Stations)

1)定义和一般信息介绍了无线电测向台的相关定义、要求、无线电方位的标绘等内容。

2)详细资料:在该部分中对无线电测向台资料中的各项都给出了说明,见表 3-6-1。

表 3-6-1 无线电测向台

Station Name	Position	Remotely Controlled by
CANADA(Atlantic Coast) VHF DIRECTION-FINDING SERVICE The VHF DF advisory service is available to vessels within range of the receiver sites listed below. Each VHF direction-finding station is remotely controlled by a Marine Communications and Traffic Services(MCTS) Centre. See diagram on page 7. Watch is kept on Ch 16. Ship transmits on Ch 16(distress only) in order that the station can determine its bearing. Ship's bearing from the station is transmitted on Ch 16(distress only)		
Cap-aux-Meules	47°23′.23N 61°51′.67W	MCTS Les Escoumins
Cape Blomidon	45°13′.92N 64°24′.08W	MCTS Halifax
Cape Egmont	46°24′.11N 64°08′.04W	MCTS Sydney
Cape North	47°00′.63N 60°25′.68W	MCTS Sydney
Ecum Secum	44°57′.89N 62°08′.94W	MCTS Halifax
Fox Island	45°19′.78N 61°04′.76W	MCTS Halifax
…	…	…

表 3-6-1 中:

(1)"CANADA(Atlantic Coast)":表示台站所在的国家或地区。

(2)"VHF DIRECTION-FINDING SERVICE":只提供咨询服务。

(3)Position:表示该台站在最大比例尺海图上的位置。

(4)Remotely Controlled by:通过海事通信及交通服务中心远程控制。

3. 雷达航标(包括雷达应答器和雷达信标)[Radar Beacons(Racons and Ramarks)]

1)一般信息:在该部分中对雷达航标的情况及雷达应答器、雷达信标都给出了说明。

2)详细资料:在该部分中对雷达航标资料中的各项都给出了说明,见表 3-6-2。

表 3-6-2 雷达航标

Station Name	Position	Frequency (cm)	Sector	Range (n miles)	Sweep (s)	Morse	Flash (n miles)	Station Number
UNITED KINGDOM								
Ardivachar Pt	57°22′.90N 7°25′.50W	3	360°	16	120	T		50760
FINLAND								
Soumenlinna Church Rear Ldg Lt	60°08′.87N 24°59′.36E	3 & 10	360°	15-18	120	M	1	58860
Note:Racon in line 007° with Harmaja Front Ldg Lt Racon								

表 3-6-2 中：

(1)“UNITED KINGDOM”和“FINLAND”：表示台站所在的国家或地区。

(2) Station Name：表示台站的名称。如表 3-6-2 中的“Ardivachar Pt”和“Soumenlinna Church Rear Ldg Lt”。

(3) Position：表示该航标在最大比例尺海图上的位置。

(4) Frequency(cm)：表示该雷达航标的工作波段。其中“3&10 cm”：表示该雷达航标同时在 3 cm 和 10 cm 两个波段工作。

(5) Sector：表示可以收到信号的弧度范围，其为从海上视航标的真方位。从 000°~360°顺时针度量，若该航标在所有方向上可测，则为 360°。

(6) Range(n miles)：表示雷达航标的作用距离。

(7) Sweep(s)：对于慢速扫描雷达航标(Slow-sweep radar beacon)，它是扫过整个航海雷达工作频段的时间；对于快速扫描雷达航标，则不给出扫描周期。

(8) Morse：表示该雷达航标在雷达显示器上的莫尔斯码。

(9) Flash(n miles)：表示莫尔斯码在雷达荧光屏上所显示的长度。

(10) Station Number：表示台站的国际编号。

(11) Note：为注释类附加信息。表 3-6-2 中的“Racon in line 007° with Harmaja Front Ldg Lt Racon”说明该雷达应答器与 Harmaja 前导灯的雷达应答器连成一线的方向为 007°。

4. 自动识别系统(Automatic Identification System, AIS)航标

1) 一般信息：在该部分给出了相关说明、定义、介绍和解释。

2) 详细资料：在该部分中对自动识别系统航标资料中的各项都给出了说明，见表 3-6-3。

表 3-6-3　自动识别系统航标

Station Name	Position	MMSI	Service Details	Type	Transmitted Message Types
UNITED KINGDOM(232)(233)(234)(235)					
Milleur Point Lt Buoy	55°01′.28N 5°05′.65W	992351013	North Cardinal Mark Broadcasts every 10 minutes	Real	6　8　21

表 3-6-3 中：

(1)“UNITED KINGDOM(232)(233)(234)(235)”：表示台站所在的国家或地区，括号里面的数字是国际电联分配的 MMSI 国家号码。

(2) Station Name：表示台站的名称。

(3) Position：表示该航标在最大比例尺海图上的位置。

(4) MMSI：海上移动通信业务标识码。

(5) Service Details：服务细节。

(6) Type：自动识别系统航标的种类，包括实体航标和虚拟航标。

(7) Transmitted Message Types：表示发送信息的种类，具体数字编号所代表的发送信息的种类可在该部分首页的“AIS 发送信息种类表”中查取。

5. 差分 GPS(Differential GPS, DGPS)

1) 简介：该部分介绍了 DGPS 的基本原理、向用户发送伪距校正、DGPS 的发展、Eurofix 系

统及北斗定位导航系统等内容。

2)详细资料:在该部分中对差分 GPS 资料中的各项都给出了说明,见表 3-6-4。

表 3-6-4 差分 GPS

Station Name	Position	DGPS Corrections		Identification NO. of		Range (n miles)	Integrity Monitoring	Transmitted Message Types
		tx fx (in kHz)	tx rate (in bps)	Reference Station	Transmit Station			
UNITED KINGDOM								
Butt of Lewis Lt	58°30′.94N 6°15′.65W	295×5	100	684	444	200	Yes	3 7 9 16

表 3-6-4 中:

(1)"UNITED KINGDOM":表示台站所在的国家或地区。

(2)Station Name:表示台站的名称。

(3)Position:表示该台站在最大比例尺海图上的位置。

(4)tx fx(in kHz):DGPS 站传输的载波频率。

(5)tx rate(in bps):信号传输的速率——每秒播发的信息量。

(6)Reference Station:基准站识别码,它包含在每种类型 1 或类型 9 的消息中。

(7)Transmit Station:发射台识别码,它包含在每种类型 7 的消息中。

(8)Range(n miles):可接收到传输 DGPS 修正值的范围的近似指示,单位海里。

(9)Integrity Monitoring:完整性监测,在不能用于导航的情况下向用户提供及时警告,以及验证 DGPS 广播的有效性。

(10)Transmitted Message Types:信息类型,具体的数字编号所代表信息类型可在该部分首页的"GPS 信息类型编号和标题表"中查取。

6. 标准时(Standard Times)

该部分介绍了统一的时间系统(Uniform times system)、海上时区计时系统(System of time-keeping at sea by means of time zones)、国际日期变更线(International date line)、标准时名称(Standard time designators)和时区图(Standard time zone chart)。

7. 法定时(Legal Time)

在该部分中以列表的形式给出了各个国家和地区的法定时,见表 3-6-5。在该表中介绍了各国所使用的标准时、夏令时(daylight saving time)的起始及终止时间。该表按国家名称的字母顺序编排,便于查阅。

表 3-6-5 法定时

Territory	Standard Time	Daylight Saving Time		
			Begins (LT)	Ends (LT)
Albania	−1	−2	Last Sunday in March 0200h	Last Sunday in October 0300h
...	...	...	...	...

8. 世界时(Universal Time)

该部分介绍了协调世界时(UTC)、世界时(UT,UT1)、格林尼治平时(GMT)、国际原子时

(TAI)、世界时与协调世界时修正值(DUTI)、跳秒(Leap Seconds)等内容。

9. 无线电时号(Radio Time Signals)

1)简介:该部分解释了无线电时号资料的各项内容。

2)详细资料:在该部分中按国家名称的字母顺序,给出发射无线电时号的详细资料,见表 3-6-6。

表 3-6-6　无线电时号

CANADA				
OTTAWA (CHU)				
45°18′ N　75°45′ E				
	3330 kHz	H3E	3	H24
...	...	...	...	...

表 3-6-6 中:

(1)"CANADA":表示发射台所在的国家或地区。

(2)"OTTAWA (CHU)":表示发射台的名称。

(3)"45°18′ N　75°45′ E":表示该发射台的位置。

(4)3330 kHz:频率。

(5)H3E:发射制式,用缩写表示。

(6)3:功率,单位 kW。

(7)H24:发射时间。

10. 电子定位系统-罗兰 C(Electronic Position Fixing System:Loran-C)

该部分对罗兰 C 系统进行了简介,并以列表和插图的形式给出了罗兰 C 的台链资料。

11. 索引

共有 8 个索引,方便使用者查询不同的无线电资料。

1)无线电测向台索引(Index of Radio Direction-Finding Stations)

该索引按无线电测向台名称的字母顺序排列,可根据无线电测向台的名称查得其详细资料所在的页数。

2)雷达航标索引(Index of Radar Beacons)

该索引按雷达航标名称的字母顺序排列,可根据雷达航标的名称查得该雷达航标的编号,根据编号可查得其详细资料。

3)自动识别系统航标索引(Index of Automatic Identification System Aids to Navigation, AIS AtoN)

该索引按 AIS 航标名称的字母顺序排列,可根据 AIS 航标的名称查得该 AIS 航标的编号,根据编号可查得其详细资料。

4)发送 DGPS 改正的无线电信标国家索引(Radiobeacons Transmitting DGPS Corrections-Index of Countries)

该索引按国家(或地区)名称的字母顺序排列,可根据国家(或地区)的名称查得其详细资料所在的页数。

5)发送 DGPS 改正的无线电信标索引(Index of Radiobeacons Transmitting DGPS Corrections)

该索引按无线电信标名称的字母顺序排列,可根据无线电信标的名称查得其详细资料所在的页数。

6)无线电时号国家索引(Radio time signals-Index of Countries)

该索引按国家(或地区)名称的字母顺序排列,可根据国家(或地区)的名称查得其无线电时号发射台的详细资料所在的页数。

7)无线电时号发射台索引(Index of Stations Transmitting Radio time signals)

利用该索引根据无线电时号发射台的名称查得其详细资料所在的页数。

8)无线电时号发射台呼号索引(Index of Call Signs of Stations Transmitting Radio time signals)

该索引按无线电时号发射台呼号的名称字母顺序排列,可根据呼号的名称查得其详细资料所在的页数。

12. 国际莫尔斯码和常规信号(International Morse Code and Conventional Signals)

该部分给出了 26 个字母、10 个数字及常规信号的莫尔斯码。

三、第六卷的主要内容

英版《无线电信号表》第六卷[NP286(parts 1-8)]的主要内容按照编排顺序介绍如下:

1. 目录列表(Contents List)

该目录列表在卷首,按国家(或地区)名称的字母顺序排列,每个国家(或地区)的下面再按照港口名称的字母顺序排列,通过该目录列表可查得某港口信息所在的页数。

2. 正文内容

1)每个国家(或地区)的总体介绍(General Notes)给出了该国家(或地区)的联系通信的总体说明。

2)引航(Pilots)、船舶交通服务(Vessel Traffic Service)和港口作业(port)。

其格式如下(以青岛港为例):

CHINA

QINGDAO 35°59′ N 120°23′ E

UNCTAD LOCODE:CN TAO

See diagram QINGDAO VESSEL TRAFFIC SERVICE.

Pilot

CONTACT DETAILS:

Call:Qingdao pilot Station

VHF Channel:Ch 73

Telephone:+86(0)532 82985907 (Office)

+86(0)532 82982389 (Control Room)

Fax: +86(0)532 82985926

E-mail: yhz@qdpilot. com

Website: www. qdpilot. com

HOURS: H24

PROCEDURE:

(1) Pilotage is compulsory.

(2) Vessels should report the details of any dangerous cargo carried including IMO Code, description, packaging and gt/nt.

(3) Notice of ETA: Vessels should send ETA, through the agent, 72h, 48h and 24h prior to their arrival at the Pilot boarding position. The message should include the time and date of the vessel's arrival and the vessel's sea and fresh water draught.

(4) Vessels should contact Pilots on VHF Ch 09 when passing Chaolian Dao (35°53. 60′ N 120°52. 40′ E) with confirmed ETA.

(5) The vessel's agent will send instructions giving time and position of Pilot boarding. Masters should acknowledge receipt to avoid delays.

(6) Should there be any change to the ETA or other circumstances prior to arrival then further messages must be sent.

(7) Pilot boards in the following positions:

(a) Vessels with a draught below 15m: Within Precautionary Area No. 2, bounded by the following positions:

(i) 36°01′. 79 N　120°19′. 32 E

(ii) 36°01′. 14N　120°19′. 15 E

(iii) 36°00′. 90N　120°20′. 34 E

(iv) 36°01′. 59N　120°20′. 53E

(b) Vessels with a draught below 15m or above: 35°58′. 63N　120°34′. 73E (abeam xiaogong Dao)

(c) 35°52′. 50N 120°17′. 00E

Vessel Traffic Service

AREA:

The water area within a circle of radius of 20 n miles centred on Fenghuang Dao Radar Station (36°00′. 60N 120°17′. 77E).

DESCRIPTION:

Qingdao VTS provides information on vessel traffic, abnormal weather conditions and maritime safety to participating vessels in the reporting system.

CONTACT DETAILS:

Call: Qingdao VTS

VHF Channel: Ch 08

Telephone: +86(0)532 82826589

+86(0)532 86671271

+86(0)532 86671272

Fax: +86(0)532 82680919

E-mail: vtsqd@sdmsa. gov. cn

qdvts@263. net

HOURS: H24

PROCEDURE:

(1) Participation in the VTS is mandatory for the following:

(a) Passenger

(b) Vessels carrying dangerous cargo

(c) Other vessels of 300 gt and over

(2) Vessels under 300 gt may participate in the VTS voluntarily.

(3) The languages to be used are mandarin Chinese and English.

(4) Reporting: Vessels should send reports using the IMO SRS format:

ID	Information Required
C or D	Location (latitude/longitude or relevant position to landmark)
E	Heading
F	Speed
Q	Defects and constraints (for towing vessels, the length and name of the towed object should be reported)

(5) Vessels are required to report as follows:

(a) When passing abeam of Changmen Yan (36°10′.80N 120°20′.53E)

(b) When passing abeam of Chaolian Dao (35°53′.69N 120°52′.55E)

(c) When passing abeam of Lingshan Dao (35°45′.40N 120°00′.00E)

(d) When crossing the line joining Dagong Dao (35°57′.63N 120°29′.50E) and Xiaogong Dao (35°59′.77N 120°34′.98E)

(e) When crossing the line extending E and W from Xiaoshi Dao Lt (35°56′.52N 120°19′.60E)

(6) Inward-bound vessels should report the information required in (4) and:

(a) Nationality

(b) Type

(c) LOA

(d) gt

(e) Original departure port

(f) Draught

(g) Any dangerous cargo on board

(7) Outward-bound vessels should report the following information:

(a) Vessel's name

(b) Position

(c) Time

(d) Destination port

(8) Vessels should report their name and time to Qingdao VTS as following:

(a) Before departure from berth

(b) After berthing

(c) Before weighing anchor

(d) After anchoring

(e) When abeam Tuandao Zui Lt Bn (36°02′.68N　120°16′.91E)

(9) Vessels should maintain a continuous listening watch on VHF Ch 08.

(10) Vessels are required to report any traffic accidents or pollution incidents within the reporting area to the VTS, stating:

(a) Type of accident or incident

(b) Time

(c) Location

(d) Extent of damage or spillage

(e) If any assistance is required

Port

CONTACT DETAILS:

VHF Channel: Ch 16;09;11;13

Telephone: +86(0)532 82982011

+86(0)532 82982070

Fax: +86(0)532 82822878

+86(0)532 82982148

E-mail: president@qdport.com

Website: www.qdport.com

Qianwan Container Terminal

Telephone: +86(0)532 82988871 (Control Tower)

+86(0)532 82988872 (Control Tower)

+86(0)532 83267666 (Operations)

Website: www.qdct.com.cn

HOURS: H24

PROCEDURE:

When on anchor, vessels must maintain a continuous listening watch on the nominated VHF Channel.

3. 索引(Index)

该索引在卷末,按港口的字母顺序排列,根据港口名称可查得该港口信息所在的页数。

四、英版《无线电信号表》的改正

英版《无线电信号表》各卷的改正方法大致相同，它们的改正资料均来自英版《航海通告》的第Ⅵ部分。有关各卷的改正方法可参阅各卷前面的“改正指导(directions for updating this volume)”。

1. 英版《无线电信号表》的改正资料来源于英版《航海通告》的第Ⅵ部分。

2. 新购入的英版《无线电信号表》到船后应先了解该卷改正的起始时间，以保证改正的连续性。

3. 较大的改正可以将改正内容剪下并贴在《无线电信号表》需要改正内容的部分；较小的改正可以直接用红笔手写改正。

4. 改正结束后，在“改正登记表(record of amendments)”中按《航海通告》的改正时间予以登记，第一次改正的记录应填到“新版的第一次改正处(new edition first updates)”，此后的改正记录按其下的表格顺序填写。

5. 改正内容的后面应加注通告的期号以便日后对照检查。

第七节　中、英版《航海通告》及海图改正

一、中版《航海通告》

中版《航海通告》由中国人民解放军海军海道测量局每周(周一)定期出版一期，全年共52或53期，主要用于改正中版海图及航海图书资料。

1. 封面说明

中版《航海通告》封面注有该通告所载有的针对海图改正的航海通告的项数编号范围。例如:2018年周版通告第26期上注有:“项数(1095-1127)”字样，表示该期通告的覆盖范围:针对国内海区航海图改正的航海通告为第1095-1127号。封面的上部中间位置为通告出版单位的徽志。封面的中间部分列有通告的期数、出版日期等。封面的较下部分列有该通告的目录，如:

Ⅰ.说明、航海信息、图书信息

Ⅱ.索引、海图改正、临时通告

Ⅲ.航行警告

Ⅳ.航标表改正、无线电信号表改正

另外，在封面里页对航海人员在发现有新的航海异常时的及时报告的联系方法做了说明。

2. 主要内容

1)说明、航海信息、图书信息

(1)说明:《航海通告》是刊载有关航海图书出版发行事项和航海图书的更新以及改正内容的定期出版物，向使用者通报与海上航行有关的海区重要因素变化情况，用以改正航海图

书、提高航海图书的现势性。

地理坐标如无特殊说明，系采用 CGCS 2000 坐标系，通告中使用的海图符号请参照 GB 2319—1998《中国海图图式》。

在“说明”部分，对中版《航海通告》的内容编排、索引、海图改正、临时性通告、航标书表的改正等内容进行了简要说明，并给出了通告的官方网站网址：www. ngd. gov. cn。

(2)航海信息：主要刊发航海图书上未表示，但与船舶航行安全有关的信息。此部分信息非常重要，航海人员在收到此类信息后，需要专门保存，以便随时备查。

(3)图书信息：主要用来公布航海图书出版、改版、作废以及出版预告信息，并每月汇总一次当月图书信息（刊发在每月最后一期的航海通告中）。航海人员可据此检查船存海图和图书的有效性，便于及时购买最新版的图书和海图。

在每年的《航海通告》的第一期上载有“航行警告第Ⅺ海区位置范围示意图”。

2)索引、海图改正、临时通告

(1)索引：用于检索改正海图的通告项号，索引包括地理区域索引和关系海图索引。

①地理区域索引：用地理位置检索通告项号。

②关系海图索引：共有两栏。左栏为海图图号，右栏为通告项号。

海图改正、新图补改及通告项号列在地理区域索引末尾。

(2)海图改正

该部分列出相关改正海图的永久性通告，由项标题、改正内容、关系海图、关系航标表或无线电信号表、资料来源等内容组成。

①项标题：由项号、地理名称、改正要素提示三部分组成。项号从每年第 1 期第 1 项开始，用阿拉伯数字顺序编号，至年底最后一期止。

②改正内容：格式较为固定，记载了对海图进行改正的方法、内容和位置。其采用的数学基础和计量单位与所改正的海图相一致。

③关系海图：在标题词“海图”后依次列出本项通告涉及改正的海图图号、各图在本项通告中须改正的小项号以及各图前次改正通告的年份和项号。

④关系航标表或无线电信号表：该部分为非固定内容，凡改正内容涉及改正航标表或无线电信号表时，用以提示相关航标表或无线电信号表的书号、出版时间等内容。

⑤资料来源：用于记录本项通告所采用的资料出处，表示内容包括资料提供单位简称或资料文件编号和通告编发单位使用的资料序号。

(3)临时通告

临时通告编排在海图改正之后，单面印刷。临时通告项号前注有“T”字，在标题后面注“(临)”字。临时通告所列海图图号仅供使用该项通告时参考。

每月最后一期通告列出仍然有效的临时通告索引，每年的年中和年底出版《有效临时通告汇编》，以方便用户查找使用。

《有效临时通告汇编》内容包括所有仍然有效的临时通告的项号和标题，依次按海区顺序、年份顺序、项号顺序进行编排。

注：项号后标识“*”的通告是指该项通告依据原始资料编发。

3)航行警告

目前，中版《航海通告》仅转载由国际海事组织(IMO)划分的 NAVAREA 第 XI 海区的无线电航海警告,单面印刷,由两部分组成,前一部分刊发至今仍然有效的航海警告的年份与号码,后一部分刊发当前一段时间内新的航海警告内容。

4)航标表改正、无线电信号表改正

用于改正所列版次的《航标表》《无线电信号表》等航海书表,单面印刷。

(1)航标表改正:标题中从左至右,依次列出航标表的书名、书号和出版年份。改正内容栏中的"…"代表该栏原内容不变,"—"代表删去该栏原有内容。

(2)无线电信号表改正:标题依次列出无线电信号表的书名、书号和出版年份。无线电信号表中无线电通信部分,改正内容左边一栏和中间一栏为改正内容所处的位置,即页码和行数,右边宽栏内为改正内容;其余部分,改正内容栏中的"…"代表该栏原内容不变,"—"代表删去该栏原有内容。

3. 通告的处理与海图改正

1)中版《航海通告》的处理

中版《航海通告》是对中版航海图书资料进行改正的最重要的资料,由于它每周出版一次,而远洋船舶在海上航行时间较长,因此,尽可能快地获取中版《航海通告》并对其进行适当的处理,就显得格外重要。由于各船舶的处理方法不尽相同,现将较通行的方法介绍如下:

(1) 船舶在到达某一港口前,应提前发报给当地代理或给公司安监部门,索取有关的航海通告,注意注明所需通告的年份及期数。订购或索取本航次所需的航海图书或通告应以书面文件为准,如电传(telex)、电报、有收文方或传送方签收回执的电子邮件或有挂号凭证的信件。条件不允许时,也可用传真,但须记下发传真的时间、传真号码等。在利用上述手段发送订购或索取信息时,应特别注明"若不能提供或部分不能提供皆请回电"。若对方未回电,也要再催促一次。需要特别指出的是,所有的往来信函必须保存,以备港口国检查。若能上网,则可登录网站(www.ngd.gov.cn)自行下载使用。

(2) 通告到船后,应检查与船舶索取的通告是否一致,并在船舶的航海图书资料登记簿中注明通告的到船期数、接收港口及到船日期和时间。最好将其记录在发票或收据上(美国海岸警卫队曾以收到航行通告的时间至他们登船的时间长短来确定二副未改海图是属于该船一个缺陷,还是体力上该作照顾而从情理上认为此不算船舶的缺陷)。

(3) 尽快阅读各期《航海通告》的第Ⅰ部分,并对涉及有关图书的出版与作废、航行规章、船舶报告制度的建立、船舶定线及其他重大事项的变更做到心中有数,并进行记录。

(4) 阅读各期《航海通告》的第Ⅱ部分,对涉及海图改正的通告在海图卡片上进行登记,登记方法如下:

①找出"本船海图图号一览表",并将该表中所列有的海图图号与《航海通告》第Ⅱ部分中的"关系海图索引"中的海图图号做比较,找出船存海图中需要改止的海图图号。

②找出该号海图的海图卡片,并在其上注明该海图所涉及的通告号及发布年份。若是临时性通告,需在通告的后面加注(临)或(T)。

③登记完毕后,在通告的封面上注明"已登记"和登记日期。

(5) 可将通告的"航行警告"部分拆下,按地区逐期汇订成"航海警告汇编簿",船舶在拟定航行计划和航行过程中可参阅。

(6) 可将通告的"航标表改正、无线电信号表改正"部分拆下,插入有关的《航标表》和《无线电信号表》中,抽时间根据改正内容进行改正。

(7) 通告剩余的第Ⅰ、Ⅱ部分应保存好,以备日后改正海图。

2) 中版海图的改正

目前改正海图的通告有永久性通告、临时性通告和无线电航海警告,它们的改正方法稍有不同。

(1) 永久性通告的改正

①在改正海图以前首先应将通告登记在海图卡片上,登记方法如前所述。

②改正海图时应仔细阅读通告标题,以便正确理解通告的内容。

如 2018 年 6 月 25 日第 26 期《航海通告》中的第 1106 号通告的内容如下:

1106*　台湾海峡　将军湾东南方——存在沉船

加绘	**概位** (2018)	(1) 23°57′51".6N　117°54′03".6E
		(2) **同上述** (1)
海图	14351(1) (2018-1063)　14310(1) (2018-1063)　14300(1) (2018-1105) 14000(2) (2018-1105)　10015(2) (2018-1105)　F10511(2) (2018-1105) F11007(2) (2018-1105)	
资料来源	**闽航警** 20180004 **号**	(0828/2018)

③根据通告的内容正确改正海图。在阅读通告时一定要正确理解一些关键词,以防改正错误。

④一条通告改正完毕后,应在海图卡片上用红笔将通告的号码勾掉,表示通告改正完毕。

⑤最后在海图的左下角的“小改正”处用红笔登记上通告的年份和项号。

在进行海图改正时应注意以下几个问题:

①海图改正时应按航次使用的先后顺序由近至远进行改正。

②海图改正时应用专用的海图改正笔,一般不要用普通钢笔。由于普通钢笔的尖较粗,在对某一小范围进行较大量的改正(如因油田的建立需在海图上填注大量的钻井平台)时,容易造成改正处的模糊不清。

③海图改正时应注意通告下方的“海图”部分中常有对海图改正的特殊提示。如上例中海图 14351(1)(2018-1063)中的(1)表示海图 14351 本次只改正第一项内容,即在 23°57′51″. 6N　117°54′03″. 6E 位置处加绘“概位(2018)”;(2018-1063)表示海图 14351 上一次改正通告的年份是 2018 年,项号是 1063,可用来检验海图是否存在漏改。若海图后面没有小括号则表示该海图改正该项通告的所有内容。

④对于同一张海图根据海图卡片进行连续改正时,最好先改正最近的通告。这样可以根据最近期通告下面的“上一次改正”部分直接查出海图上一次改正的航海通告的年份和通告项号。

⑤对于经营某区域沿海运输的船舶,某一号小改正的有关内容原则上都应改正到小改正所指定的、本船存有的所有海图上去。对于经营近洋或远洋运输的船舶,该小改正的有关内容都应按要求先改正到本航次使用的海图上,在时间充裕时再改正到其他海图上。

(2) 临时性通告的改正

由于临时通告的临时性,可以不对其进行改正。如果要改正,海图的使用者有必要从海图的出版或新版之日起,查出所有至今仍有效的临时通告。在海图改正时,须用铅笔,并在海图左下角的“小改正”处另起一栏用铅笔进行登记。至今仍有效的临时通告,可查月末期的《航海通告》或每年的年中和年底出版的《有效临时通告汇编》。

(3)无线电航海警告的改正

无线电航海警告是专门以无线电报的形式发布一些与航行安全有关但来不及由《航海通告》发布的信息,其中相当一部分是针对海图改正的信息。《航海通告》的第Ⅲ部分就是对这些报文进行的重印。这些报文多数属临时和预告性质,其改正的要点与上述“临时通告的改正”部分基本一致。由于报文中只引用了最常用的海图,因此在改正时一般只改正该张海图即可。警告撤销后,注意及时把有关内容从海图上擦去。

二、英版《航海通告》

英版《航海通告》[(Admiralty Notices to Mariners)weekly edition]由英国水道测量局每周定期出版一次,全年共52或53期。另外,该局还出版半年期的《航海通告累积表》和年度期的《航海通告年度汇编》,以供用户使用。

1. 封面说明

1)英版《航海通告》封面的左上角注有该通告所载有的针对海图改正的航海通告的项数编号范围。例如:2018年周版通告第3期上注有:“Notices 239-353/18”字样,表示该期通告的覆盖范围。另外,在月末(也有个别印在月初)期通告上还可能印有“T&P Notices in Force ”的内容;在季末期通告上还印有“Updates to Sailing Directions in Force”“Current Hydrographic Publications”“Cumulative List for ADMIRALTY List of Radio Signals”等内容;在年末期通告上还印有“T&P Notices in Force”“Updates to Sailing Directions in Force”“Current Hydrographic Publications”“Cumulative List for ADMIRALTY List of Radio Signals”等内容。表示该期通告中除在下面目录中列有的内容外,还有“有效的临时性通告和预告”“有效的针对航路指南的改正资料”“现行航海图书一览表”“英版无线电信号累积表”等。

2)封面的右上角印有出版单位及出版单位的徽志。

3)封面的中间部分列有通告的名称、期数、出版日期及通告的目录等。

具体目录如下:

Ⅰ. Explanatory Notes. Publications List

Ⅱ. Admiralty Notices to Mariners. Updates to Standard Nautical Charts

Ⅲ. Reprints of NAVAREA I Navigational Warnings

Ⅳ. Updates to ADMIRALTY Sailing Directions

Ⅴ. Updates to ADMIRALTY List of Lights and Fog Signals

Ⅵ. Updates to ADMIRALTY List of Radio Signals

Ⅶ. Updates to Miscellaneous ADMIRALTY Nautical Publications

Ⅷ. Updates to ADMIRALTY Digital Services

4)封面最下面的部分是介绍如何保持英版航海图书资料最新、航海人员发现航海危险、可疑时如何联系英国水道测量局等内容。

2. 主要内容

1)注释、出版物一览表(Explanatory Notes. Publications List)

(1) 关于在UKHO网站上使用英版《航海通告》的指导性说明(Guidance notes for the use of admiralty notices to mariners on the UKHO website)

该部分告知使用者更新纸质版英版海图和航海图书资料的英版《航海通告》可通过访问admiralty. co. uk/msi或www. ukho. gov. uk/nmwebsearch网站进行。最新的数字版英版《航海通告》比纸质版提前10天发布,而且访问UKHO航海通告网站不收取订阅费用,并对如何登录网站、查阅并下载英版《航海通告》等内容进行了介绍。

(2) 注释

该部分对英版《航海通告》的出版日期,出版物列表,临时性和预告性通告,现行版航海图书,海图永久性、临时性和预告性通告的改正,原始资料,无线电航海警告及各种航海图书资料的改正等内容进行了简要介绍。

(3) 出版物一览表

该部分包括:

①相关的海图和出版物列表(Admiralty Charts affected by the Publication List):以列表的形式给出了相关的英版海图和出版物。

②现已出版并可购买的英版海图及航海出版物(Admiralty charts and publications now published and available):包括新图与新书(New admiralty charts and publications)、新版图与新版书(New editions of admiralty charts and publications)两部分。

③即将出版的海图和图书(Admiralty charts and publications to be published)。

④作废的海图和图书(Admiralty charts and publications permanently withdrawn)。

⑤作废的海图(Intention to withdraw charts):这种形式的作废没有替代的海图。

⑥勘误表(Erratum)。

⑦英版海图代理/分销商信息(Admiralty chart agent/distributor information)。

(4) 有效的临时性和预告性通告

给出了截至某具体日期仍然有效的临时性和预告性通告。

(5) 现行航海图书一览表

给出了各种现行的英版航海图书的版本,可利用该项内容检查英版航海图书的适用性。

2)航海通告、海图的改正(Admiralty Notices to Mariners. Updates to Standard Nautical Charts)

各期《航海通告》第Ⅱ部分中主要包括以下内容:

(1) 索引:共有三个索引,分别是地理索引、航海通告与海图夹号索引和关系海图索引。

①"地理索引"(Geographical index):共分三栏,第一栏为地域的序号,像北大西洋的编号为(7)号;第二栏为地域名称,列有各通告所涉及的地区名称;第三栏列有各地区的通告所在的页数。航海通告的编号就是以"地理索引"中地区顺序编排。

②"航海通告与海图夹号索引"(Index of notices and chart folios):该索引共分三栏,列有航海通告的项号、通告所在的页数及应改正海图的图夹编号。航海人员在阅读航海通告时,可以根据通告项号查阅该部分,直接查知通告所在的页数。所谓海图夹编号就是海图所属区域的编号,范围为1~100,关于世界各区的海图图夹编号,请查阅英版《海图及航海出版物目录》中的海图图夹索引图。

③"关系海图索引"(Index of chart affected):该索引分两栏,列有该期《航海通告》中所有

针对海图改正的航海通告项号及其所有改正的海图图号。该索引是进行航海通告登记的最重要依据。

(2) 与海图改正有关的通告:包括永久性通告及通告号后加注(T)的临时性通告和通告号后加注(P)的预告性通告,航海者可据此进行海图的改正。

3)无线电航海警告的重印(Reprints of NAVAREA I Navigational Warnings)

有些与航行安全密切相关的资料发生变更后,为尽快通知船舶,有时采用无线电航海警告的形式对该信息予以发布。无线电航海警告多属临时性质,但某些警告的有效期可长达数周甚至数月,直至最后为航海通告所代替。关于无线电航海警告系统的详细资料可查阅英版《无线电信号表》的第三卷、第五卷。

(1) 无线电航海警告的内容

无线电航海警告的内容,主要包括:

①有关灯塔、灯船、雾号、无线电信标、定位系统及重要浮标的变更。

②在航路附近的石油钻探装置的动态。

③在拥挤水域标志敷设电缆船及救捞船的浮标位置。

④海图上未标出的新发现的危险沉船。

⑤行动不便的超大型船舶或拖带船组的位置及动态。

⑥在拥挤水域中的漂雷。

⑦最近发现且资料充分准确的弃船。

⑧区域广阔的海上军事演习区等。

(2) 无线电航海警告的分类

无线电航海警告分为全球分区性警告、沿岸性警告和地区性警告三类。

①全球分区性警告(NAVAREA warnings)

国际海道测量组织(IHO)和国际海事组织(IMO)联合建立了世界范围航海警告业务(WWNWS),将全球划分为21个航行警告区(NAVAREAs)和一个局部区(Sub-area)。21个航行警告区用罗马数字Ⅰ至XXI作为代号,一个局部区是波罗的海海区。具体分区情况见图3-7-1。每个区域内各有一个主管国(图3-7-1每个区域中标注的国家),负责发布该区域内的无线电航海警告。除此之外,美国的远距离警告业务还提供HYDROLANT(大西洋区)和HYDROPAC(太平洋区)两个大区的警告。

②沿岸性警告(Coastal warnings)

沿岸性警告播发沿岸水域安全航行所必需的信息,并不限于航道。在NAVTEX服务的区域,它们为整个NAVTEX服务区域提供航海警告。如果该区域没有NAVTEX服务,那么所有与离岸250 n mile以外的沿海水域有关的警告都应该包括在航海警告区的国际安全网服务中。世界上一些地区已经建立了国家安全网络沿海警戒区来代替NAVTEX服务区。

在航海警告Ⅰ区内,沿岸性警告以连续序列编号,在英国以字母WZ为前缀。

③地区性警告(Local warnings)

地区性警告是对沿岸性警告服务的补充,它们通常特指近海水域,由海岸警卫队、港口或引航当局发布。地区性警告不影响港口附近的沿海航行。地区性警告的细节资料可在英版《无线电信号表》第三卷、第六卷中查得。

注:一些航海资料将无线电航海警告分为四类,分别是全球分区性警告、局部区警告、沿岸

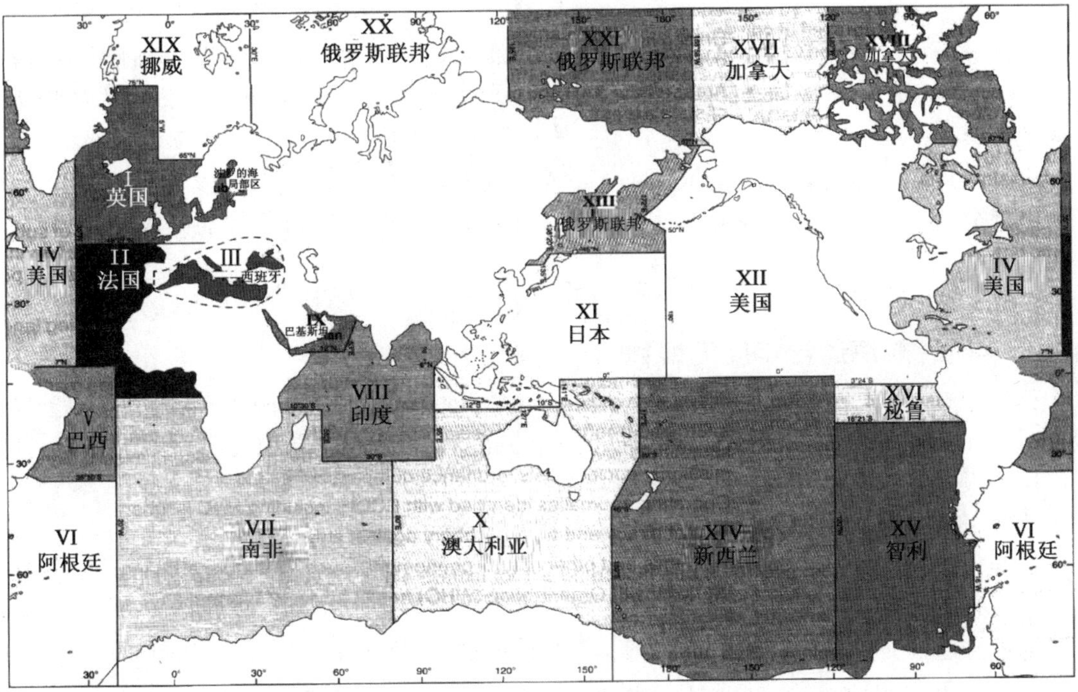

图 3-7-1　全球航海警告区域

性警告和地区性警告。

（3）无线电航海警告的重印

英版《航海通告》第Ⅲ部分是航海警告Ⅰ区的无线电航海警告重印，该部分刊载的是至今仍然有效的航海警告Ⅰ区的无线电航海警告，并建议将此内容裁下，按地区专门汇订，方便在航线设计、海图改正或其他需要的情况下查阅。在每条航海警告中只标明最适当的英版海图图号。有关“航海警告”的详情可参阅英版《航海员手册》第四章。

航海警告Ⅰ区中所有有效的航海警告及不再播发的警告，都可以从网站 www. admiralty. co. uk /RNW 中获取。此外，在每年第 1、13、26 和 39 期英版《航海通告》的第Ⅲ部分中都列有所有航海警告Ⅰ区中有效的航海警告累积表，或者这些航海警告可以通过发送邮件（navwarnings@ btconnect. com）的形式申请获得。无线电航海警告（RNW）的网页上有一个 IHO 网站的链接，该链接允许直接访问世界上其他航海警告区域，获取他们已经在网上发布的航海警告。

4）对英版《航路指南》的改正（Updates to ADMIRALTY Sailing Directions）

该部分按卷别顺序列出了英版《航路指南》的改正资料，该资料可按卷别装订成册，最新的资料在最上面，便于日后阅读。另外，在季末期《航海通告》中还列有至今仍然有效的《航路指南》改正资料一览表，在该表中列有书号（NP No.）、页码、标题及航海通告的周版期号四项内容。用户在实际工作中，可利用该表检查以前的改正是否有漏改的情况。

5）对英版《灯标与雾号表》的改正（Updates to ADMIRALTY List of Lights and Fog Signals）

该部分内容按卷别顺序编排，单面印刷，便于剪贴。

6）对英版《无线电信号表》的改正（Updates to ADMIRALTY List of Radio Signals）

该部分内容也按卷别顺序编排，单面印刷，便于剪贴。

7）对其他英版航海图书资料的改正（Updates to Miscellaneous ADMIRALTY Nautical Publications)

该部分列出了前面未涉及的其他英版航海图书的改正资料,如《世界大洋航路》《航海员手册》《潮汐表》等。资料内容分四栏,分别是书号(NP No.)、页码、标题及航海通告的周版期号四项内容。

8)对英版数字版资料的改正(Updates to ADMIRALTY Digital Services)

该部分列出了英国水道测量局对其出版的数字版资料及其支持软件的升级、维护和变化等内容。

三、英版《航海通告年度汇编》

英版《航海通告年度汇编》(Annual Summary of Notices to Mariners)由英国水道测量局出版,在每年的一月份出版。《航海通告年度汇编》共两册,每册包含两项内容。

1. 英版《航海通告年度汇编》第一册[NP247(1)]

英版《航海通告年度汇编》第一册包含两项内容:

1)年度通告(Annual Notices to Mariners)

一般有 26 个年度通告,分别为:

第 1 号通告为英版《潮汐表》的一般信息(Admiralty tide tables -general information. the addenda and corrigenda previously contained in this annual notice to mariners have been transferred to the weekly notices to mariners, section Ⅶ);

第 2 号通告为英版海图及出版物供应商一览表(Suppliers of admiralty charts and publications);

第 3 号通告为英国商船在和平、紧张或冲突时期的安全(Safety of British merchant ships in periods of peace, tension or conflict);

第 4 号通告为船舶与飞机的海上遇险及救助(Distress and rescue at sea-vessels and aircrafts);

第 5 号通告为军事演习及演习区(Firing practice and exercise areas);

第 6 号通告为雷区、已扫航路及在海上遇到有关常规武器和化学武器的工作要求(Mined dangerous area, cleared routes and instructions regarding conventional and chemical munitions picked up at sea);

第 7 号通告为英国及俄罗斯联邦关于非军事船舶在恐怖水域外防止事故的有关协定(United Kingdom and Russian Federation-agreement on prevention of incidents at sea beyond territorial waters-implication for non military vessels);

第 8 号通告为与潜艇有关的信息(Information concerning submarine);

第 9 号通告为航海信息:海图重要信息的选择与颁布的有关原则(Hydrographic information: policy for the promulgation and selection of navigationally significant information for charts);

第 10 号通告为在英国水域进行布雷及举行遭遇水雷演习的有关规定(Mine-laying and mine countermeasures exercise-water around British Isles);

第 11 号通告为英国沿海的可再生能源发展——风力发电设备介绍(United Kingdom-offshore renewable energy development-wind turbines);

第 12 号通告为国家对海洋管辖权的要求(National claims to maritime jurisdiction);

第 13 号通告为无线电航海警告服务和世界气象组织(World-wide navigational warning service and World Meteorological Organization);

第 14 号通告为国际航标协会关于突发沉船标示浮标的有关规定(IALA emergency wreck marking buoy);

第 15 号通告为基于海图水深和预报潮汐的富余水深、负潮高警告服务和垂直净空高度的介绍(Under-keel allowance reliance on chart and prediction tides, negative surge warning service . vertical clearance height);

第 16 号通告为具有历史意义、危险沉船及军事沉船位置的保护(Protection of historic, dangerous and military wreck sites);

第 17 号通告为在英版海图上标示出来的分道通航制信息(Traffic separation schemes–information concerning schemes shown on admiralty charts);

第 18 号通告为海图及航海图书资料的配备(Carriage of nautical charts and nautical publications–regulation);

第 19 号通告为全球导航卫星系统位置、水平基准和位置偏移(Global navigation satellite system positions, horizontal datums and position shifts);

第 20 号通告为强制性扩大检查–欧盟指令 2009/16/EC(Mandatory expanded inspections–EU directive 2009/16/EC);

第 21 号通告为加拿大有关海图与出版物的规则(Canadian charts and nautical publications regulation);

第 22 号通告为美国政府关于航海、海图及航行出版物有关的航行安全法规(US navigation safety regulations relating to navigation, charts and publications);

第 23 号通告为高速船(High speed craft);

第 24 号通告为海底电缆与管线及与之有关的危险及避险知识等(Submarine cables and pipelines avoidance of and associated dangers);

第 25 号通告为电子海图简介,包括 ENC 和 ECDIS 电子海图的使用指南及其局限性(Electronic navigational charts – guidance on the use and limitations of ENC and ECDIS system;

第 26 号通告为海洋环境高危区(Marine environmental high risk area)。

上面的 26 个通告在不同年份的英版《航海通告年度汇编》中可能会发生一些微小的变化,也可能会出现一些通告空缺的现象,如 2018 年英版《航海通告年度汇编》第一册中只有第 1、2、3、5、10、12、16、19、20、21、22、23、26 号通告,其他通告空缺(Number not used)。

2)临时性和预告性通告汇编(Temporary and Preliminary Notices)

对至本年度 1 月 1 日前仍有效的临时性和预告性通告进行汇编重印。

2. 英版《航海通告年度汇编》第二册[NP247(2)]

英版《航海通告年度汇编》第二册包含两项内容:

1)《航路指南》相关资料汇编

(1) 现行版英版《航路指南》一览表

(2) 英版《航路指南》改正汇编

对至本年度 1 月 1 日前仍有效的《航路指南》改正的通告加以汇编重印。

2)其他英版航海图书相关资料汇编

(1) 现行版其他英版航海图书一览表

(2) 其他英版航海图书的改正汇编

对至本年度1月1日前仍有效的其他英版航海图书改正的通告加以汇编重印。

四、英版《航海通告累积表》

英版《航海通告累积表》(Admiralty accumulative list of notices to mariners)是对某一段时期以来的各期《航海通告》进行汇编印刷的一种图书资料,它在航海中有着广泛的应用。英版《航海通告累积表》分别在每年的1月和6月各出版一次,对应的书号为NP234A/B。英版《航海通告累积表》由两部分构成,内容如下:

1. 说明

以2017年6月出版的英版《航海通告累积表》为例,封面里页上注明:

"This publication records the date of issue of the current edition of each navigational chart and of subsequent relevant Notices to Mariners issued since Weekly Edition 1 of 2015 dated 1 January 2015.

This list reflects promulgated information up to Notice to Mariners Weekly Edition 26 of 2017 dated 29 June 2017 (last notice number 3003/17).

Users should keep it updated from the information given in Sections Ⅰ and Ⅱ of the subsequent Weekly Editions unless NP 133a is in use. The next list will be published in 6 months time.

This publication also includes details of current Hydrographic Publications correct to 23 June 2017.

Chart numbers refer to navigational charts in the ADMIRALTY series, including adopted Australian, New Zealand and Japanese charts (indicated by the prefixes AUS, NZ and JP respectively).

Those charts which are not normally updated by ADMIRALTY Notices to Mariners have been omitted from this publication. Temporary and Preliminary Notices are not included."

表示:本书记录了每张海图最新版本的发布日期及自2015年1月1日第1期《航海通告》以后所有涉及的相关航海通告。

该列表采用的《航海通告》截止到2017年6月29日出版的第26期通告(最近一个通告项号为2017年第3003号)。

用户应根据此后出版的各期《航海通告》的第Ⅰ和第Ⅱ部分进行更新,直到《海图改正记录簿》(NP 133a)出版。下一版的出版时间为6个月以后。

本书还包括更新至2017年6月23日的现行版航海出版物的相关细节。

本书所载有的海图为所有现行的英版海图、包括重印的澳大利亚版、新西兰版及日本版海图(分别用前缀AUS、NZ和JP来表示)。

本书不包括不通过英版《航海通告》更新的海图,不包括临时性和预告性通告。

2. 所有永久性通告索引

所有永久性通告索引载有所有现行的英版海图,包括澳大利亚版、新西兰版及日本版海图的图号和近两年来改正该海图的所有通告及发布年份。正文内容中共有三栏，分别为海图编号（Chart No.）、出版日期（Edition）和航海通告（Notices to Mariners）。其中粗体数字表示航海通告发布的年份和期号，正体字表示通告的项目编号。利用该部分核查海图的登记卡和小改正处是否有漏登、漏改的情况。该部分内容可以与航海通告中的“上一次改正（last correction）”配合使用，以防通告的漏登、漏改。

3.“现行的航海出版物（Current nautical publications）”

现行的航海出版物对现行航海图书资料的版本及出版日期予以说明。用户可根据该部分内容核查船存资料的适用性，了解航海资料的更新情况，及时购买，以保证船舶的资料始终为最新。

五、英版《航海通告》的处理与海图改正

1. 英版《航海通告》的处理

英版《航海通告》是对英版航海图书资料进行改正的最重要的资料，由于它每周出版一次，而远洋船舶在海上航行时间较长，因此，尽可能快地获得英版《航海通告》并对其进行适当的处理，就显得格外重要。由于各船舶的处理方法不尽相同，现将较通行的方法介绍如下：

1）船舶在到达某一港口前，应提前发报给当地代理（在国内时可直接给公司海监部门）索取有关的航海通告。注意注明所需通告的年份及期数。订购或索取过程中可以参照订购或索取中版《航海通告》的做法。若能上网，则可登录 UKHO 航海通告网站自行下载使用。

2）通告到船后，应检查与船舶索取的通告是否一致，并在船舶的航海图书资料登记簿中注明通告的到船期数、接收港口、到船日期及时间。像中版《航海通告》到船时那样，将其记录在发票或收据上。

3）尽快阅读各期《航海通告》的第Ⅰ、Ⅱ部分，了解航海图书的出版、作废等信息，并对涉及海图改正的通告在海图卡片上进行登记，登记方法如下：

（1）找出“本船海图、图书一览表”，并将该表中所列有的海图图号与《航海通告》第Ⅱ部分中的“关系海图索引”中的海图图号做比较，找出船存海图中需要改正的海图图号。

（2）找出该号海图的海图卡片，并在其上注明该海图所涉及的通告号及发布年份。若是临时性通告或预告性通告，需在通告的后面加注（T）或（P）。

（3）登记完毕后，在通告的封面上注明“已登记”（Registered）和登记日期（Date）。

4）可将通告的第Ⅲ部分拆下，按地区逐期汇订成“航海警告汇编簿”。船舶在拟定航行计划和航行过程中可予以参阅。

5）可将通告的第Ⅳ部分拆下，插入到对应的英版《航路指南》的各卷中，必要时根据改正内容进行改正。

6）可将通告的第Ⅴ部分拆下，插入到对应的英版《灯标与雾号表》的各卷中，以便抽空剪贴改正。

7）可将通告的第Ⅵ部分拆下，插入到对应的英版《无线电信号表》的各卷中，必要时根据改正内容进行改正。

8）可将通告的第Ⅶ部分拆下，插入到对应的其他英版航海图书资料中，必要时根据改正内容进行改正。

9)通告剩余的第Ⅰ、Ⅱ部分应保存好,以备日后改正海图和查阅航海图书的出版、作废等信息。

2. 英版海图的改正

英版海图的改正与中版海图的改正方法类似,但需要说明的是:在改正英版海图时有些海图图式与中版不同,具体需参阅英版 5011 海图。

1)永久性通告的改正

(1) 首先将通告登记在海图卡片上,登记方法如前所述。

(2) 改正海图时应仔细阅读通告标题,以便正确理解通告的内容。

如 2018 年第 26 期《航海通告》中的第 2939 号通告的内容如下:

2939 **CHINA - Bo Hai - Laizhou Wan - Wreck.**

Source:Chinese Notice 21/901/18

Chart 1294 [previous update 2776/18] CGCS 2000 DATUM

Insert  37°22′.87N,119°19′.67E

该通告的标题内容为:中国 - 渤海 - 莱州湾 - 存在沉船

资料来源:中版 2018 年《航海通告》第 21 期的 901 号通告。

涉及的英版海图图号为 1294 号,上一次的改正通告为 2018 年的 2776 号通告,海图使用的坐标系为 CGCS 2000 坐标系。

通告的正文内容为:在英版 1294 号海图的 37°22′.87N,119°19′.67E 处插入。

(3) 根据通告的内容正确改正海图。在阅读通告时一定要正确理解一些关键词,以防改正错误。

(4) 一条通告改正完毕后,应在海图卡片上用红笔将通告的号码勾掉,表示通告改正完毕。

(5) 最后在海图的左下角的"小改正(small correction)"处用红笔登记上通告的项目编号和年份。

在进行海图改正时应注意以下几个问题:

(1) 海图改正时应按航次使用的先后顺序由近到远进行改正。

(2) 海图改正时应用专用的海图改正笔,一般不要用普通钢笔。由于普通钢笔的笔尖较粗,在对某一小范围进行较大量的改正(如因油田的建立需在海图上填注大量的钻井平台)时,容易造成改正处的模糊不清。

(3) 对于同一张海图根据海图卡片进行连续改正时,最好先改正最近的通告。这样可以根据最近期通告中的[previous update]部分直接查出海图上一次改正的航海通告的年份和项目编号,如上例中的"**Chart 1294** [previous update 2776/18]"表示海图 1294 上一次改正通告的年份是 2018 年,项目编号是 2776,这样可以一步步查出所有应改正的航海通告,以防通告有漏登、漏改的情况出现。

(4) 有时在通告中有诸如"填入附属的注意事项(Insert accompanying note)"或"填入附属的贴图(Insert accompanying block)"等字样。对此进行改正时,应注意把印在第Ⅱ部分最后的相关的"注意事项"或"贴图"正确地贴在相应的位置上。

(5) 有时某一小改正分成很多条,若时间来不及可先修改航线附近的几条,离航线太远的可暂时不改,但此时不能在"小改正"处进行登记,可在小改正处注明" * * * 号通告仅做部分改正”，待时间允许时立即进行补改。

2）临时性和预告性通告的改正

由于海图代销店不负责对临时性和预告性通告进行改正，因此使用者有必要从海图的出版或新版之日起，查出至今仍有效的临时性和预告性通告，并对其进行改正。在海图改正时，须用铅笔。并在海图左下角的“小改正”处另起一栏用铅笔进行登记，对已失效的通告应予以撤销，并把有关内容从海图上擦掉。

3）无线电航海警告的改正

无线电航海警告是专门以无线电报的形式发布一些与航行安全有关但来不及由《航海通告》发布的信息，其中相当一部分是针对海图改正的信息。英版《航海通告》的第Ⅲ部分就是对这些报文进行的重印。这些报文多数属临时或预告性质，因此有必要利用它对海图进行改正。其改正的要点与上述“临时性和预告性通告的改正”部分基本一致。由于报文中只引用了最常用的海图，因此在改正时一般只改正该张海图即可。警告撤销后，注意及时把有关内容从海图上擦去。

应特别说明的是，在使用某张海图时往往不知道是否有无线电航海警告对其进行改正，查找起来也比较麻烦。在实际工作中建议在警告中所有引用的海图卡片上用铅笔另起一栏登记警告的发布年份、通告的期号和警告编号。警告撤销后擦去该内容，可避免上述麻烦。

第八节 其他资料

一、英版《航海员手册》

英版《航海员手册》（The Marine's Handbook）由英国水道测量局不定期出版，书号为NP100。下面以2016年版的《航海员手册》为例，介绍其主要内容。2016年版的《航海员手册》共分十三章，另有三个附录。

1. 主要内容

1）目录及前言部分

在该部分中主要介绍了英版《航海员手册》的一般出版周期及如何查找其最新版本和改正资料。

2）分十三章介绍了与航海安全有关的知识

第一章：英国水道测量局、测绘和制图理论

主要介绍英国水道测量局的历史、发展，测量和测深方法，测深的精度和质量，沉船，底质，海图的编制，水平基准面，制图的准确性和可靠性，海图上的水深和高程，大洋的制图，制图中常用的命名法等内容。

第二章：纸质和数字海图

主要介绍海图的数据质量、最合适的比例海图或ENC的使用、纸质海图及图表、特殊用途海图、英版海图代理商、电子海图系统、英版矢量海图服务、英版光栅海图服务等内容。

第三章:英版航海出版物

主要介绍电子航海出版物,英版数字出版物,英版《航路指南》《灯标和雾号表》《世界大洋航路》《里程表》《无线电信号表》《潮汐表》及天文航海的相关出版物等内容。

第四章:英国水道测量局和航海人员之间的信息

主要介绍提交给英国水道测量局的评估日期、世界范围的航海警告服务、天气信息、英版《航海通告》和信息的报告等内容。

第五章:气象

主要介绍气压和风、一般气候、季风、云、低气压、锋面、热带风暴、反气旋、海岸天气、雾、风暴警报信号、气导航线、异常折射、极光、磁场和电离层风暴等内容。

第六章:海洋

主要介绍洋流,潮流,潮汐,海平面的非潮汐变化,波浪,涌,海啸和异常波,滚浪,海水的密度、盐度,海的颜色,荧光,底质,海底泉,珊瑚,海藻,波浪形沙丘等内容。

第七章:冰

主要介绍海冰、陆源冰、冰中航行、冰中导航、冰上作业的材料准备、靠近冰、船长的责任、冰区报告、冰堆积、冰上操作、加拿大北极地区操作程序、冰上船舶操纵、破冰船的帮助、寒冷对人体的影响、冰的术语等内容。

第八章:国际组织

主要介绍国际海事组织(IMO)、国际海道测量组织(IHO)、联合国海洋法公约(UNCLOS)、国家海上边界、国际边界等内容。

第九章:航行限制

主要介绍船舶定线、船舶交通服务和港口作业、国际港口交通信号、其他受限区域、雷区、海洋可再生能源设施、风力涡轮机和农场、海上波浪和潮汐能设施、海洋可再生能源设施周围的安全区和禁区、海底管道和电缆、桥梁和架空电缆等内容。

第十章:海洋污染与保护

主要介绍规则、MARPOL 公约、海洋污染、保护、历史和危险沉船等内容。

第十一章:航行和航标

主要介绍船舶定位、磁差、陆标定位方法、天文观测、雷达、电子定位系统、自动识别系统、灯标、雾号、浮标、回声测深仪、流体动力学、龙骨下水深等内容。

第十二章:军事行动

主要介绍军舰航行灯、军事演习区、潜艇、潜艇警告信号、反水雷措施、海上其他军事活动等内容。

第十三章:商业活动

主要介绍国际船舶和港口安全代码,海盗,海盗风险因素,应对海盗策略,如果海盗登船,控制船舶后采取的行动,攻击后的行动和事件报告,管辖权和干预,发生海盗事件时的通信程序,标准的海盗信息格式,非洲之角海事安全中心,国际商会,国际海事局,网络安全,国际安全管理代码,不同吨位和载重线,引航梯和机械引航升降机,遇险和救援,全球海上遇险和安全系统,捕鱼,在海上遇到或捡到常规和化学弹药,水产养殖和渔港,海上油气作业,油气田勘探、开发,系泊系统,安全区,需要特殊考虑的船舶,直升机作业,抛锚等内容。

另外,书后还有图书资料配备要求、《1972 年国际海上避碰规则》和各国国旗图案三个附录，以及词汇表、索引、换算表、之前版本等内容。

2. 查阅方法

《航海员手册》的查阅方法有两种。一种方法是根据所要查找的信息所属的类别直接查找本书的目录，即可知道信息所在的章节及页数。另一种方法是根据信息的字母顺序和信息所属的类别，查找本书后面的“索引”，即可知道信息所在的章节，再根据章节查找信息所在的页数。

二、里程表

1.《中国沿海航行里程表》

《中国沿海航行里程表》由中国人民解放军海军司令部航海保证部不定期出版发行，书号为 B114，现行版为 2006 年版。该里程表是根据《中国航路指南》和江河航行图集等资料编辑而成的。主要内容有航线图、港间里程表、航路里程表和主要江河里程表。正文后的附录部分有海里千米换算表、千米海里换算表、沿海主要港口起讫点表和转向点位置表。

1）航线图：标有港口、港口间航线、航路里程、航线转向点及编号。

2）港间里程表：记载了我国沿海各主要港口间、部分岛屿间和重要航路转向点间的航行里程。

3）航路里程表：选辑了部分主要航线，记载了航线上各主要港口间航路的主要转向点及它们之间的里程。

4）江河里程表：主要介绍了长江、珠江内主要航段及各港口间的里程。

其记载的顺序为由北向南、自西向东、由下游往上游、先大海区后小海区。一般来说，沿海港口间的里程是以主要港区或主要码头为起讫点，河口港的起讫点为传统的起讫点。其采用航线的原则是大港之间采用大船航线或外航线，小港之间使用小船航线或内航线，有规定航线的使用规定航线，无规定航线的使用常用航线。

具体的查阅方法可根据目录和航线的情况而定。

2. 英版《里程表》（Admiralty Distance Tables）

英版《里程表》由英国水道测量局不定期出版，按地区分三卷，分别是 NP350（1）、NP350（2）和 NP350（3）。目前，三卷的现行版本分别是 2011 年第二版、2008 年第三版和 2009 年第二版。

第四章　航线与航行方法

第一节　大洋航行

一、大洋航行的特点

大洋航行(ocean navigation)是跨洋远距离航行,根据其航行条件,它具有以下特点:

1. 离岸远,气象海况复杂且变化大,灾害性天气较难避离。
2. 航线长,受洋流的影响较大。
3. 驾驶员对航行海区的了解,只能依赖航海图书资料的介绍。
4. 大洋宽广,水较深,障碍物少,航线有较大的可选择性。

二、大洋航线的种类

1. 恒向线航线(rhumb line)

恒向线航线是沿两点之间的恒向线航行的航线,它并不是地球上两点之间的最短航程,而是操纵极为方便的沿单一航向航行的航线。在低纬度及航向接近南北时,它与两点之间的最短航程——大圆航线的航程相差不大。

2. 大圆航线(great circle route)

大圆航线是地面上两点之间的最短航程线。它一般与所有子午线相交成不等的角度,即沿大圆弧航行,则必须时刻改变航向。在高纬度、长航线航行且航向接近东西时,采用大圆航线比恒向线航线航程要缩短许多。例如自日本横跨太平洋至美国西海岸的大圆航线比相应的恒向线航线可缩短航程几百海里。

3. 等纬圈航线(parallel route)

如两地在同一纬度上,采用沿纬度圈航线航行,即计划航迹向为090°或270°,它是恒向线航线的特例,而不是最短航程线——大圆航线。

4. 混合航线(composite route)

为了避开高纬度海区的恶劣气象条件,有时会要求航线不超过某一限制纬度(limiting latitude),此时可以采用大圆航线与等纬圈航线相结合的最短航程航线——混合航线。

5. 气候航线(climatic route)

气候航线是根据航行季节长期统计的海洋气候资料设计的航线,如每月《航路设计图》中推荐的航线。这种气候资料只代表某个海区某季节的平均天气状况,与当时航行中实际遇到的天气可能有较大出入。

6. 气象定线(weather routeing)

气象定线也称气象航线,是根据航行海区准确的水文气象预报而设计的航线,通常用于横渡大洋的中高纬度航线,在低纬度海区,天气稳定,气象定线与气候航线区别不大。

怎样选择一条安全经济的最佳航线(optimum route),是大洋航行的关键。所谓最佳航线,通常理解为在保证足够安全的同时,能使船舶缩短航行时间,节省燃料,减少因天气引致的损失。因此对选择最佳航线航行,应予以足够的重视。

三、大圆航线与混合航线

1. 大圆航线

地面上两点间的最短距离是过这两点小于 180°的大圆弧。但除赤道外的大圆弧与所有子午线的交角都不相等,即大圆弧上各点的航向都不相等。船舶为了缩短航程而必须采用大圆航线时,并不是真正沿着大圆弧航行。因为沿着大圆弧航行必须不断地改变航向,这实际上是无法做到的。所谓大圆航线,是将大圆弧分成若干小段,每一小段仍走恒向线。实际上,它是以大圆弧分点间恒向线折线来代替两点之间的大圆航线,如图 4-1-1 所示。

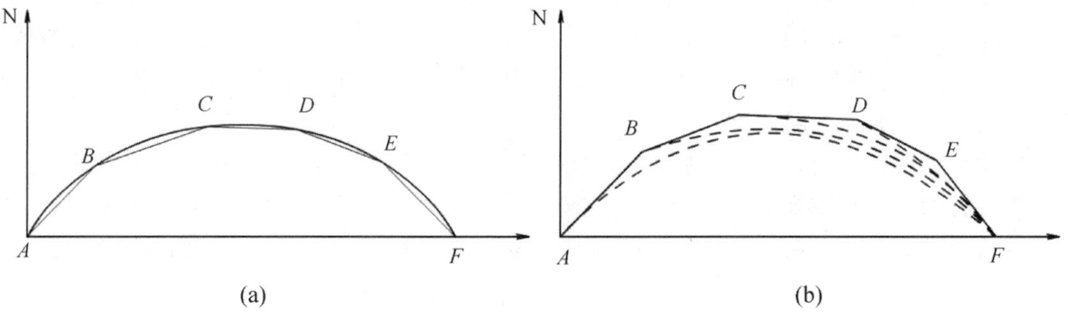

图 4-1-1

大圆航线分段的原则是:每隔经差 5°~10°,或 1 天左右的航程作为一个分段。各分点的经度一般取整度。

在墨卡托海图上绘画大圆航线的方法有以下几种:

1)利用大圆海图

在大圆海图上,大圆航线为直线,利用大圆海图拟定大圆航线的方法与步骤如下:

(1)根据航区抽选相应的大圆海图,在大圆海图上,用直线连接大圆航线的起始点与到达点,就是大圆航线。

(2)在直线上每隔经差 5°~10°取分点,并将各分点的坐标经纬度从大圆海图上读出来。

(3)将各分点的经纬度移到航用海图上,并用直线连接相邻的分点,便得到折线状的大圆航线。

(4)量出各分点间的恒向线航向和航程,并列表备航。

2)利用公式计算法

求取大圆航线的航向与航程,可根据球面三角公式解算。

计算大圆航向与航程公式：

$$\cos S_G = \sin\varphi_A \sin\varphi_B + \cos\varphi_A \cos\varphi_B \cos D\lambda \tag{4-1-1}$$

$$\tan C_I = \frac{\sin D\lambda}{\cos\varphi_A \tan\varphi_B - \sin\varphi_A \cos D\lambda} \tag{4-1-2}$$

$$\cos C_I = \frac{\sin\varphi_B - \sin\varphi_A \cos S_G}{\cos\varphi_A \sin S_G} \tag{4-1-3}$$

式中：C_I ——大圆起始航向；

S_G ——大圆航程（great circle distance）；

φ_A 、φ_B ——起始点纬度与到达点纬度；

$D\lambda$ ——起始点与到达点的经差。

由于经、纬度均有名称和符号，在利用以上公式求取航向与航程时，可适用以下规律：

①起始点纬度 φ_A ，无论南或北，一律取正值；到达点纬度 φ_B 与起始点纬度 φ_A 同名时取正值，异名时取负值；

②经差 $D\lambda$ 无论东或西，一律取正值；

③若按上述取值解算的 $\cos S_G$ 为正值，则航程为小于 5400 n mile（90°）的值；若 $\cos S_G$ 为负值，则航程为大于 5400 n mile（90°）的值；

④按上述取值求取始航向时，求得的航向如用半圆周法表示的值（0°~180°），其命名的第一个字母与起始点纬度同名，第二个字母与经差同名。如果 $\cos C_I$ 为负值，$\tan C_I$ 也为负值，则求出的为负值，应加上 180°换算为大于 90°、小于 180°的值。最后，将用半圆周法表示的航向换算为用圆周法表示的航向即可。

当计算求得大圆起始点航向后，在墨卡托海图上，可以从起始点画出起始航向的航向线，将它作为起始点大圆航线的切线来航行。按此航行一天后，再以当时准确船位为起始点，用上述同样的方法，又可以画出当时的大圆航线的切线来航行，以此类推，直至到达点附近，如图 4-1-1（a）所示。

3）利用《天体高度方位表》法

在查阅《天体高度方位表》时，以起始点的纬度 φ_A 替代推算船位的纬度、到达点的纬度 φ_B 替代天体的赤纬 δ 、两地经差 $D\lambda = \lambda_B - \lambda_A$ 替代天体的地方时角 t ，查《天体高度方位表》，则表中所列的方位角 A 就是大圆起始航向（initial great circle course）C_I ，高度 h 就是 $90° - S_G$（S_G 为大圆航程）。

4）利用大圆改正量法

在航用海图上两点间的大圆方位与恒向线方位相差一个大圆改正量值，如图 4-1-2 所示。大圆始航向 C_I 就是大圆方位，恒向线航向 C_r 就是恒向线 AB 的恒向线方位。如果已知恒向线航向和大圆改正量，便可计算出大圆始航向 C_I 。其具体做法如下：

（1）在大洋图或小比例尺海图上量出起始点与到达点的恒向线航向 C_r。

（2）根据起始点与到达点纬度，利用大圆改正量近似公式计算大圆改正量：

$$\psi = \frac{1}{2} D\lambda \sin\varphi_m \tag{4-1-4}$$

在北半球：

$C_r = 000° \sim 180°$，ψ 为"+"；$C_r = 180° \sim 360°$，ψ 为"-"

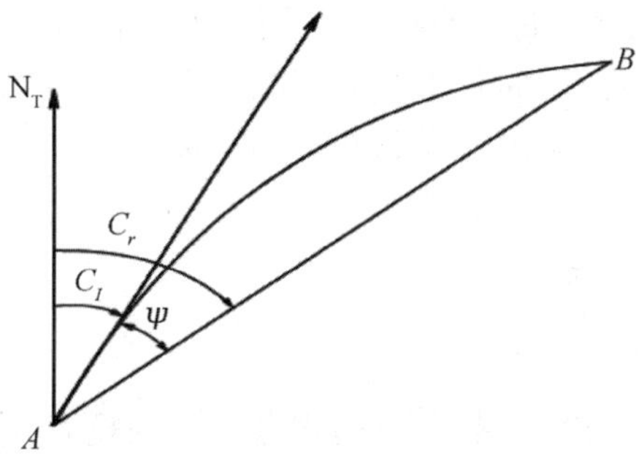

图 4-1-2

在南半球：

$$C_r = 000° \sim 180°, \psi \text{ 为“}-\text{”}; C_r = 180° \sim 360°, \psi \text{ 为“}+\text{”}$$

(3)计算大圆始航向：

$$C_I = C_r - \psi \tag{4-1-5}$$

求得大圆始航向 C_I 后，在墨卡托海图上，从起始点画出 C_I 航线，将它作为起始点大圆航线的切线航行。航行一天后，再将测得的准确船位作为起始点，用上述方法计算出下一段的大圆航向，继续沿大圆弧的切线航行。以此类推，直至到达点为止。

2. 混合航线

大圆航线经过的高纬度地区水文气象条件都比较恶劣，如北太平洋除有阿留申群岛阻隔外，冬季多风暴，夏季多雾；北大西洋多冰山。因此，在选择航线时，希望航线不超越某一纬度，这个纬度称为限制纬度。在这种情况下，航海上采用由大圆航线和等纬圈航线相结合的混合航线，拟定方法如图 4-1-3 所示。

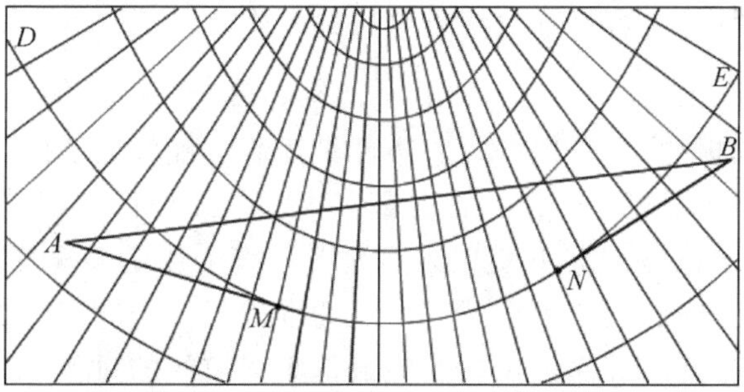

图 4-1-3

1)确定限制纬度。限制纬度的确定需要查阅、分析相关航海图书资料，综合考虑航行季节气象、海况、本船条件、船员技术水平等。

2)在大圆海图上，由起始点 A 作与限制纬度圈 DE 相切的直线 AM 为大圆航线。

3)由到达点 B 作与限制纬度圈 DE 相切的直线 NB 为大圆航线。

4)在限制纬度圈上由 M 到 N 为等纬圈恒向线航线。

5)在直线 AM 、NB 上取分点，取分点的原则和方法与上述大圆航线的分段相同；将 A 、M 、N 、B 以及各个分点坐标移到航用海图上去，画出混合航线后航行。

混合航线和大圆航线，虽然航程较短，但不一定是最安全、最经济、航行时间最节省的最佳航线。如果大圆航线要通过冰山区、雾区或有 5 级以上逆风顶浪区域，或经过较强的逆流海域，航行条件恶劣，就应避开它们，而采用更为有利的航线。因此，在开航前，应根据季节详细研究有关的航海资料，分析天气预报，比较利弊，选择最安全、最经济的航线。

四、气候航线与气象定线

1. 气候航线

在大洋航行中为选择最佳航线，除了了解研究相应的航海环境外，主要是掌握分析海洋水文气象条件对航区和本船的影响。多年来人们通过具体的航海实践，总结了选定航线的丰富经验。

19 世纪中叶，美国海军中尉莫里收集了大量的航海日志和沿岸报纸，整理出各大洋的风向气候图，并根据这些水文气象资料对大洋航线提出建议。这就是季节性气候航线的早期形式。

现在，由英国水道测量局出版的《世界大洋航路》和每月《航路设计图》是专门介绍世界主要大洋航线的资料。《世界大洋航路》和每月《航路设计图》里所推荐的航线，就是以海洋气候资料为基础而制定的。在热带，当没有风暴时，大洋天气和波浪的情况是比较稳定的，因而使用推荐航线的效果也是较好的。这种推荐航线，称为气候航线。其中许多成为广大船长所接受的习惯航线。例如，从黄埔到新加坡的南中国海航线，主要是考虑了季风和海流的影响，根据多年的统计资料，再结合具体的航行时间和航速，推荐有中线航路和西线航路，以充分利用风流的有利条件，避开不利因素。

然而，《世界大洋航路》和《航路设计图》等参考书所提供的资料，只代表某个海区某季节的平均天气状况，这些资料在一般情况下是正确的，但是与当时航行中实际遇到的天气可能会有很大出入。若不加以注意，容易导致海难事故的发生。

2. 气象定线

随着天气与海况预报的完善，根据气象条件具体制定最佳航线的工作有了迅速的发展，并得到了越来越广泛的应用。岸上气象咨询开辟了大洋航线设计的新纪元。

气象定线（weather routeing）是有史以来航海者一直采用的安全航海技术之最新发展。它建立在现代天气预报的基础上，是根据航行海区的准确天气与海况预报，并结合被导船舶的性能、船型、装载情况、航行要求等而拟定并实施最佳天气航线的过程。

气象定线所根据的天气预报包括 1～3 天准确的短期预报和 3～7 天甚至 10 天左右的中、长期天气预报，以便于为跨洋航行的船舶在起始点和到达点之间寻找一条既安全又经济的最佳航线。

据有关的统计数字表明，气象定线有明显的优越性。采用气象定线服务可以缩短航行时间，减少燃油、租金等消耗，降低船损，减少船体检修费用，减少恶劣天气引致货损，提高船舶航行的安全性。目前世界上越来越多的船舶接受气象定线服务。因此，船舶气象定线已成为现代航海技术的一个组成部分，为当代船长高效率指挥横渡大洋的航行，提供了一种科学的可信赖的气象定线航法。

1）气象定线的适用范围

气象定线适用于横渡大洋的航线。对于沿岸航行和狭水道航行是没有实际意义的，因为那里没有多少选择的余地。在低纬度,除热带气旋活动外,天气很稳定,气象定线与气候航线几乎没有什么区别,因此,气象定线通常用于中高纬度的大洋航线。

2)气象定线的内容

气象定线主要是从气象角度来分析航线上天气情况和海况的优劣,并根据风流规律来确定船舶的航行路线。气象定线公司为船长提供高效率指挥跨洋航行的方法,主要包括3个方面。

(1)提供航行计划和航线选择的建议;

(2)提供航路上的天气预报和航向指导;

(3)进行过程的分析。

气象定线公司所提供的航行计划是根据某船所具有的海上航行和操纵性能,特定的航行任务,给定的货物、吃水差情况,以及速度和船期计划而设计的。推荐给船长的航线将是对他的船舶设计的最佳航线。气象定线是根据对世界18个主要贸易航线往返44000航次的平均计算得出的,每航次平均节省5~8 h。据气象定线公司多年统计,采取气象定线比自选航线船舶安全系数大6倍以上。

气象定线公司提供船舶每日航路上船位前方的天气消息是:精确的3天预报、近似精确的7天预报和有效的14天估计。这是基于一个经过30年的天气资料的最现代化的复杂的天气模型。该模型提供的5~7天的预报精度,可以如常规方法的1~2天预报一样值得信赖。如果有灾害性天气袭来,船长可以预先得到警报和新航向的劝告,据此可及时采取行动避开灾害性天气,保证航行安全。

当每次完成横渡大洋航行以后,气象定线公司要做一个航行鉴定,评价船舶航行过程所遇到的实际天气中自己完成任务的情况。鉴定报告包括两个部分,一是航行概括的结论,二是航行分析邮件。船长可以用这些分析去检验自己对航行的估计,丰富自己指挥船舶的经验。分析邮件所揭示船舶离开推荐航线的里程和该处的天气差异,以及由于偏离航线节省了或增加了多少时间。船长研究这些邮件,就可以提高自己指挥船舶能力,丰富专业知识的积累。

3)气象定线的应用

要求提供气象定线服务的船舶通常按下列程序联系:

(1)起航之前

起航前24~48 h船长或船公司将下列各项内容电告气象定线公司(即申请电):

①船舶名称、呼号及航速;

②船公司或租船公司名称(本航次的租船公司名称);

③预计离港时间(ETD);

④始发港口或始发点;

⑤目的港(包括中途港及预计停留时间);

⑥特殊事项(如船舶稳性GM值、装载情况、甲板货物、雷达故障等);

⑦船舶吃水(必要时说明夏季、冬季或热带吃水等);

⑧本航次的要求等其他特殊事项及将使用的联络电台。

船舶发出申请电后的12 h内可收到气象定线公司的第一次回电,即获准采用气象定线。内容为气象定线公司的推荐航线,以及开始阶段航路上的气象预报、渔船密度等情况。当船舶电台还未启用时,气象定线公司回电将通过岸台发给船公司或船舶代理再转船。开航前如果没有收到气象定线公司的推荐航线，应立即通知最近的气象定线公司，进一步证实实际开船时间、始发港、目的港、航向和航速，以及任何特殊问题，一般便可很快收到回电。如船已起航，则由指定的电台联络。起航时间如因故推迟，应将新定的起航时间及时通知气象定线公司。

（2）航行途中

①起航后应立即将实际离港时间（ATD）电告气象定线公司；

②每两天电告一次中午船位（1200Z）及当时本船所观测到的气象实况（包括日期、时间、经度、纬度、航向、航速、风向、风力、海况等）；

③在航行中，如果不是由于天气影响而降低航速、停止前进或自行改变航线，应立即电告气象定线公司，以利于气象定线公司掌握被导船的动态，提供新的推荐航线；

④如果船舶缺乏必要的资料或走大圆航线有困难，可电告气象定线公司每两天给一个转向点，船舶便可据此改向。

（3）船舶到港后

船舶抵达目的港后，应立即电告实际到达时间。最好在抵引航站前用船台发出终点报，以利气象定线公司及时终止气象定线，及时做出航次气象定线总结（即航行鉴定）。

4）船舶采用气象定线时的注意事项

（1）气象定线公司所推荐的航线是咨询性质的

气象定线公司所提供的航线、转向点以及其他一切“劝告”，均属建议性质，采纳与否完全取决于船长。行驶在推荐航线上的船舶如果发生损失或意外事故，气象定线公司是不承担任何法律责任的。按照法规，即使是定期租船性质的航行，船长也有相当的自主权来对航线进行选择。船长有权管辖全部航行事务，但也有责任促使船舶尽快到达目的地，亦即他应该能够合理地挑选一条最佳越洋航线，为此一方面应考虑船舶以及货物的安全，另一方面又需兼顾租船人的利益，尽量避免不必要的延长航程。船长如果不采用所提议的航线，气象定线公司亦会同意对船长另选的航线做出评估，并提出建议。

（2）气象定线公司所推荐的航线上并非一定风平浪静

气象定线是寻求一条能避开最险恶风浪区的经济航线。气象定线公司推荐的高纬度航线，往往被长久以来惯用的中低纬度航线所冲击。认为高纬度风大浪高，但实际上中低纬度也绝不是就没有大风大浪，重要的是应该认清是顶风浪，还是顺风浪。关键的是怎样才能既安全又经济。在海洋上 6 级以上的大风及 5 m 以上的大浪是常见的。例如，在北大西洋冬季出现的概率为 70%，夏季为 45%；北太平洋海域略好一些，但冬季风浪也很大，特别是西部海域，大风浪区可达到 30°N 以南。由此可见，采用气象定线的船舶仍有可能遇到大风浪。在气象定线公司看来，船舶短时间内遇到 9 级风浪是正常的。因此，比较陈旧或装载情况不良、稳性较差的船，应主动地选择适合本船条件的航线。

还应当指出，气象定线公司从全程着眼，有时为了能使船进入大范围风浪较小的区域，而让船舶在短时间内穿过一个狭窄的大风浪区。船长应理解其战略决策，尽量坚持配合，不要轻举盲动，以免使船舶进入更大范围的狂风恶浪区中。

（3）气象定线公司对热带气旋的预报仅供参考

实践表明，气象定线公司对热带气旋路径预报的准确率并不比一般气象部门高，切不可盲目相信。船舶应密切注意热带气旋的动向，根据实际情况，做好多种准备。应使船舶保持在顺风顺浪等有利的位置上，并留有足够的活动余地。

(4)气象定线公司的中期预报准确可靠

气象定线公司的天气预报系统,将世界的海洋以2.5°为间隔绘制了9000个网点,每个网点有它的30多年天气记载,这些都储存在计算机磁盘存储器中。将9000个网点的现时天气观测输入到计算机中,并与过去的天气图相比较。由历史上的类似情况找出比较的结果,据以预报未来天气的发展。气象定线公司通过卫星,6 h就能收到全球气象预报和确报,并通过电脑指挥和计算航路。气象定线公司每6 h的预报是与同一个每6 h从数字天气中心收到用数字确定的天气紧密结合的。这个合成的天气模式是现今最准确和完善的。

由于中期气象预报准确可靠,给船长提供了极为有利的条件,可以将预先知道的气象情况和现场观察的情况做一比较、汇总,从中获得经验,更重要的是可以根据实际情况,及时制定措施,通知全船做好对灾害天气的防范工作,做到有备无患,保证航行安全。

(5)采用气象定线要有雾航和高纬度冰区航行的准备

气象定线公司认为,对于全年多雾的北大西洋或北太平洋中高纬度海域来说,完全避开雾是不可能的。同时冬季在高纬度海域可能会遇到海冰,因此,船舶要有充分的思想准备,并采取必要的雾航措施和安全措施。

(6)采用气象定线要有防风浪袭击的准备

在气象定线横渡大洋航行中,要注意保护船上的航行设备,一切活动部件都要绑扎牢固,水密设备处于良好状态,做好防止风浪袭击的物质准备。

(7)船舶应装备现代化定位和通信设备,使通信联络畅通无阻

船舶应装备GPS和卫通设备,以保证在任何情况下的全天候精度较高的定位和船舶与气象定线公司之间及时有效的通信联系,使通信联络畅通无阻,来往信息准确、及时。当然,采用气象定线的船舶还应装备气象传真接收机,按时接收气象传真图。

五、大洋航线的确定及其考虑因素

大洋航行,航线有较大的选择性。气象定线公司仅提供推荐航路与沿途的气象预报,不能提供详尽的航线设计。为了选择一条安全经济的最佳航线,即航行时间最少、经济效益最大的航线,必须充分研究长航线上比较复杂的水文气象资料,以及本船和他船的实际航行经验,充分了解航区的详细情况。因此,在拟定大洋航线时,主要应考虑以下因素:

1. 气象条件

大洋航行,船舶受气象条件的影响是长期的,航行过程中避离恶劣天气也比较困难。因此,在选择航线时,应查阅《世界大洋航路》、每月《航路设计图》等相关资料,结合中长期天气预报,认真分析本航次可能遇到的盛行风、季风、热带气旋、低能见度等,以远离灾害性天气,充分利用其中的有利条件。

2. 海况

1)海流

大洋环流与风带有密切关系。各大洋的环流可查阅有关的环流图。

近海海流主要受季风影响。在北半球,风生流的流向在表层比风向偏右45°,深层流的流向比风向更偏右,而流速变小。南半球的风生流的流向,与北半球的情形相反。

2)海浪

海浪对航行的影响,主要是威胁船舶的安全,降低船速。此外,根据航行海区的一般规律和可能遭遇大风浪的情况,对货物要做合理的配载和绑扎。同时海浪也影响到船员的生活和工作。因此在选择航线时,应尽可能避免穿越大风浪区。

3)流冰和冰山

根据航行时间,对冰情应予以注意。鄂霍次克海、北海道南岸局部海域有流冰。冰山多见于大西洋纽芬兰附近,对欧美航线影响较大。

3. 障碍物

大洋上一般障碍物很少。但在高纬度则不然,如北太平洋高纬度岛屿比较多,北大西洋高纬度则有冰山经常出没。有些岛礁,因海图比例尺较小,也容易被忽视。因此,选择航线时,必须对岛礁、冰山等危险物予以充分的注意,留有足够的安全距离。

4. 定位与避让

选择航线时,应充分考虑利用各种定位方法的可能性。接近陆地时,应选有显著物标或有明显特征等深线的水域。选择航线还要有利于避让,特别是在能见度不良时尤其重要。

5. 本船条件

在选择大洋航线时,必须充分考虑本船条件,例如本船的船级、航行性能、船速的大小、续航能力的长短、船员的技术水平和熟练程度,以及货载情况等都必须考虑。

6. 推荐航线

《世界大洋航路》和每月《航路设计图》中的推荐航线,是根据长期的统计资料和航行经验得出的航线,一般应尽量采用。

在综合上述条件之后,再考虑应确定哪种大洋航线,以确保航线安全、经济。

六、大洋航线选择举例

以北太平洋上海—温哥华航线为例。

1. 冬季

由于北太平洋冬季低气压活动频繁,大风浪天气增多,故设计航线时要考虑气象因素。

1)东行

(1)采用低纬度航线

航法是:长江口灯船—大隅海峡—八丈岛,沿35°N纬度线以南航行,航过160°W后,改用大圆航法至胡安—德富卡(Juan de Fuca)海峡,如图4-1-4所示。

(2)采用中纬度航线

一般选取在40°N以南航行,或依当时具体大风浪区的范围而定。如大风浪区在40°N以北,则以40°N为极限纬度,航过了大风浪区后再用大圆航法航至胡安—德富卡海峡,如图4-1-4所示。

2)西行

冬季从温哥华西行至上海采取40°N以南的航线,航法是出胡安—德富卡海峡后,用大圆航法直航至40°N(或其南的任一纬度),150°~160°W间,再航至八丈岛。若天气恶劣可采用

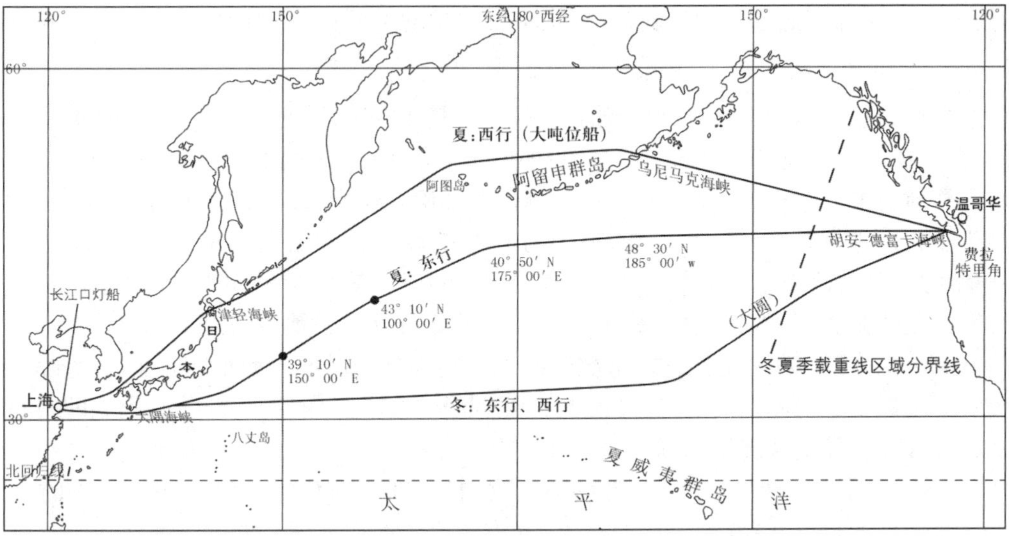

图 4-1-4

低纬度航线西航，如图 4-1-4 所示。

2. 夏季

夏季可采用高纬度航线。

1）东行

长江口灯船—草垣岛（Kusakaki-shima）—佐多岬（Sata-misaki）—喜志鹿崎（Tanega Shima，种子岛之北端）—31°00′N、132°08′E—八丈岛（Hatizyo-shima）—弗拉特里角（Cape Flattery）—维多利亚（Victoria）港—温哥华港，如图 4-1-4 所示。

航线说明：本航线由八丈岛采用大圆航法航至 48°30′N、165°00′W，其间可取 36°30′N、145°00′E；39°10′N、150°00′E；43°10′N、160°00′E；46°50′N、175°00′E 等各点为转向点，各点间采用恒向线航法航行（取点的多少可具体掌握），自 48°30′N、165°00′W 后则用等纬度航法航行，可直驶至胡安—德富卡海峡入海口处。

2）西行

温哥华（Vancouver）港—维多利亚（Victoria）港—弗拉特里角—八丈岛—湖岬—室户岬—足折岬—都井—佐多岬—长江口灯船。目前，不少的大吨位船西航时从胡安—德富卡海峡直驶乌尼马克海峡（Unimak Pass）过阿图岛（Attu I.）后，用大圆航法航至津轻海峡（Tsugaru-Kaikyo），经对马海峡（Tsushima-Kaikyo）至上海，如图 4-1-4 所示。

上面所述太平洋间各航线，不管是冬季还是夏季，东行还是西行，都不能教条地使用，应视具体情况制订安全航线；要根据船舶强度、吨位、功率等诸多因素决定使用何种航线。对于船舶强度较差、功率小、船龄老的船舶，不论冬夏季、东行或西行，选择高纬度航行都是不适宜的。而对于条件较好的船舶，利用高纬度经阿留申群岛以北的航线，借助温带低压的偏顺风区域航行，则可达到安全经济之目的。

七、大洋航行的注意事项

在大洋航行中，首要的是采用最佳航线，但是，在航行中根据变化的情况不断修正航线，采

取及时、正确的航行措施,也是保证航行安全不可缺少的重要环节,因此,要注意以下几点:

1. 认真不间断地进行航迹推算工作

航迹推算是船舶驾驶员在任何时刻求取船位的基本方法,同时又是天文定位、电子定位等的基础,在大洋航行时应重视航迹推算。在进行航迹推算时,应注意以下几个问题:

1)大洋航行的起始点,应该是利用陆标测得的准确船位点,以此作为航迹推算的起始点。

2)为了正确地进行航迹推算工作,要十分重视推算航程和航向的准确度,必须使用计程仪,并应掌握计程仪改正率。在航行中,应对计程仪的工作是否正常随时加以观察。

3)罗经工作是否正常对航迹推算关系很大。因此对罗经必须做到以下几点:

(1)必须掌握准确的罗经差。在每次改向后,或长时间在同一航向上航行时,每隔 1~2 h 应对比一下陀螺罗经与磁罗经、标准罗经与操舵罗经的读数。如发现有问题,应立即查明其原因,采取正确措施,并把情况记入航海日志中。

(2)应利用天体测定罗经差。一般在每次改向后,都要抓住机会测定一次。平时每天利用日出没或低高度,在早晚各测一次罗经差,并将测得结果记入罗经差记录簿和航海日志中。

(3)磁罗经应根据各地磁差的变化,改正磁罗经的读数。任何认为有陀螺罗经就可以忽视磁罗经的作用的想法都是错误的。

(4)在船舶跨越赤道后,应检查磁罗经的工作情况,看自差有无较大的变化。

4)正确计算风流压差,以保证推算的准确度。特别是海流的影响,虽然它流速不大,但在长距离、长时间的航行中,累积起来其影响也是十分可观的。

2. 充分利用机会观测船位

1)在正常情况下,每昼夜至少有 3 个测天船位(晨、昏天文船位和上午或下午太阳位置线间或与中天纬度间的移线船位各一个)。即使船上装有 GPS,也要利用机会坚持测天定位,以便提高测天技术和定位精度。

2)在有远距离无线电定位条件的海区应每 2 h 定位一次;如有卫星导航仪应及时定位。

3)每次定位后,应分析船位差产生的原因,作为继续进行航迹推算时的参考。

3. 掌握转向点

在到达转向点之前,应采取各种方法来测定船位,然后根据观测船位到转向点的时间或计程仪读数来进行改向。而根据推算船位转向时,必须对推算船位的准确度做到心中有数。

4. 使用空白定位图

大洋航行使用的航用海图比例尺较小,为了减小作图误差,提高推算和定位的精度,应该选用适当比例尺的空白定位图进行海图作业。在使用空白定位图时,应注意以下问题:

1)空白图上只有经、纬线及其图尺,而且只在纬度线上标有正、倒两个纬度的度数,可供南、北半球通用,在南半球使用时只需将海图倒置一下即可。

2)空白海图要根据航行海区的纬度选用,它们不受地理经度的限制,图上没有标明经度读数,航海者可根据所航经海区的经度用铅笔标写在经度线处。

3)空白海图上印有向位圈,向位圈分内外两圈,都标有向位读数。船舶在北半球时,使用其外圈;在南半球时,使用其内圈。

4)船舶大洋航行时,可根据总图拟定的航线,在空白海图上画出计划航线。当东西向航线较长时,可以在同一张空白图上重复使用,只要把航区经度用铅笔标示清楚即可。但应注意空白海图的使用海区是有限的，尤其是当船舶接近大陆时，或接近岛屿或危险障碍物时，航线绝对不允许画出限定的海区。

5）当利用空白海图进行定位时，必须经常对照该海区的航用海图，并将早、中、晚的观测船位或推算船位移到航用海图上去，以便及时了解船舶周围海区情况。

5. 认真收听气象报告、接收气象传真图

大洋航行气象多变，灾害性天气较难避离，因此必须按时收听有关气象台站的气象报告及接收传真图，结合本船的气象观测资料进行分析判断。如有灾害性天气，应采取必要的避离和预防措施。

按时收听航行海区的航海警告，及时改正航海图书资料。

6. 选择适当航速以保证燃油充足

船舶在航行中，可能由于气象原因，如风力增强、船舶顶风等，使航行时间增加，或为了避离灾害性天气，船舶需要调整航线而增加航程，这些因素都将增加船舶燃料消耗。因此，船舶除应有额外燃油储备（一般不少于两天的耗油量）外，航行中还应选择适当航速，以保证能续航至中途港或目的港。

实际上，燃料消耗量并不是与航速和航程成正比的。为了求得合适的航速或燃料消耗量，必须搞清楚不同情况下它们之间的相互关系。

1）当排水量一定时，船舶航行单位时间燃料消耗量 F 与航速 v 的立方成正比，即：

$$F \propto v^3$$

例 4-1-1：某轮以 14 kn 航速航行一天，燃料消耗量为 28 t，现以航速 11 kn 航行，问一天燃料消耗量减少多少？

解：因为船舶航行单位时间燃料消耗量与航速的立方成正比，设以航速 11 kn 时，每日燃料消耗量为 x(t)，则：

$$28 : x = 14^3 : 11^3$$

$$x = 13.6(\mathrm{t})$$

以 11 kn 航行，一天燃料消耗量减少 28−13.6=14.4(t)

2）在航速一定时，船舶航行单位时间燃料消耗量 F 与船舶排水量 D 的关系是：

$$F \propto D^{2/3}$$

例 4-1-2：某轮排水量 D =12000 t，以航速 13 kn 航行，一天燃油消耗 30 t，现加载 3000 t 货后，问一天燃料消耗多少？

解：因为航速不变，设排水量增加到 12000+3000=15000 t，燃料日耗量为 x(t)，则：

$$30 : x = 12000^{\frac{2}{3}} : 15000^{\frac{2}{3}}$$

$$x = 34.81(\mathrm{t})$$

加载 3000 t 后，每天耗油量为 34.81 t。

3）当排水量一定时，船舶航行燃料消耗量 q 与航速 v 的平方和航程 s 的乘积成正比，即：

$$q \propto v^2 \cdot s$$

例 4-1-3：某轮由 A 港出发，燃油储备 900 t，计划航行 4500 n mile 到达 B 港，该轮以 21 kn 航速航行 3000 n mile 后，燃油剩余 640 t。船长计划到达 B 港时，燃油剩余 560 t，问该轮应以何航速航行？

解：航行 3000 n mile 耗油 900－640＝260 t；剩余航程 4500－3000＝1500 n mile，耗油 640－560＝80 t。因为燃料消耗量 q 与航速的平方 v^2 和航程 s 的乘积成正比，设该轮应以 x(kn)航行，则：

$$21^2 \times 3000 : 260 = 1500x^2 : 80$$

$$x = 16.5(\text{kn})$$

该轮以 16.5 kn 航行到达 B 港，燃油剩余 560 t。

综上所述，开航前要设计好航线、制订好周密的航行计划、使用好经济航速，以确保船舶的航行安全及取得最佳的经济效益。

7. 根据时区按时拨钟

在大洋航行中，为了维持正常的作息时间，并使船时与所航行海区的区时一致，应及时按照时区拨钟，通过日界线时要变更日期，并记入航海日志。

8. 注意接近海岸时的安全

1）由于长时间的远航，航迹推算可能存在着较大的推算误差，应利用一切办法测定船位。有了准确的船位后，才可接近海岸和港口，否则贸然进入是十分危险的。

2）船舶接近海岸，水深变浅，地形复杂，必须仔细了解所到海岸附近几十海里范围内海区的特点，如预计可能看到的岛屿和显著的山头、航区的水深变化规律、水中危险物的位置、水流情况和助航设备等。

3）估计沿岸物标即将在望时，应先开启雷达，加强瞭望。在用雷达或目力初见物标时，千万不能主观臆断，必须反复进行核对，必要时应用各种定位方法进行比较，直到肯定无误为止。

4）如已接近海岸，但未发现预计能够看到的物标，或对沿岸物标识别不清时，则应该根据当时情况许可，采取减速、停车甚至抛锚，直到情况弄清后再续航。

第二节　沿岸航行

一、沿岸航行的特点

沿岸航行（coastal navigation），离岸近，自然条件和交通环境复杂，其特点主要有：

（1）航行危险物较多，水深较浅，地形复杂。

（2）潮流影响较大，船舶容易发生偏航。

（3）来往船只和各类渔船比较密集，避让操纵较复杂，遇有紧迫局面时，在许多情况下其回旋的余地都较小。

（4）沿岸航行可供定位导航的物标多，容易获得船位。

（5）航海资料较完备，测量精确，记载详细。

（6）许多拥挤的沿岸水道都实行了分道通航制，有助于沿岸航行的安全。

二、沿岸航线的选择

船舶沿岸航行时，由于自然条件和交通环境复杂，航线的选择受到了一定的限制。选择沿岸航线时，首先应仔细研究有关的航海图书资料，如海图、航路指南、航标表和潮汐潮流表等，并根据航海通告和航海警告，对它们进行必要的改正。同时将本航次可能会遇到的一切困难条件，事先做好必要的了解和安排。其次，要研究航行季节的气候条件和天气预报，了解在本航次中可能会遭遇到的灾害性天气，做好预防和避离的准备工作。再次，根据安全和经济的原则，考虑以下几点，慎重确定航线。

1. 推荐航线和习惯航线

在没有特殊原因的情况下，尽可能采用资料中的习惯航线、推荐航线，同时应仔细研究推荐航线适用的船舶、季节等是否与本船实际情况相符。许多沿岸水道都实行了分道通航制，若使用分道通航航路来拟定航线，应遵守相关的规定，若不使用，则应远离该区域。

2. 确定适当的离岸距离

船舶离岸距离近时，水深浅，危险物多，渔船和非机动船多；离岸距离远时，则相反。因此，船舶在沿岸航行时的离岸距离并不是固定不变的，而是根据船舶的大小，吃水的深浅，航程的长短，海图的可靠性，测定船位的难易，驾驶员的技术水平和经验，本船的主机、辅机、舵机的可靠性，该海域的能见度与潮流、海流的流向流速，水深和海底的崎岖程度，航标和助航设施的密度和可靠性，通航密度的大小和秩序好坏，渔船的作业方式及渔栅、渔网密度，是白天还是晚上驶经，有无引航员引航，该水域的治安情况与政治气氛等来进行综合考虑。

一般在能见度良好的情况下，沿陡峭的海岸航行时，航线可在 2 n mile 以外通过。岸边海底崎岖不平或岸边海底斜率很小，航线可设于在水深大于 2 倍本船吃水处，或小船设于 10 m（或 5 fm）等深线处或其外；大船应以 20 m 等深线为警戒线；吃水大于 10 m 的船舶设于 50 m（或 30 fm）等深线处，因为 10 m 以上的浅点过去较少有人关心和精测。

如无其他影响，航线距岸宜在地平能见距离以内，即小船约 4 n mile，大船约 8 n mile，以利瞭望与用雷达探测沿岸边的目标与航标；如果在夜间或能见度不良、定位又有困难时，应在离岸 10 n mile 以外航行。如无其他影响，航线宜保持与岸线走向基本平行。在夜间，特别是在可能遇到吹拢风或向岸流影响时，应把航线再平行向外海偏开一些，以确保航行安全。

如有政治上、外交上的原因，虽然仍可在其领海内无害通过，但航线距岸的距离宜在领海以外，如 12 n mile 以外。如有战争上的原因，则须与有关部门商定和遵守有关当局规定的具体距离，并需遵守保险人的有关规定。

3. 确定避离危险物的安全距离

航线距其附近的暗礁、沉船、浅滩、渔栅等危险物的安全距离，应根据下列因素考虑决定：

1）危险物离最后一个实测船位的航程长短和所需航行时间的多少；

2）危险物附近海图测量的精度；

3）危险物附近有无显著物标可供定位和避险；

4）通过时是白天还是晚上，能见度情况；

5）风流波浪对航行的影响等。

一般在接近孤立的水下危险物之前，不但要有精确的船位，还要有航标可供雷达探测或目测，至少在 1 n mile 或以上通过危险物。但需考虑到万一见不到航标或雷达测不到物标时应该采取的措施，其办法是先确定一个最小的距离，即距离该孤立的水下危险物多少海里前如果测不到船位又见不到航标，则应立即改向远离之。在通过远离陆地而又未设标志的危险物时，应根据水流情况和最后一个实测船位到危险物航程的远近，以6~10 n mile的距离通过它。当黑夜或能见度不良时，该距离还应当加大。若水下危险物并非孤立，而在附近有目标可定位或避险，则可离得近些。但任何时候都要牢记，如果不是非经过不可，一般情况下应远离危险物。

4. 避开水下障碍物

水下障碍物是指水下海底的桩、柱、管、弃锚、水泥沉块及沉船残骸等。英版海图中对于不能明确其性质又不知其水深而存在航行危险的障碍物，则标以“obstn”字样，以表示它有碍航行；对于无碍于水面航行而有碍于锚泊、捕捞、潜航等，则标以“foul”字样。常见的碍航物主要有以下几类：

1）水下沉船

海图上，沉船符号的中心点代表沉船的位置，沉船符号的大小和方向并不是沉船的具体尺寸和方向。所有海图上的沉船符号皆是东西长南北短，并非表示沉船都是在船首向东或西时下沉的。在测绘海图时，很难将水下沉船位置精确地测到，除非有很好的测绘设备与绘制大比例尺海图，或者沉船船体或桅柱露出了水面。在大比例尺海图的航线附近出现沉船符号，在量取它离航线距离时，一定要扣除沉船的长度（一般取200 m较为安全），也要考虑沉船位置存在误差的可能性，所以一定要尽量远避之。若不是沉船符号而是沉船轮廓，则应从沉船轮廓最接近航线的一点量起。

在海图上，很多通航分道中与习惯航线附近常出现20 m水深以内的沉船符号，但不知沉船之上究竟有多少水深。从实际出发，首先不能明知故犯将航线直接画在沉船上，其次是尽量求得精确船位予以避离。尤其是吃水大大超过此航线上通常的船舶吃水的船，更应特别留意或另择航线。

英版海图以28 m水深划分危险沉船与非危险沉船的界限，并以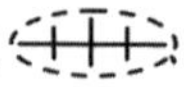、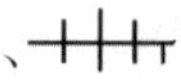两种不同的符号表示。中版海图则以20 m水深为两者的界限。故为吃水14 m以上的即10万吨级船舶设计航线时，应注意中英版海图在沉船符号上的区别。

2）水下渔业与水产设施

（1）渔礁（fish haven）是渔民为吸引鱼群而设置的“水下迷宫”。例如，将废旧的小船艇或水泥凝成的多洞穴构件沉于海底。渔礁也可系于海底而浮于水面上，或浮于中层深度在水面以下。英版海图的渔礁符号为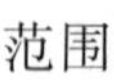，周围框以范围，若范围很小，则以一障碍物点线组成的圆为符号，符号范围并非其真实的范围。若知其上水深则以数字表明。若浮于水面，则标以“surface”字样，若浮于水面之下，则标以“mid-water”字样。若其上水深在28 m或小于28 m，则标以“obstn”字样，表示有碍航行；若大于28 m，则标以“foul”，表示无碍航行而有碍于锚泊、渔捞、潜航等。

（2）渔栅（fish stakes）是由一长排的竹或木筑成的水中篱笆，从岸向海伸出很远。使鱼碰渔栅转弯，最终落入渔栅末端所布的网中。

（3）渔阱（fish trap）即用渔栅围成，阱口朝流或岸边，使鱼游入而出不来。英版海图上渔阱的符号为一横置的长方形信封上有一斜线。此外，还有“fish weir”与“tunny nets”，其性质与渔栅相同。

（4）海上养殖场（marine farm）的英版海图符号为，若为鱼类养殖则符号为，若为贝类则标以“shellfish bed”或“pearl flatworm”。

3）水下钢桩与水下油井口

海图上的水下钢桩多属海上钻井后遗留下来的，海图上注明了其高出海底的高度。如其上的水深足够供船驶过，也仍需避开，更不得在此附近抛锚或渔捞，以免遭受无谓的损失。

若原属海上油田区而现在已拆除废止，可能还存在水下的暂闭或废弃的油井口。暂闭的井口突出海底有数米高，废弃的井口虽然在海底，但也仅仅用水泥或其他物质封闭而已，故设计航线不应驶过其上方或过分接近。

4）未经精测的水域与疑存的浅点

全球至今还有不少水域未经精测，也有极少数水域未测深过，在浩瀚大海中海图水深数字很稀，虽不能为此而停航，但至少应避开其中“据报”的浅点群。

海图上疑存的据报浅点，是按航海者报告而标在图上的。如果茫茫大海中有多处相距甚近的据报浅点，则说明此水域过去和现在皆未经精测，可能还会有其他浅点存在，尤其是吃水10 m以上的船更需注意。

5. 正确处置海图水深不完整

1）如海图上注有某沿海水域未经精测，则可将航线移向他处而不经过该处。若非经不可，宜远离海岸、平行海岸航行，驶至与目的港正横处再转向与岸线成直角驶近港口，其目的是将近岸航行的航程缩至最短以减小风险。

2）如海图上在近岸水域中出现多次“据报”的浅点，则宜按推荐航线行驶，并勤测船位与注意水深变化。

海图上的礁区水域中有时会出现注有未经测量“unexamined”字样的水域，或已存在的危险物、障碍物而未标明其位置的“uncharted dangers”区域，则绝不允许航线通过这些水域。

3）如海图上虽已标明危险物、障碍物，但又在其外框了一圈由虚线构成的危险线（danger line）（不一定呈圆形），则绝不能将航线通过危险线之内，而且还应与危险线保持一定距离，因为危险线以内还有不明的浅礁。

4）若海图上的等深线出现破断而不连续，则说明浅礁可能突破此等深线而伸到很远处。在美版图中，墨岛北岸5 fm等深线断开了一大段，而法版图上此区域的等深线却是连续的，这说明两者有重大差异，如从船舶的安全角度考虑，则应从最坏打算而采用美版图，然后再考虑破断的等深线会产生何种危险。

5）若在《航路设计图》《世界大洋航路》《航路指南》及海图中皆未介绍推荐的航道，则尽量不做通过的打算，即使是已做过介绍与推荐的航道，也应比较以往通过船舶的吃水大小、航速快慢等条件，然后再考虑本船是否需要通过。

6）对于航海资料中已有水深警告的文句，则更应提高警惕，并尽量避开有疑问的水域。例如，在海图上河口附近有时会出现“水深减浅”或“浅滩正向外伸”等。

6. 有利于定位与转向

拟定航线还应尽可能考虑在各种航行条件下，如白天、夜晚、晴天、雾天等，都能有利于应用各种定位方法，如用罗经、雷达、罗兰和测深仪等来进行测定船位。在重要的转向处，应选择在转向侧正横附近有显著物标可供转向和定位用的水域作为转向点。绕岛屿与岬角航行，不一定都采用正横转向。因为这样转向绕航，船与绕航物标的距离会越来越近。最好采用定距绕航的办法。可先在海图上画出航线，标出几个转向点，然后用雷达观测距离，使船保持在计划航线上航行。还应根据本船吃水,设定适当的避险警戒线。

7. 避离灾害性的气象因素

风、雾、冰、雪等气象因素对船舶安全航行影响很大,特别是风暴,伴随巨浪,常使船舶遭难甚苦。这些气象因素,各海区都有一定的季节性规律。我国沿海季风盛行,冬季东海岸西北风居多,南海岸吹东北风;夏季则东海岸吹东南风,南海岸吹西南风。4、5 月和 9、10 月为季风的转换期,冬季季风强大,8 级左右居多;而夏季季风却只有 3~4 级。但沿海夏秋两季常有台风侵袭。4~7 月北方沿海又属雾季,影响航行。因此掌握气象规律,选择避风锚地,制定合适航线是至关重要的。

8. 避离或利用水文要素

潮汐、潮流和海流对船舶航行影响也是很大的。潮汐引起水位涨落,改变实际水深。当航线必须经过某些地段时,须准确计算潮时、潮高,根据本船吃水,恰当选择航过浅滩的时间。了解海区的潮流或海流情况,尽量避免顶流,争取顺流航行。台湾东部的黑潮,宽达近百海里,一般流速为 1~2 kn,但在中部主流 20 n mile 左右宽的范围内流速高达 4 kn 左右,北行船舶如航线设计合适,利用海流顺流航行,既能缩短航行时间,又能节省燃料。

9. 考虑来往船舶交会的复杂情况

拟定沿岸航线时,也要考虑在该航线上航行时的避让情况。对于来往船舶频繁的地区、交会点及渔捞生产作业区域,应有充分了解。多雾季节,为避免过多的船舶交会避让,制订计划航线时就要考虑绕开一些。

三、受限水域的航线设计

有关当局公布的禁航、禁锚、禁渔或作其他方面限制的区域以及有关国际公约规定的限制区域称为受限水域。这些水域多数位于领海内,但也有位于公海的。

1. 军事演习区

1)界限

有的演习区事先在有关的出版物上规定了具体界限,但是由于涉及公海的法律地位,在一般航用海图上不予标出,除非演习区在领海范围内。英版《航海员手册》中认为演习当局为了避免责任而不在一般航用海图上标示其区域界限。美军在日本及其所属岛屿附近的演习区,已在日版专用海图图号 6973《日本近海演习区域一览图》中刊出。《航路指南》中可能述及演习区情况,但不指明其具体界限,若演习区设有航标,则《航路指南》、《灯标雾号表》、航用海图中皆会刊载。

有的演习区在航行警告中临时规定其界限。例如美军在洛杉矶以西的纬度相近的太平洋海面上,常有不同范围与形态的临时演习区,有时距美国本土达 1000 n mile 以上。

有的演习区是无界限的。例如刊印在英版海图上的新加坡海峡以东马来西亚东岸沿海的潜艇演习区就是无界限的。遇有这种情况,必须加强瞭望与收听航行警告的广播。

2)时间短暂的演习区,有的事先在有关出版物上做大略规定,但绝大多数是在航行警告中临时规定的。为了避免误伤,事先有时间规定的演习区,一般也进行航行警告的广播。要注意弄清,演习规定的起始、终止时间是格林时还是当地的地方时。

在航线设计时应注意：

(1)绝不进入已经宣布为禁航区的军事演习区。

(2)不进入固定的事前有出版物刊载的军事演习区。

(3)航线如画在临时演习区或无界限的演习区内，安全措施或注意事项中要注明此点，以提醒驾驶人员加强瞭望和收听航行警告，待接近该区时再核算驶入、驶离时间是否在非演习时间。

(4)临时性演习区，平时虽可开放，但也不宜在此捕捞、锚泊和疏浚，因为常有演习中未爆炸的炮弹、炸弹、火箭等发生的爆炸而造成的船舶损伤的事故。

2. 水下电缆与管道区

除非极重要的水下电缆和管道，一般不宣布禁航，只是不准抛锚、渔捞、疏浚和钻探。用一般方法铺设的管道可能高出海底 2 m，相当于该处水深少了 2 m。如果在海图上仅有水下电缆与管道的图式符号而无区域界限，也要避免在其附近抛锚或渔捞。如在其上设有浮标者，也不得近于浮标连线 0.5 n mile。

3. 空中电缆与桥梁

航线通过空中电缆或桥梁的下方时，须注意船在水面上的高度是否会超过空中电缆或桥梁在水面上的高度，一般还需富余 2~5 m 的距离以防计算失误。船在水面上最高点的高度称为水线上高度，如顶桅或电报天线能伸缩或放倒，则水线上高度应以此种状态下计算。此外，要留意纵倾引起的水线上高度的增减。桥梁的净空高度一般有 1~3 处，即桥中央处最高、两侧较低。

4. 垃圾倾倒区、抛泥区、弹药倾倒区

航线设计中一般都不应通过此类区域，因为这类区域的水深可能变浅得很快，而且，也可避免与垃圾船或抛泥船相会。如属弹药倾倒区，则更不能进入，更须严禁抛锚或渔捞。但是，深水中的弹药倾倒区已废弃不用者(disused)，仍可通航，仅禁锚、禁渔而已。

5. 雷区

世界上大多数雷区业经扫雷或在其中开辟出来的航道中已经扫雷。雷区中的航道左右皆有浮标表示其界限。因此在航线设计时，应通过雷区中已开辟出来的航道，直至港口附近规定的锚地为止。

在战争中的国家为保卫其海岸或封锁敌国海岸所布的雷区，一般都声明其范围，以防非参战国与本国商船误入。

6. 禁区

禁区有两种。禁锚与禁渔的禁区仍可通航，但禁航区不但禁止通航也不许抛锚与渔捞。未说明何种禁区的则以禁航区对待。在航线设计中应予以充分注意。

禁区，多数不讲明其用途，如防卫警戒区、保密的军事演习区或测试区、军事设施与军事基地等。少数的可看出其用途，如水上飞机起落区、岸上机场跑道的延伸水域、战争区、重要的水下电缆或管道等。

在美国有两种安全区，一种是 Safety Zone，目的是在船舶与水上建筑物之间建立一个缓冲地带，宽为 500 m，意即船舶不要靠近水上建筑物 500 m 之内。另一种是 Security Zone，它是禁航的，一般是军事、工业要地。

7. 海上油田区

海上油田区中的设施包括钻井架、油井、水下油井、暂闭油井口、废弃油井口、生产平台、输油输气管道、水上储油库、油船单点停泊泊位及工作船艇的系船浮等。其中钻井架常变更其位置，故应注意查阅航行通告与收听航行警告。但其上设有灯标和雾号，它的锚缆或障碍物常伸出长达 1.5 n mile。水下油井口突出海底后再与水下运输管道相接。生产平台也设有灯标和雾号，其四周的系船浮离生产平台有时远达 1 n mile 而无灯标，也未在海图上标明其位置。

在航线设计中，对上述孤立的设施应远离 1.5 n mile 以上，因为这些设施之间往往有管道相连，并有油井口与系船浮等，所以应避免穿越其设施群。如海图上已标明该处油田区的界限，则应离开其界限 500 m 以外。另有一种海上油田开发区，在海图上也标明其界限，在开发区内有工程船、维修船、潜水工作船，还有供应船与油船在区内频繁航行，本船切不可跟随他船驶入。

8. 历史性与危险性沉船禁区

英国通过立法确定，对某些有历史意义的沉船予以保护，并在沉船周围设有禁区，其半径为 50 m 以上。还有一种沉船船内存有危险货物，如炸药等，当局为了防止意外事故而设禁区，以阻止他船驶入。

在航线设计时，对上述两类沉船都应远离。

9. 载重线季节区域

《国际载重线公约》规定了船舶在某指定区域与指定日期内采用的最小干舷，即规定了某吃水条件下只许在某区域内航行，这些区域与日期在该公约的附图或英版 D 6083——载重线季节区域图中可查得。船舶在装货前，就应预计本航次的航线是否有可能受到载重线季节区域的限制。在设计航线时，应预先计算进入每一载重线季节区域时本船吃水是否超过规定。

10. 领海

在《联合国海洋法公约》与《领海及毗连区公约》里，规定了船舶在领海内享有无害通过权，所以领海对航线设计一般没有影响，但仍须注意：无害通过是指不损害领海国的和平、良好秩序的安全通过。称“通过”就意味不得随意停留或锚泊，不得进行动力作业，除非由于不可抗力，或为紧急救助遇险人员与船舶、飞机等，但也须边行动边向当局报告。

11. 内水

在《联合国海洋法公约》与《领海及毗连区公约》里，内水是指国家领海以内及领海基线向陆一侧的水域。它包括港口、河流、湖泊、内海、封闭性海湾和泊船处。前述对航行于外国领海船舶的要求，也适用于外国内水，而且还需事先得到有关当局的准许。

如无须停靠某外国港口或海湾，一般不应将航线设计在该国内水范围内，除非为了缩短可观的航程，或为了驶经内水范围内的一条非经过不可的通道，或者为了临时性避风，紧急救助遇险人员、船舶、飞机。若是为了缩短航程与借用通道而不停留，则需得到当局的同意。有的国家，要求借道通过的船舶直接发报给代理，由代理代办申请手续，例如通过巴拿马运河。有的国家要求船舶直接发报给有关当局，例如通过我国琼州海峡。有的国家对上述两种要求都要办到。即使是为了紧急情况救人、救船或避风，也须报告有关当局。有的国家在平时什么也不要求,例如通过菲律宾内水的苏禄海。

12. 渔业管辖区与专属经济区

在《联合国海洋法公约》与《领海及毗连区公约》里,专属经济区(exclusive economic zone)是指沿海国在其领海以外并邻接其领海的水域,从测量领海宽度的基线量取,一般不超过200 n mile,有些国家也未曾宣布过。沿岸国对其专属经济区内的一切自然资源拥有所有权和专属管辖权,但其他国家在此区域仍享有正常航行、飞越的便利以及敷设海底电缆与管道的权利。

渔业管辖区(fisheries jurisdiction claims),是沿岸国发展本国经济,反对大国掠夺其附近海洋的渔业资源,在其领海外划定一定范围的水域行使渔业管辖权。其宽度一般与该国所宣布的专属经济区的宽度相同,也不超过200 n mile。

在渔业管辖区或专属经济区中航线设计时应注意:

1)若带有捕鱼任务的航行,要考虑是否为该国现行的关于渔业管辖的法规所允许;

2)尽量避免驶入沿岸国在该区域所设立的海中工程设施与勘察活动区。

四、船舶定线制的规定与使用

近几年来,船队的迅速扩大,使船舶的通航密度快速增长,使某些水域的船舶碰撞事故不断增加,这就需要划定航路,要求船舶严格遵守航行规定。

《船舶定线》(ships' routeing)是国际海事组织(IMO)文件,它的主要作用是对国际船舶使用的定线制的工作进行管理。

船舶定线的含义就是由岸基部门用法律规定或推荐形式指定船舶在海上某些海区航行时所遵循或采用的航线、航路或通航分道等。

1. 船舶定线的目的

船舶定线的目的是增进船舶在会聚区域和交通密集区域或因水域空间有限、存在航行障碍物、水深受限、气象条件不宜等而使船舶的行动自由受到限制的区域的航行安全。船舶定线制还可以用于防止或减少由于船舶在环境敏感区域或附近发生碰撞、搁浅、锚泊而对海洋环境造成污染或其他损害的危险。其目的将取决于想要改善的特定危险环境,可以包括以下部分或全部内容:

1)分隔方向相反的交通流,以减少船舶对遇事件的发生;

2)减少横越船舶和在已建立的通航分道中航行的船舶之间的碰撞危险;

3)简化船舶会聚区域内的交通流模式;

4)在近海勘探或开发活动集中的水域内,组织安全的交通流;

5)在对所有船舶或某些特定类型船舶的航行来说是危险的或不尽理想的区域或其周围组织交通流;

6)在环境敏感区域内或周围或距该区域一定安全距离的地方,组织安全交通流;

7)通过为在水深不确定或临界水深的区域内的船舶提供特殊指导以降低搁浅的危险;

8)指导船舶让清捕鱼区或组织船舶通过捕鱼区。

2. 船舶定线的术语

1)船舶定线制(routeing system):一条或数条航路的任何制度或定线措施,旨在减少海难事故的危险。它包括:分道通航制、双向航路、推荐航线、避航区、禁锚区、沿岸通航带、环形道、警戒区和深水航路。

2)分道通航制(traffic separation scheme):通过适当方法和建立通航分道,以分隔相反方向交通流的一种定线措施。

3)分隔带或分隔线(separation zone or line):分隔船舶反向或接近反向航行的通航分道,或分隔通航分道与相邻的海区,或分隔为同一航向的特定种类船舶而设定的通航分道的带或线。

4)通航分道(traffic lane):指一个在规定界限范围内,只限单向通航的水域。自然碍航物,包括那些组成分隔带的,可作为通航分道的一条边界线。

5)环形道(roundabout):在一个规定界限内由一个分隔点或圆形分隔带和环形通航分道组成的一种定线措施。通过沿逆时针方向环绕分隔点或分隔带航行的方式分隔环形道内的船舶交通。

6)沿岸通航带(inshore traffic zone):由介于分道通航制靠岸一侧的边界和邻近海岸之间的指定区域组成的一种定线措施。沿岸通航带的使用需依照经修正的《1972 年国际海上避碰规则》第十条第四款的规定。

7)双向航路(two way route):在规定的界限内具有双向交通的航路,旨在为通过航行有困难或危险的水域的船舶提供安全通道。

8)推荐航路(recommended route):为方便船舶通过而设立的未规定宽度的航路,通常以中央浮标来标记。

9)推荐航线(recommended track):经专门检查以尽可能确保没有危险并建议船舶按此航行的航路。

10)深水航路(deep water route):在规定界限内,经过准确测量,以让清海图标示的海底和水下障碍物的航路。

11)警戒区(precautionary area):包含一个规定界限的区域,在此区域内,船舶必须特别谨慎航行,并且可能有建议的交通流向的一种定线措施。

12)避航区(area to be avoided):包含一个规定界限的区域,在此区域内,航行特别危险或对避免造成事故异常重要,所有船舶或特定类型的船舶避免进入该区域的一种定线措施。

13)禁锚区(no anchoring area):包含一个规定界限的区域,在此区域内,船舶锚泊是危险的或可能对海洋环境造成无法接受的损害。除非是在船舶或船上人员面临紧急危险的情况下,所有或特定类型船舶应避免在禁锚区内锚泊。

14)规定的交通流向(established direction of traffic flow):用于表明分道通航制内既定的船舶运动方向的一种交通流向模式。

15)推荐的交通流向(recommended direction of traffic flow):当采用一个规定的交通流向不可行或不必要时,用于表明推荐的交通运动方向的一种交通流向模式。

16)强制定线制(mandatory routeing system):IMO 根据《1974 年国际海上人命安全公约》第五章第十条的要求通过,强制所有船舶、特定类型船舶或载运特定货物的船舶使用的定线制。

3. 船舶定线的方法

为了达到设立船舶定线制的目的,可采用下述方法:

1)用分隔带隔开方向相反的交通流,或当不能使用分隔带时使用分隔线,如图 4-2-1 所示

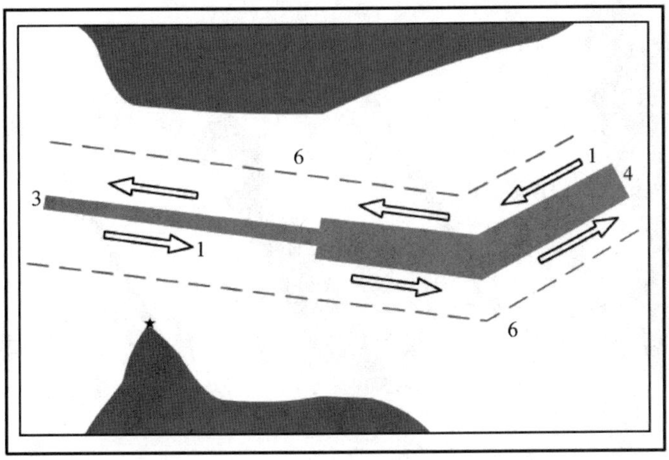

图 4-2-1

在这种方法中,反向或接近反向行驶的交通流通过分隔带"4"或分隔线"3"隔开;使用分隔带是最好的选择,但在狭水道或受限水域,为了使通航分道内有更多的可航行的空间,可能需要使用分隔线而不用分隔带。在鼓励和方便横越船正确进行穿越的位置,也可以用一段分隔线代替分隔带。

这种分道通航制的外边界"6"是通航分道的最外边线。箭头"1"指明规定的交通流方向。

2)通过自然障碍物和地理上明确的物标分隔相反方向的交通流,如图 4-2-2 所示

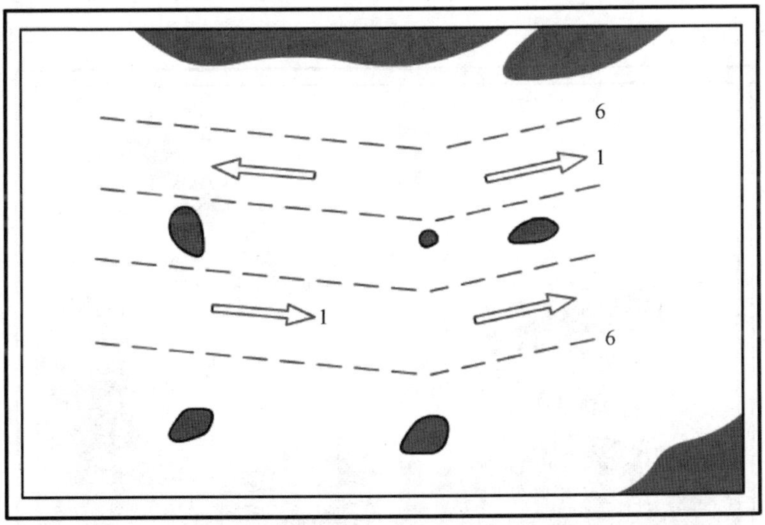

图 4-2-2

此方法适用于有诸如岛屿、浅滩或礁石等障碍物限制自由航行,并且同时为相反方向的交通流提供自然分隔的确定区域。

3)用沿岸通航带将过往交通和当地交通隔开,如图 4-2-3 所示

在分道通航制外边界线之外,船舶可以朝任意方向行驶。这种区域位于分道通航制和海岸之间,可被指定为沿岸通航带,其目的是使当地交通船舶避开过往交通船舶所使用的分道通

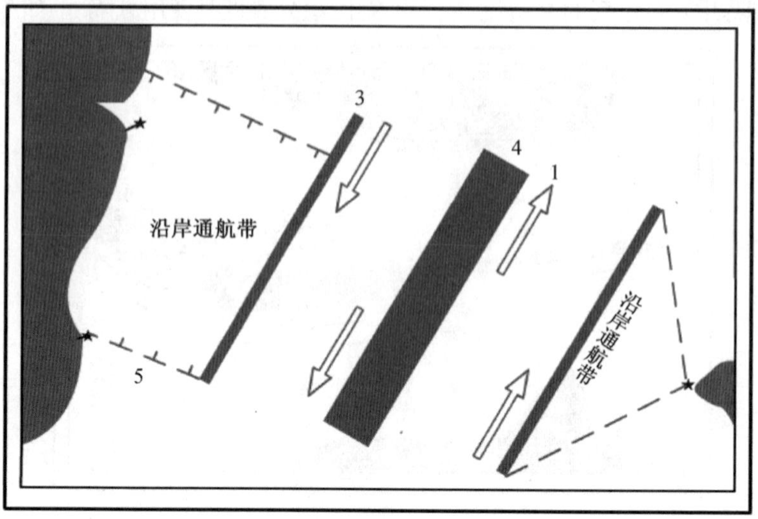

图 4-2-3

航制。

在沿岸通航带内的船舶交通通过分隔带“4”或分隔线“3”与邻近通航分道内的船舶交通隔开。

4）在接近会聚点处的相邻分道通航制的扇形分隔区

此方法适用于船舶从各个方向会聚在一个会聚点或一个小区域的地方。进港航道、海上引航站、设有近陆浮标或灯船的地点，以及水道、运河和港湾等的入口处均可被认为是此类会聚点，如图 4-2-4 所示。

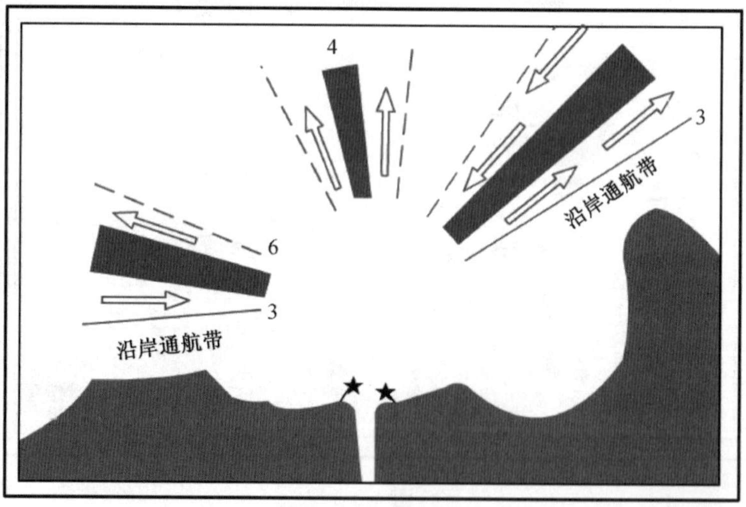

图 4-2-4

5）分道通航制的会聚点和航路连接的交通规定

在会聚点、航路连接处和交叉处应从以下方法中选用最为适合的定线措施。

(1)环形道

如能证明需要,可用环形道引导船舶围绕一圆形分隔区“4”或一指定点逆时针方向行驶,如图 4-2-5 所示。

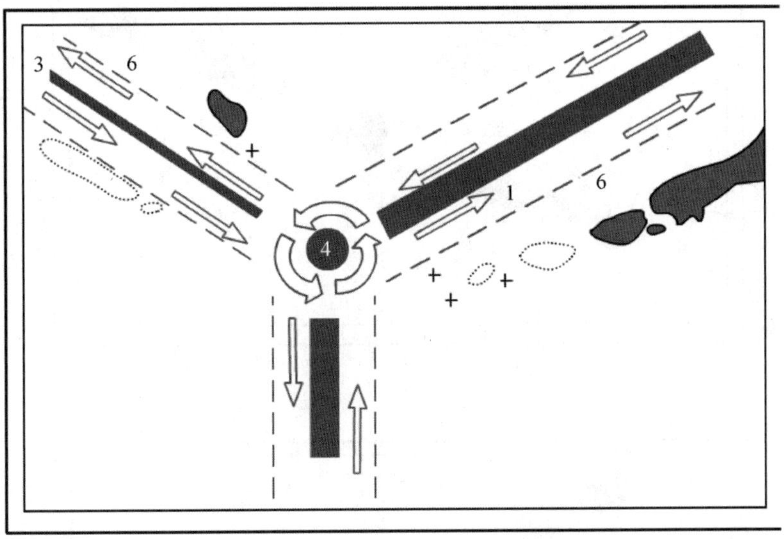

图 4-2-5

(2)连接处

这些方法用于两航路接合或交叉处,如图 4-2-6、图 4-2-7、图 4-2-8 所示。交通流的方向在相邻的分道通航制的通航分道中被确定;为了强调从一个定线制行驶到另一个定线制时应采取正确的横越方法,分隔带可间断或由分隔线代替。

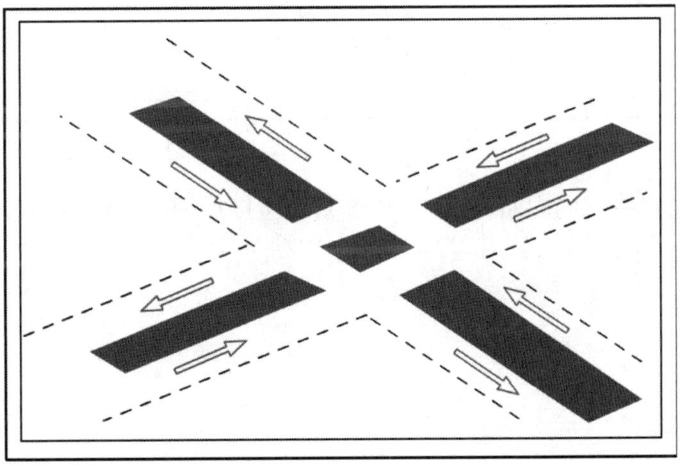

图 4-2-6

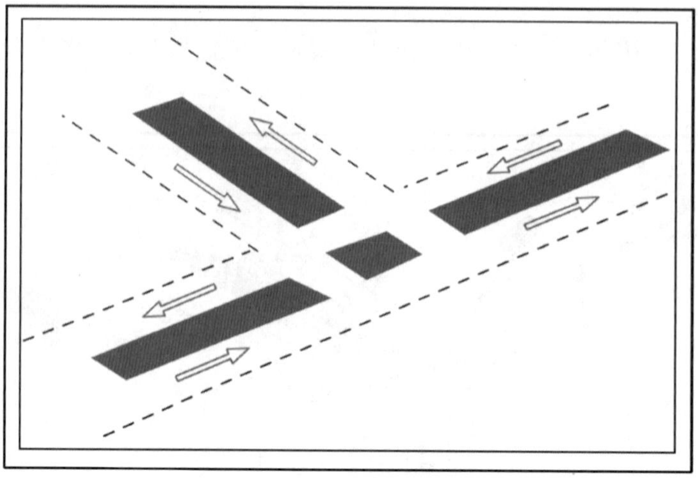

图 4-2-7

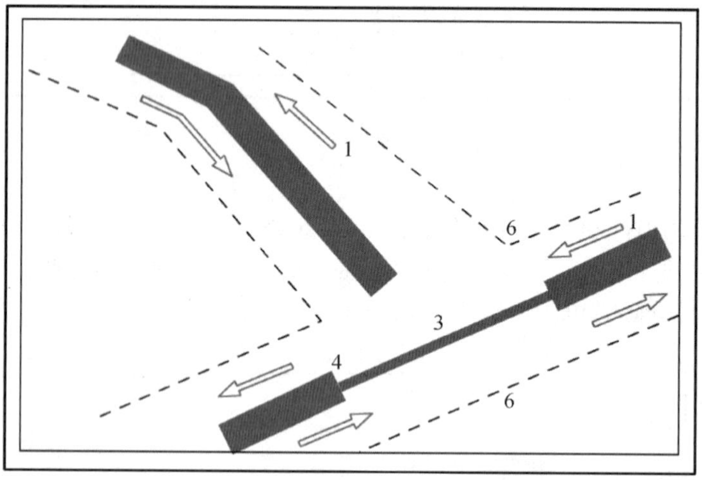

图 4-2-8

如航路会聚,最好将它们中断,以避开其潜在的连接点,并且在这种情况下可设置警戒区"9"以表明谨慎航行的必要性,如图 4-2-9 所示。

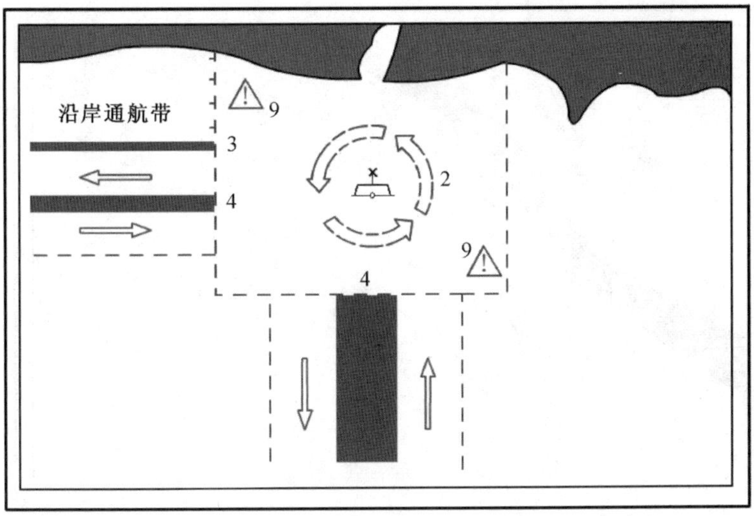

图 4-2-9

6)其他船舶定线制

可供使用的其他定线方法：

(1)深水航路(如图 4-2-10、图 4-2-11 所示)

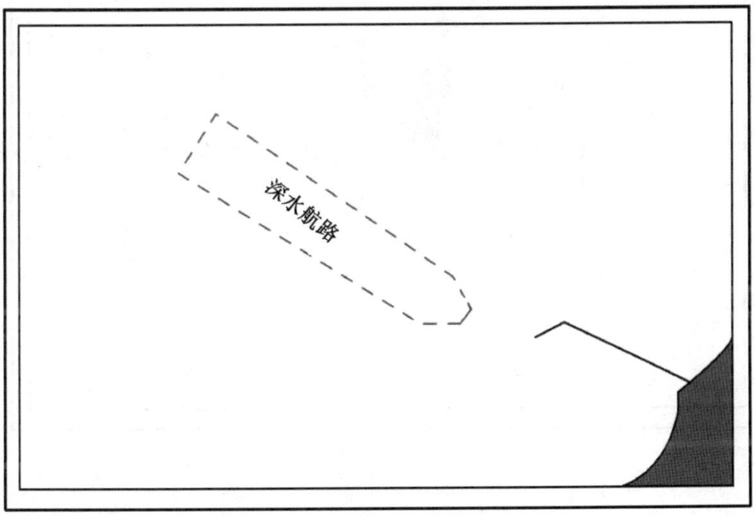

图 4-2-10

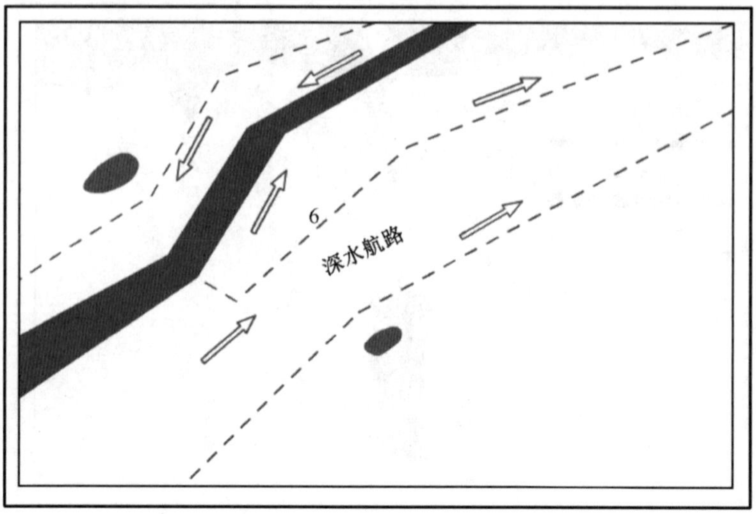

图 4-2-11

(2)设置避航区(如图 4-2-12 所示)

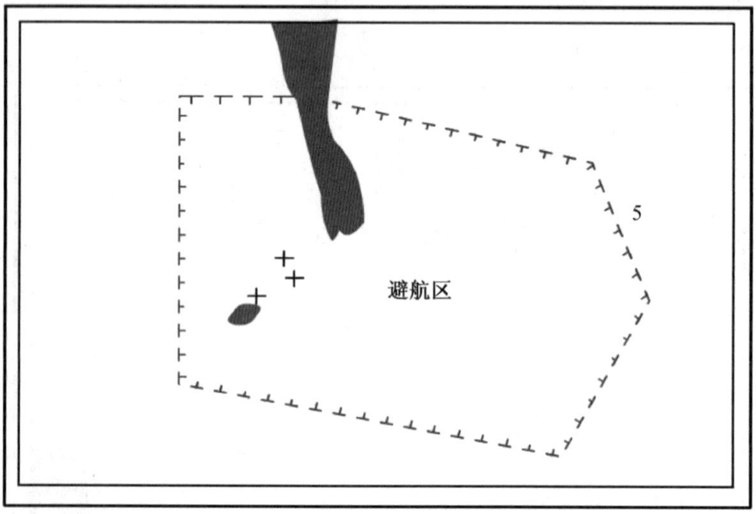

图 4-2-12

(3)推荐的交通流方向(如图 4-2-13 所示)、双向航路(如图 4-2-14 所示)以及通过存在航行困难或危险的区域的推荐航路(如图 4-2-15 所示)和推荐航线(如图 4-2-16 所示)。

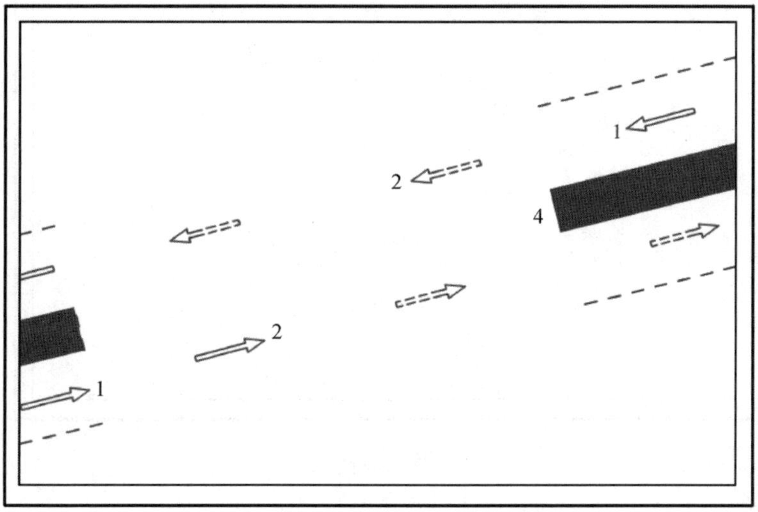

图 4-2-13

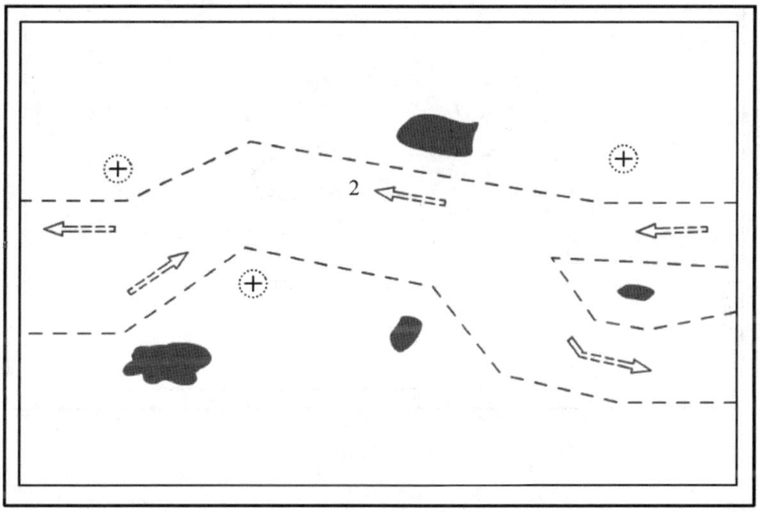

图 4-2-14

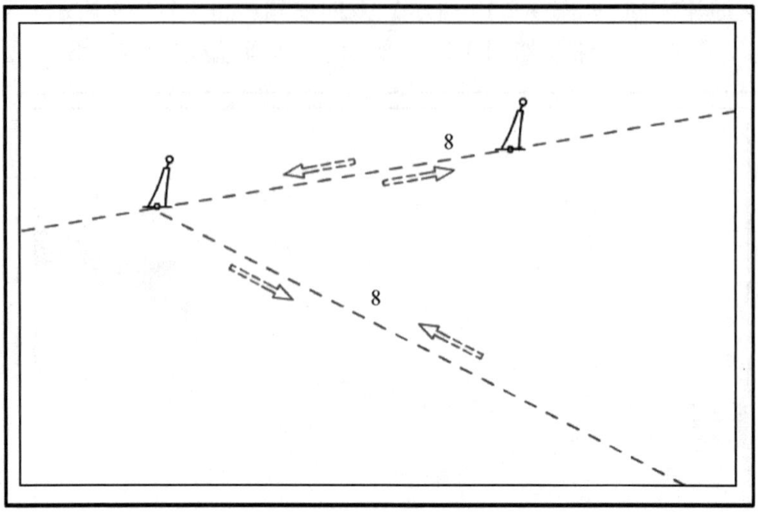

图 4-2-15

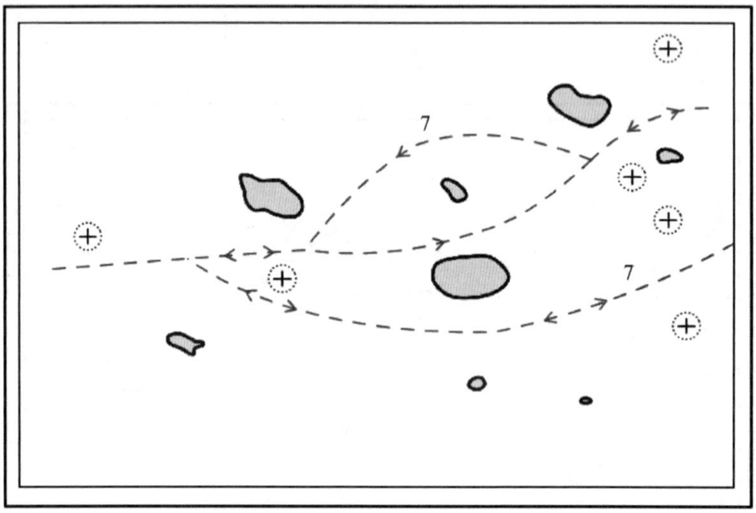

图 4-2-16

(4)禁锚区(如图 4-2-17 所示)

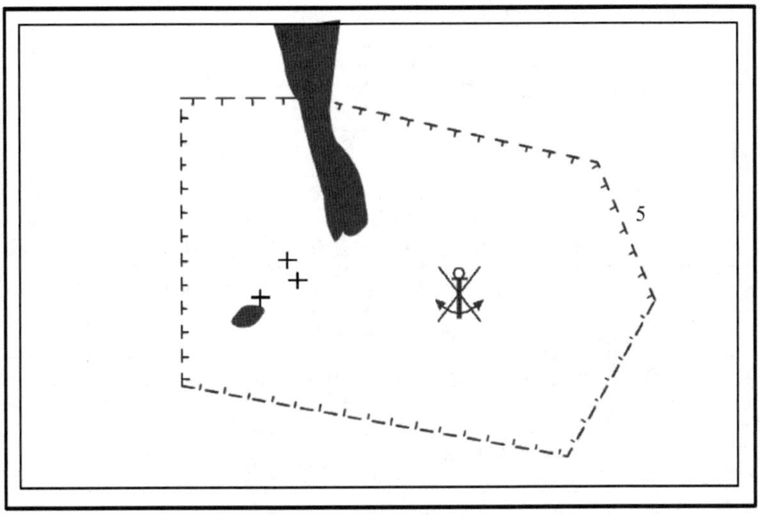

图 4-2-17

4. 定线制的使用

1)除非另有说明,建议所有船舶都使用定线制,而且可强制要求所有船舶、特定类型的船舶或运载特定货物或特定类型和数量燃油的船舶使用。

2)在非冰冻水域或在冰情轻微不需要特别操纵或破冰船援助的水域,定线制在任何天气情况下,应能昼夜使用。

3)在切记应保持足够的富余水深的同时,使用定线制,必须考虑海图水深和自最后一次勘测以来海床可能发生的变化,以及气象和潮汐对水深的影响。

4)船舶在 IMO 所通过的分道通航制内或其附近航行应特别遵守《1972 年国际海上避碰规则》第 10 条的规定,以减小与其他船舶发生碰撞的危险。如认为与他船存在有碰撞危险,《1972 年国际海上避碰规则》的其他条款在各方面均适用,特别是第二章中的第五节和第六节的规定。

5)在来自不同方向的交通会聚的连接点处,由于船舶可能需要穿越航路或转向另一航路,故实施真正的通航分隔是完全不可能的。因此船舶在该区域航行应特别谨慎,而且应注意船舶在沿着直通航路航行时无任何特权或优先行驶权。

6)深水航路原先是计划供那些由于本身吃水与有关水域的可用水深的关系而需要使用这种航路的船舶使用。不适用上述条件的过往船舶应尽可能避免使用深水航路。

7)如可行,不使用有关分道通航制或深水航路,或抵离就近港口的过境船舶应避免使用警戒区。

8)在双向航路中,包括深水双向航路,船舶应尽可能靠右航行。

9)在与定线制有关的海图上的箭头仅表示规定的或建议的交通流的总体流向,船舶无须严格按箭头所指示方向设定其航向。

10)《国际信号规则》中规定了信号“YG”应适当使用,其意思是“你船似乎未遵守分道通航制”。

5. 海图上的表述方法

1)海图和注释中图例的使用(见表 4-2-1)

表 4-2-1

名称	记载方式
分道通航制	通常不在海图上显示,在注释中加以说明
沿岸通航带	在海图上显示并在注释中加以说明
警戒区	可能在海图上以代替符号显示并在注释中说明
深水航路	"DW"在海图上显示以表示深水;"DW"或"深水航路"在注释中说明
避航区	在海图上显示并在注释中加以说明
双向航路	通常不在海图上显示,但在注释中加以说明
推荐航路	通常不在海图上显示,但在注释中加以说明
推荐航线	通常不在海图上显示,但在注释中加以说明
强制定线制	通常不在海图上显示,但在注释中加以说明
禁锚区	在海图上显示并在注释中加以说明

2)船舶定线制采用的基本符号

除非另有规定,在海图上的符号应着色,通常为品红色。船舶定线制的基本符号表见表 4-2-2。

表 4-2-2

船舶定线制术语	符号	符号说明	适用范围
1. 规定的交通流向		实线空心箭头	分道通航制及深水航路(作为分道通航制的一部分时)
2. 推荐的交通流向		虚线空心箭头	警戒区、双向航路、推荐航路及深水航路
3. 分隔线		宽 3 mm 的浅色线	分道通航制及分道通航制与沿岸通航带之间
4. 分隔带		各种形状的浅色带	分道通航制及分道通航制与沿岸通航带之间
5. 限制区的界限(海图术语)	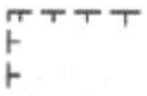	T 形组成的虚线	避航区、禁锚区以及沿岸通航带的终端
6. 海区一般界限(海图术语)		虚线	分道通航制、警戒区、双向航路及深水航路
7. 推荐航线 单向通航 双向通航	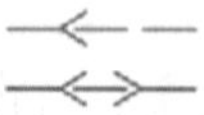	加箭头的黑色虚线	由海图出版单位确定其使用方法
8. 推荐航路	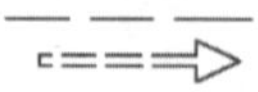	虚线及加空心箭头的虚线	推荐航路
9. 警戒区		警戒符号	警戒区

6. 船舶定线制的航线设计

1）分道通航制

国际海事组织（IMO）所推行的船舶定线制（ship's routeing system），包括分道通航制、推荐航线、双向航路、深水航路、避航区等，其分道通航制又由通航分道、分隔带或线、沿岸通航区、交通流向、环形道、警戒区等组成。除《1972 年国际海上避碰规则》第 10 条明确规定必须实施 IMO 所采用的分道通航制外，船舶定线制其他内容，目前还未明确以国际公约的形式予以确立。

除了 IMO 采用的分道通航制外，还有领海国政府机构制定的和民间组织制定的。

IMO 指定的分道通航制，属于强制执行的，有的在公海水域，也有的在领海内。

各领海国政府机构制定的分道通航制，通常先由领海国提出，而后被 IMO 所采纳，也属强制性的，其在领海或内水水域的，均已在英版海图中标出。

民间组织制定的分道通航制，主要在日本水域，纯属自愿参加的而没有强制性质，故海图上不予标示。

所谓的强制执行，是对驶入分道通航制的船舶必须遵守的推定。一般来说，船舶进入通航分道后，其安全度较高而碰撞的概率大大减小，但若有其他通道更为可行，则并非一定要驶入分道通航制不可。例如从新加坡去波斯湾的船舶，一般要驶经斯里兰卡岛南端唐德拉角（Domdla）外的北通航分道而西行，若离岸 15 n mile 以外行驶便可完全脱离规定的通航分道。

一旦决定采用分道通航制，则必须遵守有关规定。如果分道通航制是 IMO 采用的，则应遵守《1972 年国际海上避碰规则》第 10 条的规定；如该水域属于当地有关当局采用的，则应遵守有关当局的规定，但这些规定基本上与《1972 年国际海上避碰规则》第 10 条类似。

（1）沿岸通航区

若在通航分道与海峡之间设有沿岸通航区，应视其为分道通航制的一个组成部分。沿岸通航区名称中的"通航"两字并非指所有的船舶皆可通航。因此在设计航线时切勿随意将航线画入沿岸通航区内，除非起始港在此区内，或本船目的港与引航站在此区内。

（2）出入通航分道

当设计航线拟驶出或进入通航分道的端部或中段时，应与通航分道的交通流向形成尽可能小的交角，以避免在通航分道的端部，将航线画成近直角右转或近直角左转进出通航分道端部。如条件许可，转向点尽量设在离开通航分道的端部稍远的外方，如此可避免与大量进出通航分道的船舶交会，或避免与多艘船舶形成多种交会态势。

（3）通航分道内的航向

在相应的（一般是靠右侧的）通航分道内，应顺着该分道交通流向画出航线，然后量出其航向。如果为了减少转向的次数而过分地使航向与交通流向不顺，是不应当的。以空心箭矢表示的交通流向，可在海图上找到。如果通航分道呈喇叭形而航道的宽度又很大，则可采用以航线靠近一侧的界限方向或表示界限的数个航标连线方向作为航向。若航道宽度很小，则应以喇叭形航道两侧界限方向的等分线方向为航向。

（4）通航分道内的航线

一般条件下，应将航线画于通航分道的中线上。但当两对驶的通航分道仅有一线（分隔线）之隔，或只有一个很狭窄的分隔带相隔，则宜将航线置于离分隔线或分隔带稍远些，以避免与左侧来船形成紧迫局面。反之，若通航分道的左侧有很宽的分隔带或有很好的航标显示其界限，而通航分道的右侧边缘仅有海图上的一条线而无航标显示其界限，此时，为减少与右侧误入或临近本通航分道右侧的对驶船形成紧迫局面，则宜将航线稍偏向左侧的分隔带。

(5)穿越通航分道的地点选择

在画航线时，若需横穿通航分道，则应尽量以直角通过。除了靠近目的港所在之处以外，一般可选择分隔带较宽且长的区段穿越，以利本船在分隔带中有等待最佳机会直角通过通航分道。切记不宜选择通航分道的端部或附近几条通航分道的会合处、环形道或水上交通频繁的警戒区。

2)深水航路

深水航路在英版图上以 DW 表示。IMO 所采用的深水航路，主要供深吃水船或限于吃水的船舶使用，因此在海图上不但具有 DW 字样而且在航跨范围内或线上标明最小水深。该最小水深是经过精确测量的，其可靠性较他处高，故某些深水航路的水深并不大于航路以外的水深。

当深吃水船或限于吃水的船舶设计其航线时，应选择深水航路，因为深水航路不但水深可靠，而且多数深水航路配置了导航的串视导标，甚至先进的导航台站，由岸台报告你船偏离航线的数据与提供纠正方法。

若非深吃水船或非限于吃水船进入深水航路而与深吃水船或限于吃水船发生碰撞，则前者违反了《1972 年国际海上避碰规则》第 18 条的规定“应避免妨碍显示第 28 条信号的限于吃水的船舶的安全通行”。对深吃水船或限于吃水船的定义没有明确以前，就难以在深水航路与其他航路之间做出选择。目前，仅在新加坡海峡中规定吃水 15 m 或 15 m 以上者为深吃水船，但其他水域皆无明确规定，故只能以船长认为本船不行驶在深水航路是不安全的为出发点而选择深水航路。一般吃水的船在选择航路时，可不采用深水航路，但实际行驶中未发现在深水航路有深水船或限于吃水的船航行或不会妨碍它们的行动时，其他船舶也可随时驶入，除非有明文规定或设有专门的控制台、信号台，须经其批准后才能驶入。

有关深水航路的详细资料，可从 IMO 出版的《船舶定线》一书中或有关海图上查找。

3)避航区

IMO 规定了三处避航区，即法国罗契波尔内舍附近、南非奥尔法尔德浅滩附近与俄罗斯萨哈林角附近。建立避航区的目的是避免发生污染事故，保存该处的珍奇生物。避航区与禁区的不同在于，避航区在公海上或部分在公海上，而禁区在领海内，所以避航区要得到国际上的承认。

不同的避航区针对不同的船舶对象，上述三处的第一处是针对油船的，第二处是针对所有船的，第三处是针对 1000 总吨以上载油或危险品船的。

除 IMO 采纳者外，还存在有关国家政府自定的避航区。例如厄瓜多尔将科伦群岛离岸 50 n mile 以内定为生态保护区，禁止船舶通过。

有关避航区的详细资料，可以从 IMO 出版的《船舶定线》一书中或有关海图上查找。

五、沿岸航行的注意事项

在沿岸航行时，一般应注意以下问题：

1. 准确地进行航迹推算

沿岸航行可供定位的物标多，不能以此为理由不进行航迹推算工作。推算起始点应是准确的观测船位。在水流影响显著的地区,每小时确定一次推算船位;在其他海区航行,一般情况下,每 2 h 或 4 h 定位一次。为提高推算精度,应注意:对罗经和计程仪,应该利用航行中的一切机会测定其误差;沿岸航行中,潮流影响大,对潮流引起的偏航应充分认识;应通过实测求得准确的风流压差。除此之外,在平时应注意分析推算的精度,以便作为在能见度不良时航行的参考。

2. 做好定位工作

沿岸航行,如果条件许可,应每隔一定时间,运用各种方法来测定船位。沿岸航行,船速在 15 kn 以下,每 30 min 定位一次,接近危险地区或船速在 15 kn 以上,均适当缩短定位时间间隔。能见度不良情况下,应充分使用雷达和卫星导航设备进行定位。定位后,应分析定位的准确性,不应盲目信赖观测船位。船舶按单一航向航行,如所测船位正确,多个观测船位的连线应近似为一条直线,且观测船位之间的距离应与航行时间成正比关系。除此之外,还应通过一系列的观测船位,系统分析船舶偏离计划航线的情况和原因,计算实际航速。

3. 加强瞭望

船舶在海上所发生的碰撞、触礁、搁浅等安全事故,往往是船舶驾驶台值班人员对瞭望的严重疏忽而造成的。瞭望应由近及远地连续扫视水平线内的一切事物。不要忽视任何微小的异常现象。在夜间应特别注意保持“夜眼”,应尽可能地减少在海图室内逗留的时间。除了最基本的视觉瞭望以及听觉瞭望手段外,还可以使用雷达、VHF、AIS 等助航仪器和设备,对海上船舶周围出现的任何情况进行瞭望。只有充分利用这些手段保持正规的瞭望,才能做到心中有数,尽早地对海面出现的各种情况做出正确的判断。

4. 及时准确地转向

在转向前应尽可能地测得准确船位,以此推算出到达转向点的时间。要事先选择好显著易认的、转向侧正横附近的转向物标。在重要的转向点,必要时最好多选择一个转向物标,以便在转向物标因故被遮蔽不能使用时备用。要在转向前计算好转向后新航向上的罗航向。在转向时最好用小舵角逐渐地转过去。转向时应特别注意避让,因为重要的转向点,往往也是船舶的交会点。在转向后,应在海图上和航海日志中,记下转向时间、计程仪读数和船位,然后在条件许可时,应立即利用一切机会测定船位,校验转向后船舶是否在新航线上。

5. 熟记航标特征

在发现航标时,不能主观臆断。对经过的每一个航标,要核对其形状、颜色、灯质、顶标和号码等。只有在确认无疑后,才能根据它来定位和导航。不要认为灯塔灯光还没有看到,就肯定船尚未接近它。因为有可能灯塔附近有云雾遮蔽而影响其照距。对于浮动航标的灯光和位置更不能过分依赖,它很可能因故熄灭或移位,而通告还没有及时发出。

6. 按时收听航海警告,并及时地进行改正工作

应尽可能地采用新版的较大比例尺的海图。因为在大比例尺海图上,资料比较详细。海图作业应按规定进行,并要保持整齐清洁。在换图后,只要条件允许,应立即对船位进行核对。

7. 注意接收有关气象台站的气象报告和气象传真图

如发现在航路的进程中有灾害性天气,应及时果断地改变航行计划,采取避离措施,如选择有利的锚地抛锚或绕航避离。

8. 正确利用单条船位线，保证航行安全

如果有一条与计划航线平行的船位线，则可以用它来判断实际船位对计划航线的偏离。如船位线与航线垂直，则用它可以判断实际船位在推算船位的前面还是在它的后面。一般认为可以用它来校验推算航程，即使船位线与航线相交成一般角度，也可以用来缩小推算船位误差范围。若船位线是南北方向的，则可以用它确定船舶的经度；若是东西方向的，则可以用它求纬度。除此之外，单一船位线还可以用来避险、导航和测定仪器误差等。因此，不要放弃可以求船位线的一切机会。

第三节　狭水道航行

通常我们将港口、海峡、江河、岛礁区以及运河等统称为狭水道（narrow channel）。《1972年国际海上避碰规则》第9条虽属“狭水道”的航行规则，但对何谓狭水道，未做说明。从安全航行的角度来说，两艘机动船对遇行驶，如互相不沿水道的右侧航行，就不能安全通过，这样的水道可称为狭水道。例如，英国在1883年，以宽度为1.8 n mile的意大利墨西拿海峡，作为狭水道的标准。日本则以2 n mile宽的明石海峡为范例。此外，狭而不长的水道，海岸与礁石之间，系船浮筒行列之间也都是狭水道。

有些港口，在港章中规定，某些航道上的船舶航行，要受到约束，这些航道，称为特定水域狭水道。

有些特定水域，其可航宽度大于或远大于2 n mile，但因通航密度大或纵横交错航行的船舶多，整个水域也被称为狭水道水域。例如，日本的濑户内海从整体上说就属于特定水域狭水道，叫日本内海狭水道。

在狭水道内，航道狭小弯曲，多暗礁浅滩，潮流湍急，通航密集，船舶操纵困难，易生事故。为了保障安全通航，船舶必须遵守狭水道航法。

一、狭水道航行的特点

就航海条件而论，狭水道航行具有下列特点：

1. 航道狭窄弯曲，船舶活动受限

受到岸形限制，又有浅滩、礁石等航海危险物，航道往往狭窄而弯曲，船舶的活动受到很大限制。一些狭水道实施了分道通航制，如英吉利海峡、马六甲海峡等，为往来船只规定了通航分道，以利航行安全。

2. 水深浅且变化大，水流杂

除某些深水港外，大多数港口航道水深都有限制。江河入海口处的航道，容易有浅滩形成，而且浅滩的位置随季节和江河水势的差异而多有变迁，因此航道水深经常变化，航行前应掌握最新的水深资料。由于航道狭窄，受潮流影响较为显著，航道中流速大，而且流向复杂，必须研究潮流对船舶操纵的影响。航行中应掌握水流的变化规律，正确预配流压差。

3. 定位与导航目标多

狭水道两侧物标多，距离近，方位变化快，临时选择和辨认物标在时间上不允许，需航行前做到心中有数。用一般航海定位方法在速度和精度上都不能确保狭水道航行的安全，因此需确定避险线，使船舶保持在安全的航线上航行。

4. 船舶交通密集

狭水道，特别是比较重要的狭水道，来往船只频繁，避让的余地小，必须严格遵守国际海上避碰规则、港章与特定水域航行条例等航行规章，备车，备锚，加强瞭望，必要时加派瞭头，搞好应急准备，监车、监舵，采用安全航速，控制好船位，保持在计划航线上行驶。

二、狭水道航行的方法

1. 狭水道航行的准备工作

1）掌握狭水道最新资料

进入狭水道之前，必须熟悉水道附近的暗礁、浅滩、航向、距离、转向点和避险线等，并做到心中有数。狭水道中，水深和水流复杂且变化大，通过狭水道前，应查阅最新资料，获取水道最新的信息，并充分考虑资料发布之日到航行之日水深和水流可能发生的变化，注意接收航行警告，如有疑问可向有关部门询问。

2）拟定航线

拟定航线前，应根据航路指南、潮汐表的潮流图等资料，选择适合于本船的航线。一般可采用图书资料所介绍的推荐航线。在特定水域，应根据港章或特定水域航行条例，按规定航线行驶。在航行规章没有特殊规定的地方，可按照定线制的一般原则拟定航线。航线一般应设计在主航道的右侧。通过特别狭窄的短水道时，一般应沿水道的中央轴线或最狭部连线的垂直平分线航行。通过两个以上可航水道时，顺潮流，应选定弯曲的短水道；逆潮流，应选潮流弱的水道。在水道的出入口处，要求船舶在进入港界之前，尽可能在水道右侧航行；出口离开港界之后，才可以大幅度转向，接近或进出狭水道的入出口处。

3）选择通过时机

对于航道弯曲、潮流强劲的狭水道，应当根据狭水道航行经验、本船性能、天气和能见度以及航道与风流状况来选择通过时机。特别是大型船、深吃水船和空载受风面积大的船，更应慎重选择通过时机。一般选择视线好，风力轻或潮流弱的时机通过。

2. 安全通过狭水道

航行时，应当“眼观六路，耳听八方”，要注意从舷侧观察周围情况，并注意舵、车和信号，把船位控制在计划航线上航行，直至走完狭水道。倘若遇到意外情况，船位偏离安全界限时，应毫不犹豫地采取转向、减速或抛锚等措施。

1）安全部署

备车航行，备妥双锚。一旦主机或舵机故障，而环境又许可时，可抛锚控制船位。检查操舵装置处于良好状态，并备妥应急舵，以防不测。

2）认真瞭望

要加强瞭望，使瞭望不间断。有雷达的船要做连续观测。能见度不良时要加派瞭头。

3)使用安全航速

狭水道所使用的安全航速,其含义是指不发生碰撞事故的航速或港章中规定的“船舶在港内及港界附近,不能以危及他船的航速航行”的速度。因此,船舶在狭水道或船舶密集的水域中航行,所使用的安全船速,应既能保证自己不同周围的船或物标发生碰撞,又应使得本船的航行波不致危及他船的安全。

4)掌握潮流操舵

观察流的方向,逆流时把船头对着流,顺流时把船尾坐着流。下舵令时应叫舵角,不宜叫航向度数。对于狭而短的水道,应熟知“空船吃风,重船吃流”的道理,不要贻误操舵时机,尤其切忌操反舵。

3. 过浅滩航行

1)确定最小安全水深

狭水道中的江河水道,上游大量泥沙流向下游,在水道的弯曲处,或航道突然变宽,或航道出口处,由于流速突然减小,大量泥沙沉淀淤积而形成浅滩。

船舶能否安全通过浅滩,关键在于船舶的吃水。根据浅滩的水深及实际潮高来确定出发港的吃水。一般在通过浅滩之前,应根据当时船舶的吃水,再考虑安全富余水深,按下式计算出最小安全水深,与实际水深比较来确定船舶能否通过浅滩。

$$\text{最小安全水深}=\text{船舶吃水}+\text{安全富余水深} \tag{4-3-1}$$

$$\text{实际水深}=\text{海图水深}+\text{潮高} \tag{4-3-2}$$

当实际水深大于最小安全水深时,则船舶能安全通过浅滩;当实际水深小于最小安全水深时,则船舶不能通过浅滩。

过浅滩时的安全富余水深大小与下列因素有关:

(1)油水消耗减少吃水

根据本船每天油水消耗量、每厘米吃水吨数和航行天数,可按下式计算油水消耗减少吃水的厘米数:

$$\text{油水消耗减少吃水(cm)}=\frac{\text{每天油水消耗量}\times\text{航行天数}}{\text{每厘米吃水吨数}} \tag{4-3-3}$$

(2)海淡水差

船舶从海水水域驶入淡水水域,因为水的密度减小,所以吃水增加。其增加量为:

$$\text{增加吃水}=\frac{W}{\alpha}\left(\frac{\rho-\rho'}{\rho}\right) \tag{4-3-4}$$

式中:W ——排水量;

α ——在海水中每厘米吃水的排水量;

ρ ——海水密度;

ρ' ——淡水密度。

(3)横倾增加吃水

在水深有限的狭水道中航行时,要考虑横倾会增加吃水的因素。船舶发生横倾要引起一舷吃水增加,另一舷吃水减少,吃水增加量可按下式近似求得:

$$\Delta T=\frac{B\cdot\theta^{\circ}}{2\times 57.3^{\circ}} \tag{4-3-5}$$

式中：ΔT ——横倾增加吃水；

B ——船宽；

$\theta°$ ——横倾角。

(4)快速尾下坐

快速尾下坐系指船舶航行相对其停泊时吃水的变化。船舶在浅水中航行，因为船底与河底之间的距离变小，水流加快，水压降低，所以使吃水增加，其数值与船舶长度、船体线型和船速有关。我国长江南水道航行规则中估计快速尾下坐引起的吃水增加约为船速的5.2%，即船速为10 kn时，尾下坐约为0.52 m。

(5)半波高

波浪有波峰和波谷，当船处于波谷时，相当于水深减浅，通常减小半波高。

(6)保留水深

保留水深应视浅滩处潮高预报误差、海图水深测量误差和底质而定。中版《潮汐表》预报潮高误差范围为20~30 cm。一般规定海图水深低于21 m时，允许误差为0.1 m；水深在21~31 m时，允许误差为0.3 m；水深超过31 m时，允许误差为1 m。沙底、泥底或泥沙底与石底、岩石底等底质的保留水深有所不同。确定保留水深时，注意留有充分余地，一般应有0.1~0.5 m的保留水深。

2)注意事项

船舶到达浅滩以前，应调整船舶吃水，并综合考虑油水消耗及海淡水差变化引起的吃水及吃水差变化，使船舶到达浅滩时为平吃水。为使船舶安全通过浅滩，往往需要候潮，待实际水深等于或大于最小安全水深。一般通过浅滩的时机选在高潮前1 h为宜。船舶一旦搁浅，还未达到高潮，潮水还在涨，有可能自行脱浅。通过浅滩时还需控制船速，以减小船体下沉及吃水差的变化。

三、导航

在狭水道中，由于水道狭窄、航行条件复杂，使用通常的陆标定位方法，在定位准确度和定位速度上都不足以保障安全。为了解决狭水道导航的需要，在狭水道中除天然物标外，都设有必要的浮标、导标和叠标，以提供充分的连续目测导航机会。

1. 浮标导航

浮标导航实际上就是逐个通过浮标的航行方法。具体导航方法分述如下：

1)仔细拟订航行计划

应以最新版海图或蓝图为依据来确定航线。特别是大船重载更应找寻深水航道航行，不能盲目依赖浮标航行。

设有中央浮的航道，航线可画于右航道1/2宽处；也可将中央浮连线作为航线，但实际执行时仍将船驶于该连线右侧的平行线上；左舷距中央浮的距离，需视航道宽度、同向船数量、有否追越船、视程好坏及航道弯向等情况而定。设有左右侧浮标的航道，航线可设于离右侧浮标连线的1/4航道宽度处。

上海海事局规定，长江口南水道中若航道宽度大于800 m(0.43 n mile)，则需距右侧浮标370 m(0.2 n mile)；若航道宽度小于800 m(0.43 n mile)，则需在航道中线的右侧行驶。

2）及时了解水道的水深变化

用浮标标示的江河水道，水深经常发生变化，特别是当较长时间未走该水道时，进入水道前应通过代理或港方了解水深资料，防止搁浅事故。

3）熟练掌握浮标系统的特征

必须熟记各灯浮的形状、编号、颜色、顶标和灯质，以及它们之间的航向、距离、流向、流速、水深及附近危险物。在航行时，应认真核对，以免错认浮标造成事故。根据航速和前后两个浮标的距离，可以推算到达下一个灯浮的时间。如果估计应该看见的灯浮而看不见，则应该谨慎驾驶，必要时立即停车或减速，待查明原因后才能续航。

4）不要过于信赖灯浮

浮标可能受到风浪、急流冲击或船舶碰撞而发生移位或灭失，也可能因为港口冬季结冰而撤除。驾驶员应利用陆标定位，再根据船位与浮标的相互关系来确定浮标的位置；或利用位置准确的浮标转向后，根据航向来判断浮标是否正常，只有确认其位置准确无误后，方可用来导航。

5）随时掌握好船位，勿使船被压向浮标

根据流向和流速预配流压差后，船不一定能走在计划航线上。用下列方法可便于检查本船是否行驶在航道内或计划航线上：

（1）查看前后浮标法

经常观察前后浮标连线与船位的关系，当船与前后浮标连线的距离越来越近，则表明船被压向浮标；反之，则表明船离开浮标越来越远，偏离计划航线就越来越远。

（2）前标舷角变化法

随时观察浮标舷角的变化，如舷角不变或很少变化，则说明船正在压向浮标；如浮标舷角反而变小，则表明船将被压向浮标连线的另一侧。

（3）掌握浮标的正横距离

准确掌握浮标的正横距离，是判断船舶是否航行在计划航线上的重要依据。在无风流情况下，通常目视正横距离的方法有：4 点方位法和舷角航程法。如图 4-3-1 所示，A 、B 为两浮标，其间距离 AB 已知，船正横 A 浮标时，测得 B 浮标的舷角为 Q ，则通过 B 浮标的正横距离，可按下式计算：

$$BD = \frac{AB \times Q^\circ}{57.3^\circ} \tag{4-3-6}$$

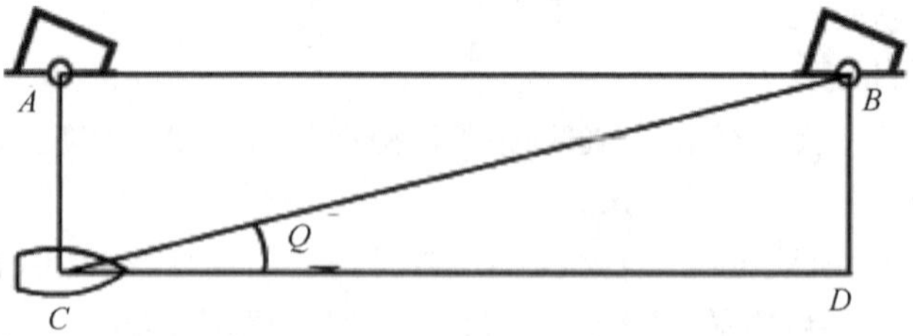

图 4-3-1

6）注意与周围船舶的安全距离

应靠航道的右侧航行，不要占据他船的航道，注意避让来往船只和捕鱼小船。尾随他船航行时，不要离前船太近，以免发生碰撞。

7）确定合适的转向时机

一般是在浮标正横时转向。如果发现浮标正横距离太近或太远时，可以利用在正横前转向或在正横后转向，以此来调整到下一个浮标的正横距离。如果发现浮标正横距离合适，在顺流时可适当提前转向；在逆流时可适当推迟转向。

2. 叠标导航

1）方位叠标导航

在许多港口和狭水道地区，为了准确地引导船舶按照推荐航线安全航行，通常均设置方位叠标。方位叠标由前后两个标志组成，离船近的标志称为前标，离船远的标志称为后标。两标志连成的直线，即为该叠标的方位线。只要船舶准确地沿叠标方位所指示的推荐航线航行，就能保证在安全航道上。

（1）导航方法

使用方位叠标导航，叠标线就是船舶的计划航线，航行中只要始终保持前后两叠标重叠，就能保证船舶航行在计划航线上。

①利用船首叠标导航，如发现前标偏左，表明船舶偏在计划航线右面（偏在叠标线右面），需要及时用小舵角操船左转（如图 4-3-2，b 位置）；如发现前标偏右，表明船舶偏在计划航线左面（偏在叠标线左面），需要及时用小舵角操船右转（如图 4-3-2，a 位置）。

②利用船尾叠标导航，如发现前标偏左，表明船舶偏在计划航线左面（偏在叠标线右面），需要及时用小舵角操船右转（如图 4-3-3，b 位置）；如发现前标偏右，表明船舶偏在计划航线右面（偏在叠标线左面），需要及时用小舵角操船左转（如图 4-3-3，a 位置）。

在有风流影响的地区利用方位叠标航行时，为了保持船舶航行在叠标线上，需要修正风流压差。

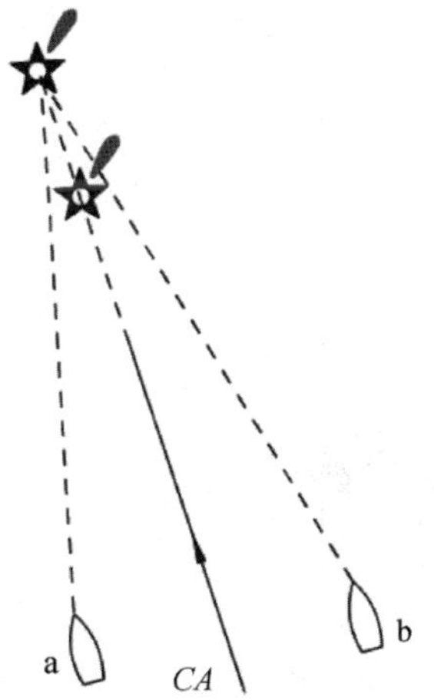

图 4-3-2

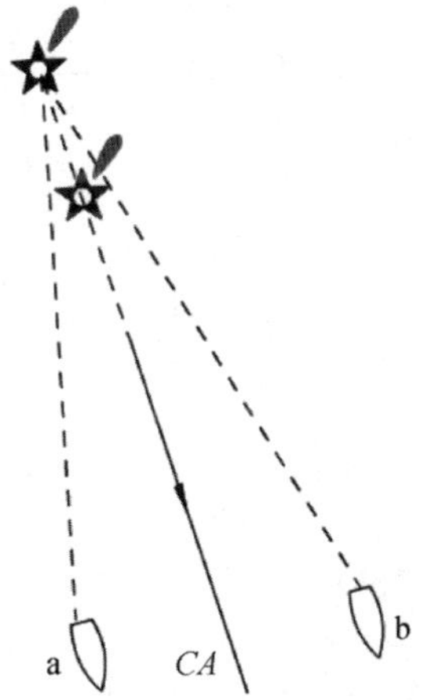

图 4-3-3

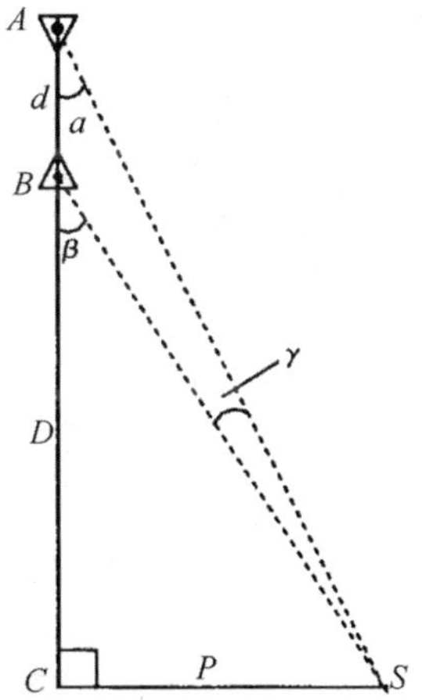

图 4-3-4

（2）叠标灵敏度

①叠标灵敏度定义

叠标灵敏度是指船上测者能够发现叠标标志错开时船舶偏开叠标线的最小距离。显然，这距离愈小，则叠标愈灵敏；距离愈大，则叠标就愈不灵敏。

②叠标灵敏度公式

如图 4-3-4 所示，AB 叠标方位线就是船舶的计划航线，当船离开叠标线发现前后标志错开时的距离 P 就是叠标灵敏度，P 小表明叠标灵敏，P 大表明叠标不灵敏。P 可按下式求得：

$$P = \frac{D(D + d)}{2d} \tag{4-3-7}$$

式中：d —— A 、B 两个标志之间的距离；

D ——船舶到前标的距离。

从式(4-3-7)可知，叠标灵敏度与两叠标标志之间的距离 d 和船到前标的距离 D 有关。d 愈大愈灵敏；而 D 愈小愈灵敏。

③选用叠标时的条件

a. 当 $D \leqslant 3d$ 时，其灵敏度可符合一般的导航要求。

b. 叠标标志应以选择细长的物标为宜，如旗杆、灯塔、烟囱、教堂尖顶或精测过的山峰。

c. 后标应比前标高，并应考虑标志和背景的亮度。

叠标除作导航外，还可以用来定位、转向、避险和测定仪器误差等。

2）雷达距离叠标导航

如图 4-3-5(a)所示，A 、B 为两个测距标志，航道轴线为 A 、B 连线的垂直平分线，当船舶 C 与两标志的距离相等，即 $D_{CA} = D_{CB}$ 时，船舶就保持在计划航线上。

航行中，利用雷达观测两测距标志，若两者的回波位于同一活动距标圈上，就可认为船舶保持在预定的航线上。如果保持活动距标圈始终与左侧标志的回波相切，若发现右侧标志的回波位于距标圈之外，则说明船舶已经偏左，应向右调整航向；若发现右侧标志的回波位于距标圈之内，则说明船舶已经偏右，应向左调整航向。

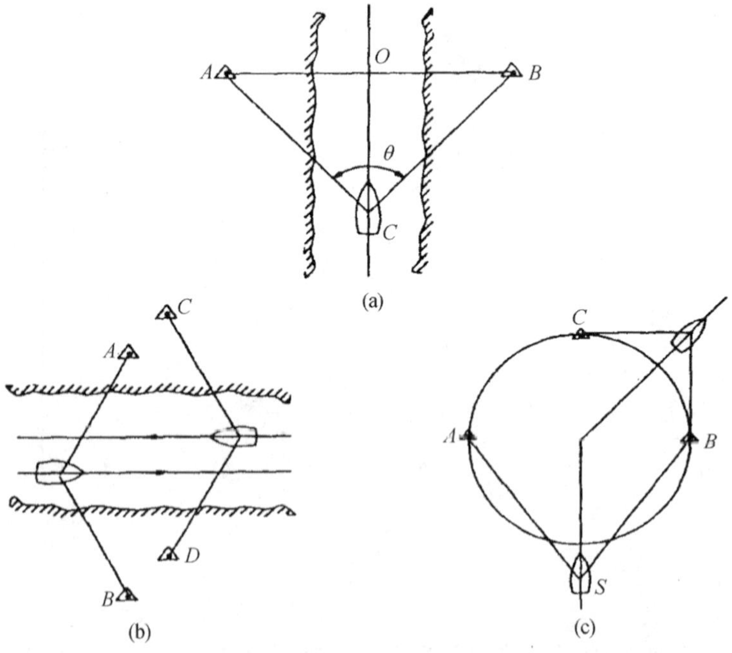

图 4-3-5

距离叠标导航，两标志间的距离越大，叠标灵敏度越高；而船与标志连线的距离越大，则灵敏度越低，当船在标志连线上时，距离叠标的灵敏度最高。

若航道中来往船只皆可同时通航，则可设两组距离叠标[如图 4-3-5(b)所示]，船舶利用叠标保持在各自的计划航线上，以利安全。在弯曲航道上，为了便于转向，可设 3 个标志组成两组距离叠标，使转向前后的导航衔接起来，如图 4-3-5(c)所示。

3. 导标导航

在曲折航道中航行，当预定的航线上没有合适的叠标可用时，可在航线的正前方或正后方选取一个在视觉或雷达上明显的物标，作为导标来导航。这时，只要使船保持对该导标的方位不变，即可安全航行在该导标所指示的计划航线上。

导标方位导航时，应事先根据海图确定所选导标的真方位，然后结合本船罗经差，换算成相应的陀罗方位或罗方位。利用航线前方导标方位导航，保持该导标实测方位始终等于事先设定的方位值，说明船舶航行在计划航线上(如图 4-3-6，c 位置)；如果在航行中发现实测的方位不断增大，则说明船向左偏离了航线，应用右舵纠正(如图 4-3-6，a 位置)；反之，如果发现方位不断变小，则表明船向右偏离了航线，应用左舵纠正(如图 4-3-6，b 位置)。利用航线后方的导标方位导航时，保持该导标实测方位始终等于事先设定的方位值，说明船舶航行在计划航线上(如图 4-3-7，c 位置)，如果在航行中发现实测的方位不断增大，则说明船向右偏离了航线，应用左舵纠正(如图 4-3-7，a 位置)；反之，如果发现方位不断变小，则表明船向左偏离了航线，应用右舵纠正(如图 4-3-7，b 位置)。

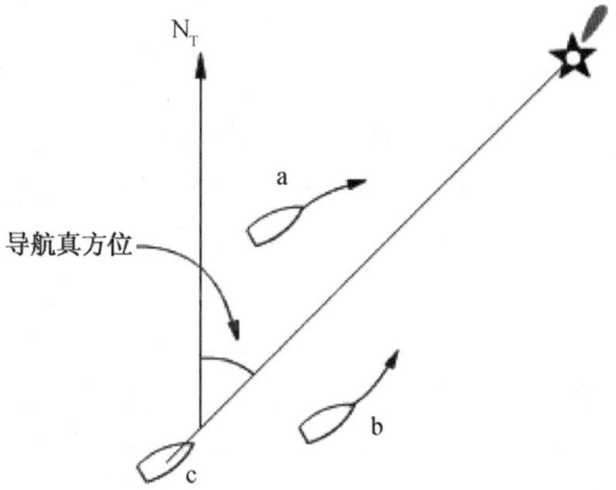

图 4-3-6

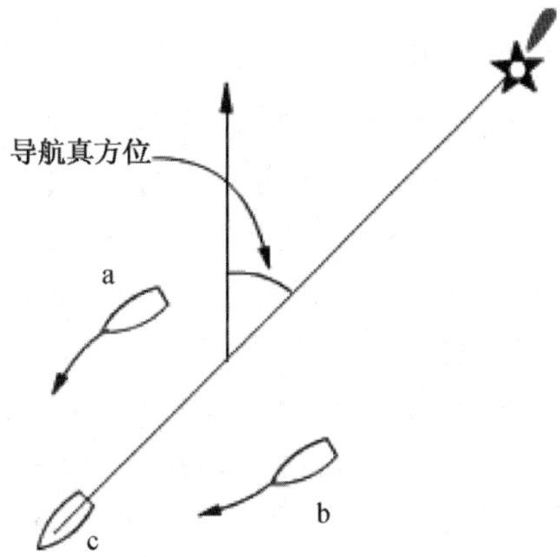

图 4-3-7

4. 平行线导航

当航线前后无合适的物标可供导航时，可借助于雷达，利用航线两侧附近的物标进行平行线导航。

平行线导航，应事先研究海图，选取离航线距离较近、回波显著、位置精确的物标。如图 4-3-8 所示，若航线右侧旁有一显著雷达目标 A，其到航线的横距为 D_A，则可将雷达电子方位线调至与原定的计划航向(假定为 010°)平行，并利用雷达活动距标圈辅助，使电子方位线与扫描中心(本船)垂直距离为 D_A。航行过程中，若目标 A 的回波一直保持与该电子方位线重合，则说明船位保持在航线上。

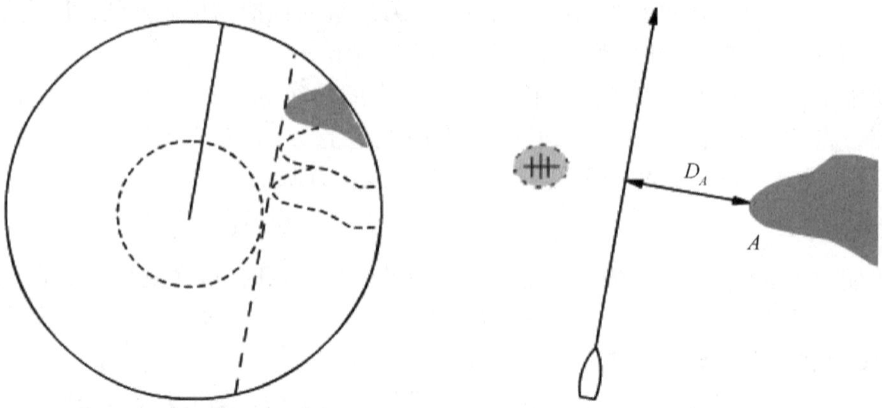

图 4-3-8

5. 使用 ARPA 导航或电子海图导航

一些 ARPA 具有作图功能,可以在雷达屏幕上绘制点、线,也可将海图上的航线移到雷达屏幕上。为了防止上述转移时的误差,须进行反复检查。谨慎的驾驶员在进入非常狭窄弯曲的航道前,将会先观察前船的航迹是否与雷达图像中的航线相符,若不符则需重新检查。

目前,DGPS 的定位达到米级精度,为狭水道导航提供了可能性,DGPS 结合电子海图是狭水道航行非常有效和可靠的导航方式,已被一些船长和引航员所使用,并取得了比较理想的效果。

6. 选择导航方法

无论选择哪一种导航方法,皆应具备以下 4 项条件:

1)导航线上须有充裕的、适合于本船吃水的水深,且无障碍物。若水深不够充裕而非经此不可,则不论是否等潮,皆应用红笔圈出在航线或附近的浅点与画出航线两侧等深线轮廓,最好能标出航道宽度;如需等潮则应另加文字说明于海图上。若水深不够(包括富余水深在内)则应放弃此导航线。

对于海图上已标出的导航线(绝大多数为两目标的串视线的一段),应尽量利用。但必须注意其线上的最浅水深与最浅水深的范围(即航道宽度),若水深大大超过本船吃水所需,则轻载船或吃水小的船为避让他船,或避免大幅度转向,或当应急时需立即锚泊,均可向导航线两侧安全水深范围内临时做适当的偏离,不必一定要保持船位于此导航线上。这就是在导航线两侧画出等深线轮廓的好处。

2)在狭水道中,导航线的航向应与航道相顺,也应尽量照顾到与急流相顺而避免横流。在宽广水域中,导航线的航向应考虑以节约燃料、缩短航程为主。

3)在导航线上航行时,发现船位偏离导航线的灵敏度应与航道的宽度相适应,即航道愈狭窄,灵敏度应愈高。

4)在导航线上航行时,应能用简单的办法直觉地、随时地察觉到船位偏离航线的方向、趋势及采用风流压差后的效果,因此导航线须处在导航设备的作用范围内,以便处于能实施上述简易办法的范围内。例如,某串视线的前后引导灯桩的照距为 3 n mile,则导航线不能设计在 3 n mile 以外。

四、避险

狭水道航行,为了避开水下危险物,确保船舶的航行安全,可以选择合适的物标作为参照,根据一定的方位、距离、水平角、垂直角和横距等相对关系来避险。

避险位置线是船舶航行在安全水域与危险水域的分界线船位线,运用它虽然不能获得准确船位,但能确保船舶行驶在安全水域。

常用的避险方法有:

1. 方位避险

为避离航线附近的危险物,如果所选避险物标与危险物的连线与计划航线平行或接近平行,可以利用方位避险线避险。

采用方位避险,应选择与危险物位于航线同一侧的显著物标作为避险物标,并根据避险物标、危险物和船舶之间的相对位置关系确定相应的避险方案:在海图上以危险物为圆心、最小安全距离为半径画圆弧;然后自避险物标作靠近航线一侧的圆弧的切线,该切线即为方位避险线;量取避险线真方位 TB_0,即为相应的避险方位。如图 4-3-9(a)所示,若所选择的避险物标与危险物位于航线的右侧,且避险物标位于危险物的前方,航行中,只要保持避险物标 M 实测真方位 $TB \geqslant TB_0$,即可安全地避开该危险物。方位避险可分为 4 种情况,如图 4-3-9 所示,其避险要求如表 4-3-1 所示。

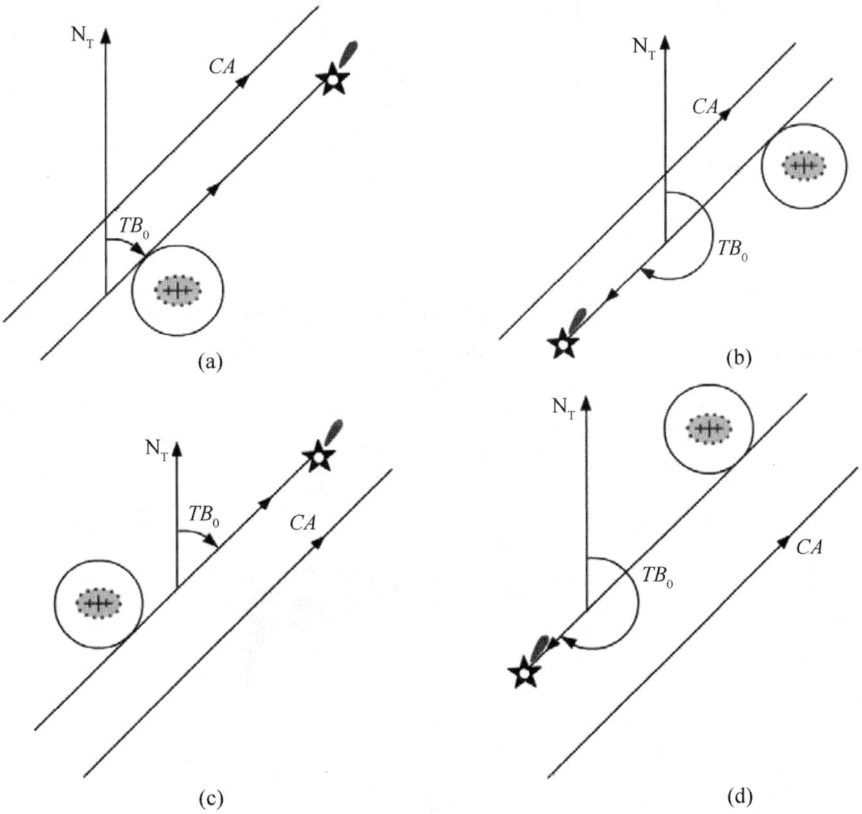

图 4-3-9

表 4-3-1

相对位置关系		避险要求
同在航线左侧	物标在危险物前方	$TB \leqslant TB_0$
	物标在危险物后方	$TB \geqslant TB_0$
同在航线右侧	物标在危险物前方	$TB \geqslant TB_0$
	物标在危险物后方	$TB \leqslant TB_0$

2. 雷达距离避险线

当所选避险物标和危险物的连线与计划航线垂直或接近垂直且避险物标和危险物在航线同一侧时，可采用距离避险线避险。

采用距离避险线避险，必须选择位于危险物同侧的避险物标。如图 4-3-10 所示，首先确定距危险物的最近距离 d，再进一步确定避险距离 D_0。航行中，保持船舶到该标的距离 $D \geqslant D_0$，即可避离该避险物标附近的危险物。雷达导航时，调整雷达活动距标圈的值为 D_0，只要避险物标的回波位于该活动距标圈之外，就可以安全地避开该危险物。

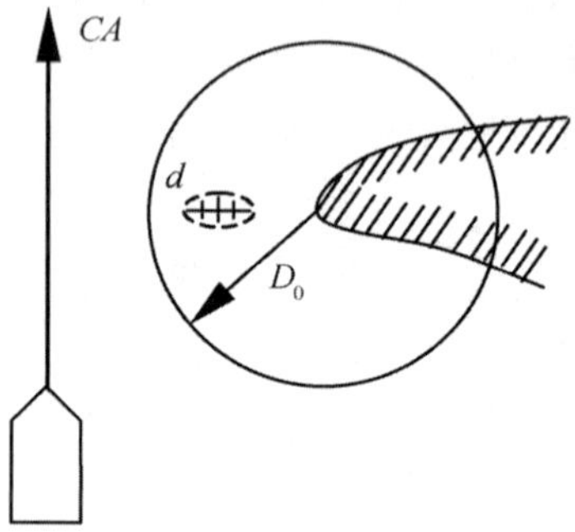

图 4-3-10

3. 垂直角避险

它是距离避险线的一种，是利用六分仪观测危险物正横方向上已知高度的物标的垂直角，求得距离避险线的。如图 4-3-11 所示，垂直危险角 α' 与物标高度 H（m）和危险距离

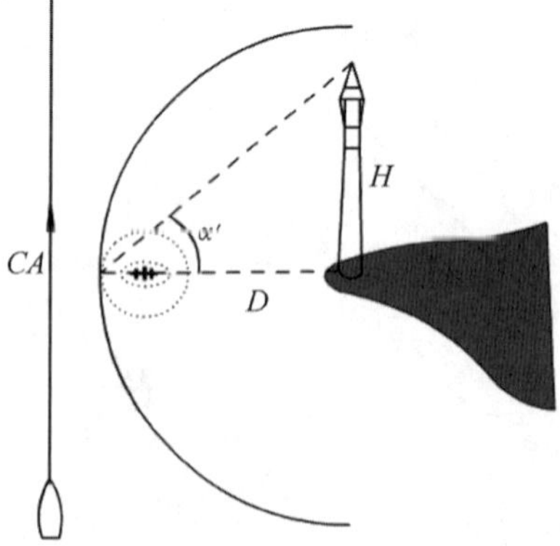

图 4-3-11

D(n mile)的关系是：

$$\alpha' = 1.856 \times \frac{H(\mathrm{m})}{D(\mathrm{n\ mile})} \tag{4-3-8}$$

航行在危险物附近时，应不断用六分仪观测物标的垂直角，当所测垂直角小于α'（物标与危险物在同舷）或大于α'（物标与危险物在异舷）时，表示船舶航行在安全水域。

4. 水平角避险

它与垂直危险角类似，是利用六分仪观测船舶正横危险物时正横方向附近（同一舷）的两个物标的水平夹角圆弧位置线，来代替距离船位圆避险线（如图4-3-12所示）。水平角β'可以在海图上连接危险水域最靠近航线的点与两个物标求得。航线接近危险物时，应不断用六分仪观测该两物标的水平角。当所测水平角小于危险水平角β'时（物标与危险物在同一舷），则表示船舶航行在安全水域。

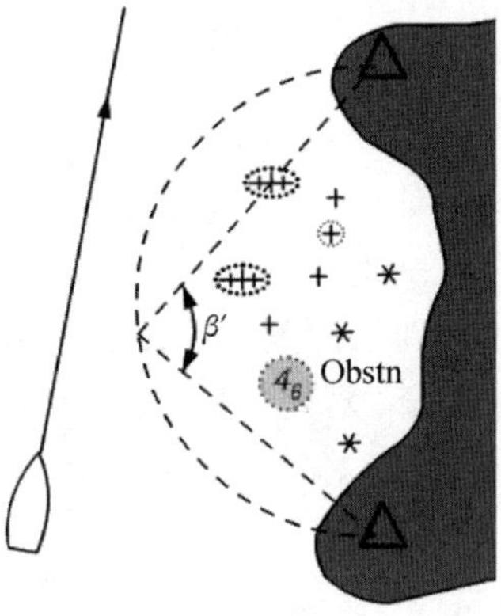

图 4-3-12

5. 利用两物标的开、关门串视避险

如图4-3-13所示，船舶在航行中为了确保对右舷礁石的避离，必须保持小岛与岬角始终"分开"，即两者有明显的错开。如果发现小岛与岬角关门，即小岛与岬角边缘开始重叠时，则表明船已进入危险，必须立即左舵离开危险。开门、关门叠标方位线比较直观准确，而且不依赖于罗经，所以它常常被用来导航和避险。其他如灯塔分色光弧和等深线等也都可以用来作为避险线。

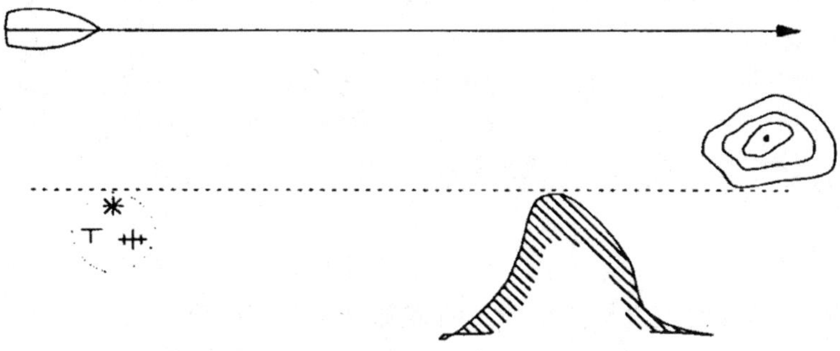

图 4-3-13

6. 平行避险线

利用航线附近的物标可进行平行线导航,也可用于平行线避险。

平行线导航,要求船舶始终行驶在计划航线上。事实上,由于船舶在航行中受避让操纵等影响,船往往不得不暂时偏离航线。如果事先根据海图确定出船舶最大偏航距离,从而进一步确定航行中船舶与所选物标之间的最大(最小)距离,再按平行线导航中所述方法设定相应的避险线,航行中保持避险物标的雷达回波始终位于该避险线安全一侧,即可确保船舶安全地通过航线附近的危险物。

六、江河航行

我国有些港口位于内河深处,船舶江海直达。例如我国的上海港、黄埔港、南京港、武汉港等,海船进出必须通过黄浦江、珠江和长江下游的江河水道。因此,要求航海人员了解江河航行的特点和有关注意事项,以确保安全航行。

1. 江河航行特点

1)航道特点

(1)航道狭窄、弯曲

江河航道与海上航道有很大的不同,深度和宽度都受到较大限制。航道一般均较狭窄,有时河面较宽,但实际可航的航道却很窄,尤其在枯水期更为显著。有的航道宽仅几十米,只能单向通航。航道多弯曲,航行中必须频繁转向,或由沿江河的一侧岸边转而沿另一侧岸边航行。

(2)水流变化大

江河中的水流分布不均匀,流速和流向与季节、河道深度和宽度及其走向等有关。洪水季节,在河道窄而河槽坡度大的地方,流速很大;而枯水期和河道较宽的地方,流速则较小。一般在直航道中央流速大,两侧流速小。在弯曲的航道中,凸岸流速较小,凹岸流速较大,流向一般与航道中央线平行;沿岸可能形成回流,流向与主航道流向相反。受潮流影响的河段,落潮比涨潮时流速大。

(3)航道变迁大

江河水位变化大,有的地方洪水期和枯水期水位相差可达十余米。由于洪水的冲刷和泥沙的沉淀,使岸形和航道的宽度、深度经常发生变化,甚至整个航道的位置发生变迁,有时年年有变,有时一年数变。

江河航道河槽变迁和水位涨落都对船舶航行有较大的影响。在有高架桥或过江架空电缆的江河中航行,还要了解江河最高水位时的净空高度。一般要求船的最高点与桥梁或架空电线的最低点之间,有不小于 1.5 m 的剩余高度。

2)航行特点

(1)根据江河航道的特点,显然在江河中航行不能像在海上那样,通过测定船位,进行海图作业来引导船舶航行,而主要是依据能及时准确反映航道情况的由人工设置的航标导航。

(2)海船驶入江河航道,由于浅水中兴波阻力的增加,将会降低航速。在浅水中航行,当达到船体阻力急剧增加的航速时,虽然再增加主机转速,亦不能按正常比例增加航速。这就是船舶从深水进入浅水时,航速会突然下降的原因。

(3)在浅水区航行,由于通过船底的流速增加,水压减少,使船舶吃水增加;船自海上驶入江河,水的密度发生变化,亦会相应地增加吃水,因此在浅水区航行,有时会发生舵效降低或失灵的现象。

(4)在船舶两舷侧水深不同的水域航行时,由于浅水侧船首前方水位抬高较难扩散,使船首受水压力作用有向深水一侧偏转的现象,而在船中后,由于浅水侧流速大、水压小,对船后产生吸引作用,因此也增加了船头找浅水的偏转作用。

(5)由于江河航道的特点,船舶容易发生船吸现象。

2. 江河航行注意事项

1)江河航行时,对江河航行图不宜过于信赖,必须取得最新的有关资料,加以研究补充,即使有引航员在船时,亦不能解除船长、驾驶员应负的责任。

2)在江河航行时,首先要全面熟悉航道、航标、岸形、水深、水流、气象因素等航行条件,结合本船特点,确定航线。可事先将航线、航向、等深线、重要物标等画在江河航用图册上,便于随时查阅核对。熟记各段航线的航向、航程、重要导航物标的特征等。特别注意弯曲航道、浅滩、急流等困难航段。

3)要遵守避碰规则和有关的地方规则,控制航速,加强瞭望,必要时备车备锚。

4)利用浮标导航时,正横一个浮标后,力求及早发现下一个浮标,注意风流的影响,勿使船压向浮标。

七、岛礁区航行

岛礁区航行(navigating in rocky water)是指在沿岸岛屿之间的内水道和热带珊瑚岛附近水域内的航行。由于珊瑚礁区的海流和潮流复杂,又是热带低气压的发源地,这些海区的测量不充分,航海资料缺乏,航标较少,水深 100 m 内未经扫海的地区,多有不明暗礁存在,触礁和搁浅事故较多。在珊瑚礁搁浅船底破损大,加上波浪冲击,破损会越来越严重,并难于救助,后果严重。因此,在岛礁区航行主要是指在珊瑚礁区航行。

1. 珊瑚礁区的特点

珊瑚礁区是在热带或亚热带海域,以珊瑚为主体,加上沙、贝壳和藻类等沉积物而生成的石灰质礁岩群或低矮的小岛群。我国的南沙群岛、西沙群岛、中沙群岛和东沙群岛,以及澳大利亚东北海岸的珊瑚海,均属著名的珊瑚礁海区。

1)珊瑚礁的种类

珊瑚礁的形状复杂,有的是由几种礁混合组成,大体可分为以下 4 种:

(1)海岸礁

海岸礁是围绕岛四周岸边生成的珊瑚礁,还有海岸的一部分生成的围裙礁。

(2)堡礁

堡礁是在中心岛的周围,有一个如防波堤状的珊瑚礁。中心岛的礁叫内礁,外围的礁叫外礁,其间的水域叫礁湖。礁湖是因淡水冲淡盐分妨碍珊瑚虫的生长而成的,其内水面平静,没有强潮流,水深一般为 40~60 m。底质多是沙或珊瑚,抓力不好,抛锚时须松出足够长的锚链。从外海通向礁湖的水道通常不止一条,常在中心岛河流出口处的地方形成。水道处潮流强劲,外海涌浪影响大,船舶需等涌浪平息,水深充裕时,方可进湖。

(3)环礁

环状没有中心岛的珊瑚礁为环礁,如图 4-3-14(a)所示。礁湖的底部大部分是平坦的,水深 20~30 m。在外围礁脉的小岛上生长着茂密的椰林。珊瑚小岛是由于风浪潮流把小石、沙砾和贝壳等堆积在礁脉上而成的。小岛外围,像防波堤一样围着砾块,其高度大约高于水面 3 m,是小岛最高的地方。内侧则是掺杂许多贝壳的沙丘,中间多是低洼湿地、椰林丛生。

(4)桌礁

桌礁是底座在海底,上部露出水面的桌形珊瑚礁,其外围长 3~9 km,好像远海中的孤岛,如图 4-3-14(b)所示。岛的中心是沼地或湿地,外缘坡度很陡。

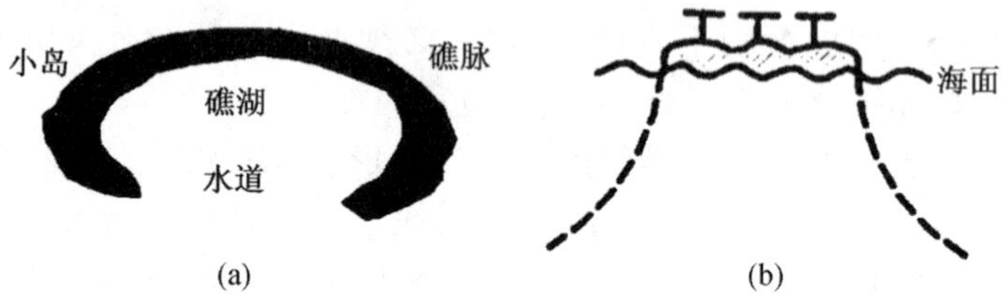

图 4-3-14

2)珊瑚礁区的特点

(1)没有显著的物标

珊瑚礁大都是干出礁,珊瑚岛大多数比较低矮,岛上长着繁茂的椰树林和红树林。在眼高 10 m 时,即使是在能见度良好没有树的小岛仅能看 6 n mile,有树时可看 12~14 n mile。在白天能见度良好时,雷达还不如目视看得远。

(2)水深变化大、水流复杂

珊瑚礁壁陡峭,虽离礁很近,但水深却非常深。一般离礁 1500~2000 m,水深有 800 m;离礁 3000 m,水深有 1000 m。有的桌礁离它 800 m 处,水深就有 800 m。即使在水深 1500 m 的珊瑚礁区航行,也并不能认为船离礁很远、很安全,可能水深突然变浅而在不远处触礁。

珊瑚礁区海底崎岖,海流未经精测,而且受季风和潮流影响,流向流速经常发生变动,使礁区水流变化比较复杂。

(3)浅水的礁盘的特征

①礁盘所在的水天线附近,天空常有反光。晴天该处水天线及其上空比别处明亮。若其上空适有白云,在云底呈淡青色。这种反光在面向太阳时不易看出,在背向太阳时比较明显。如注意观察,距离 10 n mile 左右即可发现。

②稍有风浪,礁盘边缘即起白浪。上风方向望去特别明显。能见度良好时,距离 4~5 n mile即可看到沿礁边缘呈一长条滚滚白浪。

③礁盘上水呈青绿色,礁盘边缘浅水区呈浅蓝色,与周围海水颜色有明显不同。船舶只要不接近变色海水就无危险。此种大片变色海水,在白天距离 3~4 n mile 即可见。

④有些礁盘上有沉船可供辨认;有些礁盘内有渔船进行捕捞,看到时应引起注意。

2. 珊瑚礁区的航行方法

在珊瑚礁区航行,应选用最新版的大比例尺海图,并应按照航海通告及时改正。英版海图里水深和岛高的单位要注意是否一致。事前要做好各种准备,根据海流、潮流、风向、风力和天气条件,选定正确的航线。航线尽量选在测深点上,特别是要注意在珊瑚海发生在 12 月到次年 3 月的西进气旋。

1）随时掌握准确的船位

礁区航行，因缺乏航行资料，导航设施少，海图标识的礁区物标可能存在较大的误差，因此如无准确船位而盲目接近礁区是非常危险的。应利用礁区特点，采取一切可利用的手段获得准确船位。

（1）无线电仪器定位

礁区航行，首先要充分发挥无线电助航仪器的作用，由于长时间看不到陆标，船上必须配备非常可靠和精良的设备。GPS、罗兰 C、雷达等现代电子仪器是礁区航行定位的主要手段，要分析仪器本身的特点和准确度，来判明船位的准确程度。

（2）天文定位

除无线电助航仪器定位之外，天文定位也是礁区定位的重要手段，应抓紧时机观测天体定位。礁区航行的天文定位应掌握与其他海区的不同点。

由于热带海面空气澄清，折光现象甚弱，晨昏蒙影是观测天体的良好时机，非常有利于天文定位。但在低纬度，赤纬圈几乎和地平圈垂直，所以日没时，太阳很快就隐没在地平圈下，故昏影时间很短，因此，观测一定要抓住时机。

低纬度海面的大气清澈，白天金星可见，只要金星和太阳有一定夹角，便可以采用观测太阳和金星的方法测定船位。

热带海域的日出没前后，往往多云，看不清水天线，要注意勿把云误认为水天线。但月明之夜，低纬度水天线的清晰度和日出没前后状态大体相同，几乎大部分夜间都可观测天体定位。

（3）观测地面物标

由于热带海域的海图多是小比例尺，图上的珊瑚礁位置未经精测，误差有的可达 3 n mile 之多，因此陆测船位应非常慎重，只能作为参考。

礁区岛屿的高度多数很低，岛上或岸上的红树林会发生变化，使用的海图如是早年测量的，现在的岸线可能已经变化，方位定位只能参考。由于热带植物生长很快，小岛外形因而变化也很快。这是珊瑚岛的一个特点。

2）珊瑚礁区航行注意事项

（1）加强瞭望。应派有经验的人员，在船舶的尽可能高处进行瞭望。当有微波时，珊瑚礁被淹没的浅滩上，会出现和周围不同的特殊波纹，很远就能发现水面下 5～7 m 的暗礁。满月晴夜时，能够发现岛屿的距离和白天相同，海岸或礁旁有浪花时，即使在暗夜 500 m 远也能发现。水天线附近，岛屿和乌云要区别清楚，满天乌云时比满天白云时容易发现水面下的珊瑚礁。移动迟缓的前方云影，不要误认为浅滩。

（2）航线离礁距离至少 6 n mile 以上，不可为了测定船位的方便，而过分向岛屿或珊瑚礁接近。必须接近礁区时，要先熟悉其环境和珊瑚礁特性。礁在正横前方，可直线驶达，并用准确船位验明风流影响下的偏位。在预定的能见距离内，还没有发现物标时，应立即慢车或停车，尽快确定船位，在能见度不良的条件下，要谨慎慢速行驶。

（3）通过礁间水道应选在两礁间最窄处的小岛连接线的垂直平分线上通过，这样可以较短的时间走在最深水域。通过礁区的时间最好选在白天、低潮背向太阳时。强风时，应在礁的下风通过，南北赤道海流区大致都是西流，在礁西侧通过较安全。当遇到暴风雨时，须在入口附近等待天气转好再通过。

第四节　特殊环境中航行

一、雾中航行

航海上，将能见度不良情况下的航行称为雾中航行。《1972 年国际海上避碰规则》对“能见度不良”一词有明确的定义，能见度不良是指任何由于雾、霾、下雪、暴风雨、沙暴或任何其他类似原因而使能见度受到限制的情况。航海上将海面能见度划分为 0~9 共 10 个等级，能见度好等级大，能见度差等级小。在海面能见度等级表中，“能见度不良”的能见距离为 0.5~1.0 n mile。

雾航的首要特点是能见度不良，视线受到限制。对于相遇船只的避让，由于不能及时发现和辨明其动向，因而造成紧迫局面或紧迫危险；另外，由于不能及时发现物标和航标，因而也影响沿岸航行的定位和导航；再加上雾航时使用安全航速，使推算航速和航程的准确性受到很大的影响，风流对船舶的影响也相应增大，因此稍有疏忽，就会发生碰撞、搁浅或触礁事故。

1. 船舶进入雾区前的措施

1) 发现雾来袭时

(1) 当发现有使能见度显著减小的雾、霾、雨或雪的征兆时，值班驾驶员应立即报告船长，并通知机舱备车，船长得悉应尽快放下其他工作上驾驶台。

(2) 值班驾驶员应以能见到的陆上物标，马上求出最后的实测船位，记下时间和计程仪读数，并对附近他船，记下其位置、种类和动向。

(3) 用自动操舵的船舶，应改用人工操舵，空班水手加强瞭望。

(4) 施放雾笛、开启雷达。白天打开规定的号灯，以利他船对我船的识别。

(5) 在船舶密集的狭水道中，应关闭水密门，并做好随时择地抛锚的准备。

2) 接近雾区时

(1) 主机备妥后便采取适合当时情况的安全航速航行。

(2) 虽本船附近无雾，但在接近前方雾区或侧边雾区极为接近时，或听到侧边雾区传来他船雾号时本船仍应施放雾号。

2. 雾中瞭望

航行安全，首先依靠瞭望。现代船舶吨位大、速度快，前甲板遮蔽物多，瞭望显得更加重要。雾中加强瞭望是一项非常重要的工作。瞭望的含义应包括视觉、听觉以及适合当时环境和情况下一切有效的手段，保持正规的瞭望以便对局面和碰撞危险做出充分的估计。

瞭望人员要有高度的责任心，视觉、听觉好，有海上工作经验，熟悉瞭望制度和规定，能够熟练传递瞭望信息。为识别低小的物标、灯光和听取微弱的声号，船头应安排瞭头。在狭水道或港内航行中，为观察追越船的动向，可在船尾安排瞭尾。凡不在驾驶台瞭望的人员都应持有对讲机，随时向驾驶台报告情况。

1）视觉和听觉瞭望

（1）视觉瞭望

当熟悉的陆影突然在雾中出现时，应仔细辨认，不要认错。发现可疑的陆影，应停车或倒车。在预定方向发现物标，虽是看到了，也不应匆忙断定。特别是在雾天或雪天，灯塔的强光会被雾雪吸收或散乱，射程大大减小，对灯塔的灯光，一定要核对其灯质。在看到陆岸之前，能够在淡白色的雾中首先发现波浪拍岸的浪花和响声。雾散后，在近距离发现岛屿时，若对它有疑问，应马上停车，等查明船位后，再继续航行。

（2）听觉瞭望

能见度良好的时候，陆标和船舶一目了然。但在能见度受到限制的情况下，就只能依靠听取音响信号来代替眼睛的辨认。

首先停止甲板上的敲击和响动，保持肃静。必要时停车，减少机器与风浪的噪声，便于倾听。本船鸣放雾中声号的间隔不要过密。如果近岸有峭壁，可用号笛的回声来概略地判断方向。岸上的嘈杂声音，或特殊气味，都可用来作为判断船位的参数。充分掌握有关音响信号方面的知识。雾航中听到雾号和雾笛时，应立即辨别其方位、距离，分析周围情况和在航形势，确定自己的行动或采取避让措施。

2）雷达瞭望

（1）雷达必须由熟练人员按操作规程使用。

（2）一般船上配有两台雷达可全部打开，分别置于近距离和中距离的距离挡进行远近配合观测标绘。当船上装有 ARPA 设备时应开启使用。

（3）当无回波时，须检查雷达工作状态，提高接收灵敏度。由于电波是直射的，故当所测物标被其他物标挡住时，就没有回波出现。远距离陆标的映像和海图标注往往不完全吻合。

（4）波浪高时，为防漏掉回波弱的物标，须调整接收机灵敏度。正横前的物标，尽可能由远处测，以防相对位置变化快，观测不准确而贻误避让时机。

（5）对他船回波做雷达标绘，求出其航向与航速。他船的回波向显示器中心快速接近，而方位变化不大或无变化，则有碰撞危险。

3. 雾中航行

1）使用安全航速

在雾中航行，航速过大易发生碰撞事故；航速过小，受风流漂移也易发生搁浅事故。决定雾中合适的安全航速是极为重要的。雾航必须随时估计视距，因为它是执行安全航速的依据。一般可以用通过物标（如浮标）的时间，到其在雾中消失的时间间隔来估算，也可以用推算下一个物标在什么时候会被看到来加以估算。

一般认为，安全航速是指使船舶在使用所有手段进行瞭望和避让的过程中不致发生任何事故的速度。对备有可使用雷达的船舶应根据以下几点来考虑安全航速：

（1）熟悉雷达特性、效能和性能的局限性；

（2）正确使用雷达来判断碰撞危险；

（3）海况、天气和其他原因干扰对雷达探测物标的影响；

（4）雷达对小船、浮冰和其他漂浮物等的反射能力差；

（5）雷达探测到的船舶位置和动态。

2)谨慎驾驶船舶

雾航的安全依赖于平时对航行经验的积累和记录。例如对各种助航仪器误差的掌握,对在各种条件下推算误差范围的了解,以及对水流资料的掌握等。雾中谨慎驾驶船舶、正确执行航行规则是雾航安全的最重要措施。除去保持正规的瞭望外,目前最常用的就是使用雷达或ARPA进行观测、作图,并做出正确的判断。同时,应正确地利用甚高频无线电话(VHF)进行呼叫,与他船相互通报协调进行避让。

(1)警惕正横前的雾号

由于声音的非直线性传播,特别在声源附近可能发生折射、跳跃等不规则现象,使得接收到雾号会产生方向和距离的偏差,因此,当听到正横前有雾号,但不能判定碰撞危险是否存在时,应立即停车,切忌盲目转向,必要时倒车把船完全停住,以便有时间弄清来船的情况,为采取避让行动做好充分准备。总之,听到他船雾号之后,应极其小心,谨慎驾驶,直到碰撞危险完全过去为止。

(2)雾中两船互见

在正横前突然看到(视觉)他船轮廓或号灯,应做紧迫危险处理,采取适合当时环境和情况下有效的紧急措施,并鸣放或显示相应的互见声号或灯号。

(3)对备有可使用的雷达的船舶

凭雷达观测到他船后,应连续进行扫描观测,以便及早判定是否正在形成紧迫局面和存在碰撞危险。如有危险,应及早地采取避让行动。这种行动包括转向,但应尽可能避免如下两点:

①除对被追越船外,对正横前的船舶采取向左转向;

②对正横或正横后的船舶采取朝着他转向。

(4)详细记录航海日志

雾航中应在航海日志上详细记录有关情况及采取的措施和时间。例如:何时进入雾区;何时施放雾号、备车、减速、派瞭头(包括姓名);何时启动雷达监视他船雾号的方向、运用车舵避让措施等。这些都是雾航中重要的原始记录,必须及时、准确、详细记载,同时也是判断雾航操纵是否正确的重要参考资料。一旦发生海事,便可从航海日志的记载中了解情况,分析造成海事的原因和各方的责任,有助于做出符合实际的判断和处理,从而吸取有益的经验教训。

4. 测深辨位

雾航的定位方法,主要是运用各种无线电仪器定位,特别是卫导、罗兰C、雷达等定位。但在接近海岸时利用测深辨位,对雾航的安全是有很大参考价值的。

1)透明纸法

在海图上推算船位附近,沿推算航线方向量出两个水深点之间的大概距离。根据本船航速计算出两个水深点间所需之航行时间,以确定每隔多少时间测深1次。连续多次(5次以上)测深,记下每一次测深的时间、计程仪读数和水深数据,并将测得的水深改正到相对于海图深度基准面的海图水深:

$$\text{海图水深}=\text{测深仪读数}+\text{吃水}-\text{潮高}$$

然后在透明纸上,按与海图比例尺,画出计划航线和各次测深时的推算船位,并将改正潮高后的水深标注在相应的推算船位附近。将透明纸放在海图上计划航线的区域内与计划航线保持平行移动,直到透明纸上的各个水深点与海图上相应的水深点大体一致时为止。这时,最后一个水深点的位置，就是最后一次测深时的大概船位。

利用这种测深辨位方法的准确性，取决于测深的准确性和改正潮高的准确性、海图水深点的位置及其深度的准确性，以及计划航线上水深的变化情况。如果水深变化显著而且均匀，也就是计划航线与等深线的交角比较大（计划航线与等深线垂直）时，用这种方法求得的船位就比较准确。如果水深变化不明显，或者水深急剧变化又不规则时，船位准确性就较差。

2）特殊水深法

有的海区水深变化有某种特殊规律，这时可以利用这种变化规律选择航线，并利用连续测深判定船位是否在计划航线上或某一区域内航行（如图 4-4-1 所示）。在我国苏北沿海，20 m 等深线以内多沉船、暗礁，30 m 等深线以外，则距岸太远，用雷达也不易发现长江口附近的重要物标——佘山。因此，由北向南行驶的船舶，通常将航线选择在 20 m 与 30 m 等深线之间，直至发现佘山为止。

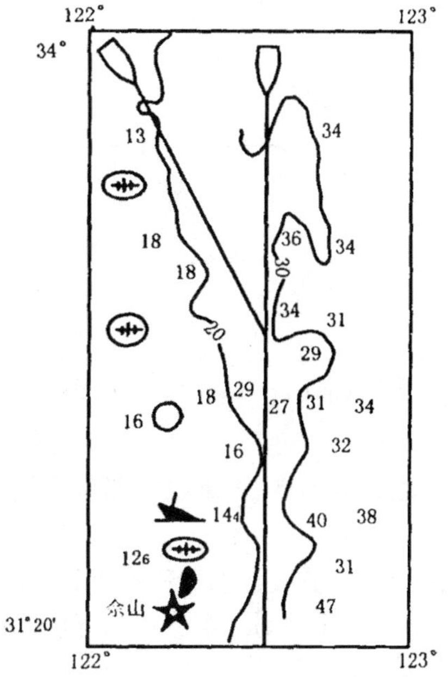

图 4-4-1

沿岸还有某些特殊水深区，如小片浅滩、沿岸的深沟、水下沙埂，或近岸浅水区附近的等深线等，那里的水深与周围的水深有较显著的差异。这样当船舶驶近该地区时，可以提前连续不断地测深，去寻找这些特殊水深点，一旦测得这样的特殊水深时，大概船位就可以知道了。

3）等深线的使用

（1）利用等深线避险

沿岸航行选择航线与等深线平行，如小船以 10 m 等深线为警戒线。船舶在航行中，只要测得的水深始终大于该水深，即可保证避开沿岸的浅滩、暗礁、沉船等危险物。

（2）利用等深线判断离岸距离（导航）

当船舶由外海驶近陆地时，航线往往与等深线垂直，各条等深线与岸的距离可在海图上量出。因此，可根据测得的水深来判断离岸距离，适时减速，与其他方法相配合，引导船舶驶近港口。

（3）利用等深线缩小概率航迹区

船舶在雾中航行，一般推算船位的误差比较大，即概率航迹区比较大，可利用与等深线相交的机会缩小概率航迹区。如图 4-4-2 所示，*ABCD* 表示推算船位概率航迹区，若船舶沿 *TC* 航线航行并与等深线相交，当测得与 20 m 等深线相符的水深时，即可缩小东西方向的概率航迹区变成新的 *abcd* 的概率航迹区。

5. 逐点航法

1）定义

逐点航法：雾中航行，航线被拟定由一个物标正对着下一个物标，航行时应根据实际航速预计到达下一个物标的时间，也就是将原来较长的直航线改成若干段短航线，各段短航线的转向点选择在物标附近。

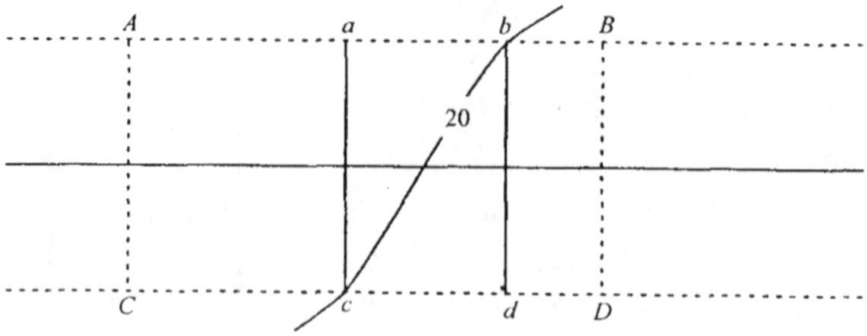

图 4-4-2

2)优点和缺点

(1)优点

在能见度不良、较难测得船位的情况下,能够不断地控制、缩小推算误差。

(2)缺点

由于逐点航法必须故意接近物标,这样在雾航中可能发生危险。因此,转向点的设置不可与物标太近,并时刻注意瞭望,如到预计时间后不能发现物标,应谨慎航行甚至抛锚待航,切记不可盲目航行。

二、冰区航行

冰对航海的影响是很大的。所谓冰区航行(ice navigation),是指船舶进出冰封的港口或海湾,或在有大量的浮冰甚至冰山的水域航行。在冰区航行,对船舶操纵、航行定位和确保安全航行,都造成相当的困难。我国沿海每年 11 月~次年 4 月,由于受西伯利亚寒流的高压影响,气温大大降低。在营口冬季会结冰封港, 新港在 1~2 月也经常发生严重冰冻现象,在渤海湾内也可能发现有漂浮的冰块。因此,冬季航行渤海湾的船只,必须事先做好冰区航行的准备工作。

远洋船舶在高纬度航行时,应特别注意浮冰和冰山的活动情况,尤其是 3~7 月航行在北大西洋时,要充分分析有关的冰情资料,密切注意国际冰山巡逻队的冰情报告,以便及时避离冰山和浮冰。

1. 接近冰区的预兆

冬季在高纬度航行,除查阅有关冰情资料、收看冰情传真图和收听冰情预报外,还可根据下列预兆判断冰区的到来。

1)望见冰光,就可证实有海冰存在。日光照射在有冰水域的上空呈黄白色,下部明亮,上部暗淡。白天当天空有云时黄色消失,在云层底部呈白色,无冰水域或陆地上空呈灰色。

2)在冰区的边缘往往出现薄雾带。

3)连续测试表层海水温度,水温剧降可预示接近海冰。当水温为+1 ℃时,海冰边缘已在 100~150 n mile 之内,水温在-0.5 ℃时,则距冰缘约 50 n mile,但航经寒流时除外。

4)如上风方向无陆地时,波浪突然减弱,波高 2~3 m 的波浪,在距冰区 1000 m 之内时,便会明显消失。

5)附近没有陆地,但有海狮、海豹或海鸟等动物出没。

6)发现异常折光现象,说明远处有海冰存在。

7)在冰群周围,有冰片或碎冰先漂流出来。

8)冰山崩解或冰块破裂堕海,会发出巨响。浮冰在风浪中可能发出挤压声。

9)本船发出的汽笛声,因冰山的存在会有回声,海浪打击冰山有浪花声。

2. 导航设备的使用

在冰区航行,对导航设备的使用也要给予特别的注意,下面介绍几种常见导航设备在冰区的使用注意事项,供大家参考。

1)罗经

无论磁罗经还是陀螺罗经,在冰区均应采取防冻措施。

(1)标准磁罗经、船尾露天应急舵磁罗经(如有),罗经柜内照明灯泡常开,柜外帆布套扎紧。

(2)室外陀螺罗经复示器、转速表复示器、舵角指示器内的照明灯泡不论昼夜保持常开。

2)测深仪、计程仪

(1)回声测深仪

①冰区航行,回声测深仪应连续工作,以探测接近浅水区的征兆。

②在有些测深完整的海区,可根据测深来判断船位和冰的偏移情况,船舶航行在这些区域时,应利用每次被迫停船的时机测定水深。

③在流冰地区,由于船底流冰或船体噪声的影响,回声测深仪的扫描线可能消失,必要时,船舶应减速后再进行测深。

(2)船用计程仪

冰区航行,若有流冰的影响,计程仪难以测出准确的航速、航程。因此,雷达、ECDIS 等仪器设备最好不要采用计程仪作为航速的信息源,可采用 DGPS 作为航速信息源。

3)雷达

(1)雷达观测冰

雷达是观测冰的最有效设备。但在不同海况和天气条件下,探测不同特征的浮冰块的能力也存在一定局限性。在实际使用中,应谨慎仔细辨识,避免过分自信。总之,不能只依靠雷达探测冰,特别是冰川冰。当使用雷达识别浮冰块时,雷达使用和设定应注意以下事项:

①船舶独立航行时,应同时开启 10 cm S 波段雷达和 3 cm X 波段雷达。其中 S 波段雷达用于较远距离冰目标的探测,设置量程在 12 或 24 n mile;X 波段雷达用于近距离冰目标的探测,设置量程在 3 或 6 n mile。在非常密集、流速快或平滑海冰的情况下,X 波段雷达有较强的目标识别能力,更适合发现和追踪冰的走向。在开敞水域探测冰存在,S 波段雷达具有更好的海浪抑制效果,并具有更好的识别冰山效果。

②破冰船护航时,启用 X 波段雷达显示前部图像,同时用 S 波段雷达显示后部图像,结合使用最好。

③雷达探测冰山的概略距离:

大冰山:15~20 n mile;　中小冰山:5~10 n mile;　碎冰山:2~3 n mile;

冰葫芦:2 n mile;　密集的流冰带:5~6 n mile;　冰脊:3~4 n mile。

④冰脊在雷达中显示突出,但其外侧的阴影易被误认为冰中的通道。大冰山后面的雷达阴影也易被误认为水道,但这种“水道”的边缘更平直。

⑤冰山回波容易淹没在海浪杂波中,驾驶员应注意随时谨慎调整 STC。

⑥驾驶员应注意雷达的船首方向是否存在阴影扇形区或盲区，减弱雷达的探测能力。

⑦雷达观测冰况应注意如下事项：雷达屏幕上未显示有冰，并不表示附近一定没有冰的危险；船舶航行在预测到的浮冰附近时，雷达因为盲区会大大降低检测到冰的可能性。

⑧雷达的 ARPA 功能在冰覆盖区一般不可用，因为被标绘的跟踪物标常常丢失。

⑨在冰区，判断是否存在碰撞危险的最好信息源是 AIS 而不是雷达。

⑩在冰区尽可能使用所配备的增强型雷达（如配备）。增强型雷达更能清晰地分辨岸线，能在更远距离探测到冰山，更有利于辨识冰的特征。

（2）冰区雷达定位

①在冰区，电磁波易发生分折射，减小雷达的观测距离，发生严重分折射时，本来在海面雷达探测地平之内的物标也可能探测不到。

②在冰区航行，由于冰影响了岸线的轮廓使得雷达定位不准确，因此，应尽可能地利用雷达观测 Racon 来进行定位。

4）卫星导航设备

GPS、GLONASS、北斗等卫星导航系统在冰区可正常定位。

3. 冰区航行

1）冰区航行的各项准备工作

接受冰区航行任务后，应做好充分准备，以保证航行安全。

（1）根据航路指南、冰情报告及其他资料，摸清冰区情况，熟悉所航行区域的冰情中心及援助中心的联系方法，以便冰困或不测时申请援助。

（2）全面检查应急设备、通导设备、“四机一炉”（主机、辅机、锚机、舵机、锅炉）的工作状况，如有问题应立即解决。

（3）检查船首结构，必要时在首尖舱内加撑纵向和横向撑梁，以增加首部强度。

（4）做好各水柜、水管的防冻工作，各压载舱、淡水舱的水量不能超过 90%，压载舱中若是淡水，则应及时更换为海水。对海底阀，要使蒸汽可以随时通向各防冻处所。若所到港为冰冻港，则压载水应尽可能提前排出。若不能提前排出，应保持压载水内部循环或流动，防止冻结。

（5）配载时，要考虑船体积冰可能导致的影响，要增加安全系数，把不怕湿、不贵重的货配在首舱和各底舱。货舱两边留有通道，并保证污水易于流入污水沟（井）。

（6）调整好船舶的吃水和吃水差，保持 1～1.5 m 的尾倾，使螺旋桨和舵浸入水中一定深度，防止因冰受损，提高船舶的操纵性和破冰能力。

（7）检查排水设备和救生艇，使之处于良好工作状态，增添防水堵漏设备，以备急用。

（8）配甲板货时，应考虑上甲板及其设备和货都可能结冰，使船舶重心增高。装甲板货时，应保证甲板排水通畅。固定好甲板上的可移动重物及器具，关闭水密门、窗。水舱、油舱、污水井等的测量管盖要拧紧。

（9）船头、船尾和驾驶台应设置高性能的探照灯，有助于增加冰中航行时的夜间视距。

（10）船头备拖缆一根，船尾做好拖他船的准备，以利相互支援。

（11）冰区航行比通常航行需要准备更多的燃料、水和食物，还要配备专用物品和保温服及保温鞋靴、护目色镜、砍冰斧、铁撬、炸药雷管及引火线、防冰润滑油、御寒食物、冰锚用具等。

2）冰区航行

一般不要随便进入冰区航行，只要有可能，应尽量绕过冰区走曲折航路。倘若一定要通过冰区，须掌握好进入冰区前的准确船位，航行中全神贯注，仔细从事，小心谨慎地完成冰区航行任务。

（1）迂回绕行

在航线上有冰山、冰群时，只要情况许可，最好采取迂回航线，以免遇到障碍和困难。即使冰域很大，迂回航线在航行时间和燃料消耗上还是比穿过冰域少得多，安全得多。据冰情预报和本船的瞭望，尽早探明冰区范围和可航水域。如能看到冰区边缘时，可沿其上风侧的边界航行。

（2）进入冰区

冰区航行的可能性，视冰量、冰质和船舶的条件而定。通常冰量在 6/10 以下，冰厚在 30 cm 以内时可以航行。

①从冰区的下风侧进入比上风侧安全。上风边缘冰块密集，在有涌浪时碎冰骚动，容易损坏船体。有离岸风时，近岸边常有可航水道。有向岸风时，不能从冰的靠岸边通过。

②涨潮冰易结聚，退潮时易碎裂。当原冰随流快速漂移时，应等待缓流或无流时进入。

③当海面涌浪较大或有 5 级以上横风时，不宜进入冰区航行。

④冰区的边缘是不规则的，应选择有舌状突出之间较平坦处进入，这里受浪影响较小。

⑤进入冰区时应保持船首与冰缘垂直，并将冲力降到最小。当船首顶住冰块时，应逐渐加车，推开冰块，驶向冰块松散的方向。

（3）通过冰区

在冰区中航行应注意下列事项：

①加强瞭望，对漂浮的冰块应该避让。如无法避让时，应降低航速，以船首柱迎冰，以减小与冰相碰时的冲击力量。夜晚从甲板上观察海面，要比高处更能提早发现冰块。

②保持适当的航速。冰区航行的适当速度决定于许多因素，但主要是冰的密集程度和特点、船舶的大小和结构。无论如何，应该先减速至 3~5 kn，即保持舵效的最低航速。

③通过冰区时最好少改变航向。如被大冰块挡住去路，而用船首冲击未能使冰破碎时，应立即退出。倒车前，正舵，先用短暂的进车，将尾部的碎冰排开，再开倒车后退。待船后退接近碎冰时停车，让惯性把船带进碎冰。然后再进车，利用冲势在冰中撞出一条通路。一次不行，可反复几次。冲撞时，要严格掌握冲势，及时停车，并保持船首与冰块正面相撞。冰中转向，切不可一次用 30°舵角，要用小舵角慢慢转过，以防舵和螺旋桨损坏。

④冰区航行，要增加首尖舱及污水沟的测量次数，并注意海底阀可能被冰堵塞。冰中无法前进而需逃脱时，以原路驶出较为便利。

⑤抓住一切时机测定船位。冰区航行，航迹推算、陆标定位都十分困难，定位精度也受到很大的影响。由此，应利用各种无线电导航仪器等尽可能地测定准确的船位。

⑥尽量避免在冰区内抛锚，如果必须抛锚，应选择在冰层最薄处下锚，且锚链长度不得超过当地水深的 2 倍。

3）破冰船护航

（1）一般非冰区航行专用船舶，在冰量超过 6/10 时，最好在破冰船引导下航行。编队时，把船壳较弱，功率较小的船放在船队的中部。

(2)船间距离一般保持2~3倍船长。后船要密切注视前船的信号,调整两船的间距。当前船减速,而后船来不及停住惯性冲力时,可转离前船的航迹来避免碰撞。

(3)护航中的航速,当冰量为4/10时,可维持8 kn,冰量每增加1/10就减速1 kn,当冰量大于7/10~8/10时,航速不应超过5 kn。

(4)护航发生困难时,可以由破冰船拖航。拖带中,一般采用10~15 m长龙须缆,拖缆最好从锚链筒中穿过,再用木棒穿过拖缆的琵琶头,卡在锚链筒的口子上。

(5)在坚冰中拖航时,压力很大,当破冰船航过后,水道立即封闭,所以要使被拖船的首与破冰船的尾紧挨在一起,二者形成一体。此时破冰船的操纵较为困难。

4. 冰困后的措施

船舶为冰所困,不能活动,称为冰困。冰困的形成与航速的平方成反比,因此根据冰的集结程度、船体结构、能见度,选择合理的速度防止冰困,在轻度冰中,一般12 kn的航速不会出现冰困。

冰中航行,若船被冰夹住而不能进退时,应立即按下列方法使船脱出。否则,船随冰漂流,可能漂到危险水域,或船体被冰挤压损坏。

(1)全速前进,左右满舵,以使船首有所松动,然后再用快倒车正舵退出。

(2)交互排灌各压载水舱的水,使船身左右或前后倾侧,以松动船身。

(3)用铁撬将压在船首下边的冰块敲碎,再把船旁的冰块推向后方。

(4)在船尾抛下冰锚,带缆绞船,并配合倒车。

(5)上述方法均失败后,可试用炸药放在直径为15 cm的冰孔中,炸出一个洞,在其中再放入4 kg的炸药,它的炸力已经足够。

(6)冰困中,不论是采取脱险措施,还是等待破冰船救助或气候转佳,都应保持螺旋桨和舵的转动,以免尾后的水道被冰封住。

5. 冰情资料的获取

相关国家冰区服务机构可以提供最新和最全面的冰情资料,包括详细气候状况、水深测量、冰数据集和冰图,如表4-4-1和表4-4-2所示。

表4-4-1　相关国家冰区服务一览表

国家/地区	冰情资料服务	联系方式
加拿大	加拿大冰区服务 Canadian Ice Service	373 Sussex Drive Block E, Third Floor, Ottawa, Ontario, K1A 0H3 Canada
	提供最近冰况 Latest ice conditions available	www. ec. gc. ca/glaces-ice/? lang=En
	海冰气候地图册 Sea Ice Climatic Atlas	ec. gc. ca/glaces-ice/default. asp? lang = En&n = 090AF7D6-1
	破冰服务 Icebreaking services	www. ccg-gcc. gc. ca/Icebreaking/home

（续表）

国家/地区	冰情资料服务	联系方式
格陵兰（丹）	丹麦气象研究所 Danish Meteorological Institute	3910 Kangerlussuag, Greenland Phone: +299-84-1022 www. dmi. dk/dmi/en/gronland/iskort. htm
挪威	挪威气象研究所 Norwegian Meteorological Institute (NMI)	PO Box 43, Blindern 0313 Oslo, Norway Phone: +47-22-963000 Fax: +47-22-963050 email:emet. inst@ met. no www. met. no/english/index. html
	挪威极地研究所极地环境中心 Norwegian Polar Institute Polar Environmental centre	N-9296 Tromsø, Norway (NorskPolarinstitutt, Polarmiljøsenteret, 9296 Tromsø) Phone: +47-77-750500 Fax: +47-77-750501 email: postmottak@ npolar. no www. npolar. no/en/
瑞典	瑞典海事局 Swedish Maritime Administration	601 78NorrkopingSweden www. sjofartsverket. se/en/ Phone: +46 771 63 00 00 Fax: +46 11 10 19 49 email: ulf. gullne@ sjofartsverket. se
芬兰	芬兰运输局 Finnish Transport Agency/ Winter Navigation Unit	PO Box 185FI-00101 HelsinkiFinland http://portal. liikennevirasto. fi/sivu/www/e/professionals/ winter_navigation Phone: +358 295 343 327 Phone: + 358 295 343 325 Fax: + 358 202 48 4360 email: winternavigation@ fta. fi
	芬兰气象研究所 The Finnish Meteorological Institute	P. O. BOX 503FI-00101 HelsinkiFINLAND www. itameriportaali. fi/en_GB/ Phone: +358 295 391 000 email: ice@ fimr. fi
冰岛	冰岛气象局 Icelandic Meteorological Office	Bustaoavegur 7-9, 108 Reykjavik, Iceland Phone + 354-522 6000 Fax: +354-522-6001 http://en. vedur. is/sea-ice/sea-ice-reports/

（续表）

国家/地区	冰情资料服务	联系方式
俄罗斯	联邦北方海航道海河运输管理局 Federal Agency of Sea and River Transport Administration of the Northern Sea Route	109012, Moscow, Ul. Rozhdestvenka, 1, building 1 Phone: +7 495-626-1100, +7 495-626-1064 email: MonkoNA@ morflot. ru
	北极和南极研究所 Arctic and Antarctic Research Institute	38 Bering Street, St. Petersburg, 199397, Russia Phone: +7-812-352-1520 Fax: +7-812-352-2688 email: service@ aari. nw. ru aaricoop@ aari. nw. ru www. aari. nw. ru/index_en. html
美国	国家冰数据中心 National Ice Center	Federal Building # 4, 4231 Suitland Road, Washington D. C. 20395, USA Phone: +1-301-394-3100 www. natice. noaa. gov
中国	中国国家海洋环境预报中心 National Marine Environmental Forecasting Center, China	www. nmefc. gov. cn 提供 24、72、120 小时北极海冰、天气和海浪数值预报，并提供预报保障服务。 电话：+8610-62173595 传真：+8610-62173620 邮箱：nmefcpolar@ 163. com

目前，加拿大和美国开展北极地区冰山跟踪监视业务，可以从表 4-4-2 所列机构获得北极冰山资料。

表 4-4-2　提供北极冰山资料的机构

50 °N 以北	加拿大冰区服务中心冰山监视服务 Canadian Ice Service Iceberg monitoring service	373 Sussex Drive Block E, Third Floor, Ottawa, Ontario, K1A0H3 Canada www. ice-glaces. ec. gc. ca/WsvPageDsp. cfm? ID = 1&Lang =eng
北半球 50 °N 以南	国际冰区域巡逻队 International Ice Patrol	1082 Shennecosselt Road, Connecticut 06340, USA Phone: +1-860-441-2626 Fax: +1-860-441-2773 Email: iipcomms@ uscg. mil www. uscg-iip. org/

三、极区航行

航海上，习惯将两极到 70°纬线之间的南极地区和北极地区统称为极区（polar regions），纬度 60°~70°之间的区域称为副极地区（sub-polar regions）。极区的地理环境等与一般水域不同，对航海仪器的使用和船舶航行安全都造成了一定的影响。

1. 极区环境

高寒、多暴风雪，一年只分冬、夏两个季节，有极昼、极夜现象，是南、北极地区的共同特点。在北极点，所有方向均为正南方向；而在南极点，所有方向均为正北方向。在高纬地区，方向随着测者的移动变化较快，物标的方位线不能再被认为是恒向线，而是两点间的大圆弧。子午线和时区在两极收敛，经线过度弯曲，致使经线和纬线不能用作航海的基准，地方时也失去了原有的意义。

在两极，太阳每年出没一次。日出后，太阳慢慢地呈螺旋状上升，3 个月后高度最大（23°27′），然后其高度又逐渐减小，3 个月后出现日落。月亮每月升起一次，满月时可提供极区照明。恒星每个恒星周期（金星 225 天；木星 12 年；土星 30 年）升降一次。在极区，每天 24 h 不再以昼夜的交替来衡量。

当水面没有全部被冰覆盖时，极区经常有雾出现。极区还常出现低云云幕，日光在积雪表面和云幕间经多次反射扩散，天空常常变为乳白色，对比度消失，以致无法识别地面和地平线。

所有这些情况，加上冰区的特点，使航行更加困难。

2. 极区航海图书资料

1）英版航海图书资料

（1）《航海员手册》（The mariner's handbook，NP100）

第七章的主题为冰（Ice），主要介绍海冰、陆源冰、冰中航行、冰中导航、冰上作业的材料准备、靠近冰、船长的责任、冰区报告、冰堆积、冰上操作、加拿大北极地区操作程序、冰上船舶操纵、破冰船的帮助、寒冷对人体的影响、冰的术语等内容。

（2）《世界大洋航路》（Admiralty ocean passages for the world，NP136）

《世界大洋航路》介绍了世界上主要的大洋航路，但其对极区航线和航行介绍甚少。

（3）《航路设计图》（routeing charts）

航海上应用的每月《航路设计图》（routeing charts）有中、英、美、澳等多个版本，其内容与结构大同小异，船舶上常用的是英版《航路设计图》。在英版《航路设计图》上，绘有冰区界限（maximum limits of pack ice），如流冰群、小冰、小冰山、冰山等的界限。

（4）英版《航路指南》（pilots or sailing directions）

极区部分的英版《航路指南》中提供了在海图上没有的、但与航行安全密切相关的极区航行资料。

2）其他资料

（1）《北极航行指南》（东北航道），CNP1

《北极航行指南》由中华人民共和国海事局组织编写，人民交通出版社有限公司出版发行，现行版为 2014 年版。《北极航行指南》以中国上海港至荷兰鹿特丹港典型航线为例，旨在为航行北极东北航线的中外船舶提供准确、翔实的航海保障信息服务。指南介绍了极地航行的国际公约、规则及沿岸国家法律法规、气象条件、沿岸港口，并从船舶适航与船员适任的要素出发，对极地水域航行的船舶规范、船员培训、航行海图和图书资料、航线规划与设计、助航设施、冰区航行与操纵、风险识别与应对等在内的基本航行需求做了阐述或提出了建议。

（2）《加拿大水域冰区航行》（Ice Navigation in Canadian Waters）

《加拿大水域冰区航行》由加拿大海岸警卫队联合加拿大交通部海事安全部门、隶属加拿大联邦环境部的加拿大冰署、隶属加拿大渔业与海洋部的加拿大水文署出版发行，以帮助船舶在包括北极在内的加拿大水域进行冰区操作。该资料为过境加拿大冰雪覆盖的水域的船长和值班船员提供对法规、航运支持服务、冰区航行危险和航行技术等必要的理解帮助。

(3)《俄罗斯领海冰覆盖海域航行指南》(Guidelines for Navigating Ice Covered Seas in Russian Territorial Waters)

该指南描述了冰区和极地水域操作的必需措施,对航经俄罗斯水域的程序和有关事项进行了说明。

3. 海图

极区航行离不开海图,海图是航海必备的航海资料和工具。我国海图编绘规范规定,制图区域60%以上的地区纬度高于75°时,应采用日晷投影。国际海图编绘规范规定:80°S以南和80°N以北地区海图一般不采用墨卡托投影。在纬度80°以上近极点高纬海区,日晷投影、高斯投影等投影将取代墨卡托投影成为主要的投影方式。近几年国外编制的北极地区航海图,大都采用两种投影,在80°N以南地区,采用墨卡托投影;80°N以北地区则采用日晷投影。

我国"永盛"轮于2013年和2015年两次穿越北极东北航道,使用的海图为英版和俄版海图。实践证明:穿越北极东北航道所使用的海图基本上可以满足航海安全要求,但在使用中应注意以下风险:

1)无英版海图或英版海图信息不充分。

2)大比例尺海图应采用俄版海图,使用《7107 Catalogue of maps and books on the Arctic Ocean》查取所需俄版海图。

3)海图坐标系的不同产生定位误差(GPS采用的是WGS-84坐标系,海图采用的坐标系及误差修正应查阅海图标题栏)。

4)海图基准面的不同,注意水深、干出高度和高程的变化(一些海图可能采用不同的基准面,使用时要查阅海图标题栏)。

5)高纬地区海图采用的投影方式可能发生变化,注意与墨卡托使用上的不同(如采用高斯、日晷等投影方式)。

6)注意俄版海图与英版海图更新的不同,英版海图通过《Admiralty Notices to Mariners》进行更新,而俄版海图则通过《9956.01 Notice to Mariners No 1 by the MoDGUNiO》更新。

7)在俄罗斯北方海航行时,目前只能使用俄版海图,这种海图上采用俄文标注,给不懂俄文的驾驶人员带来了很大的困难。

4. 导航设备的使用

1)磁罗经

磁罗经是航海必备的指向设备,但在极区航行,磁罗经的指向能力受到较大的影响,使用者应经常检查磁罗经的误差。磁罗经在远离磁极1000英里以外的海域具有较好的指向能力,但在距磁极1000英里以内的海域磁罗经的指向能力会逐步变弱,该距离内磁罗经的可靠性大大降低。如果受到外磁力、船舶大幅转向或其他干扰的影响,与低纬度相比磁罗经受到的影响更大。特别要注意倾斜自差和次半圆自差的正确调整、校正,以确保磁罗经保持最佳的设备性能。

极区航行,应采取必要的防冻措施(参见冰区航行),并应尽量避免频繁的变向、变速,减少船舶对冰的冲击作用,以免产生较大的磁罗经误差,应经常校对陀螺罗经和磁罗经,并认真做好记录。

根据"永盛"轮的航海实践,在60°N以北海域,磁罗经指北能力很弱,磁罗经误差很大,几乎无法工作；在 70°N 以北海域，磁罗经已完全无法工作。

2）陀螺罗经

（1）指向能力

陀螺罗经的指向力矩随纬度的升高而变小。通常纬度在 70°以下，陀螺罗经工作是可靠的；纬度超过 70°，应经常利用测定天体方位的方法对罗经进行校核（约每 4 h 一次，纬度升高，相应时间间隔也应随之缩小）；纬度达到约 85°时，陀螺罗经便失去指向作用。因此在极区航行，需要经常检查陀螺罗经工作的可靠性。

（2）启动时间

与中低纬度相比，在极区航行时，陀螺罗经的启动时间的差异主要由阻尼周期 T_D 产生，随着纬度的升高，阻尼周期 T_D 变大，因此陀螺罗经在极区稳定需要更长的时间。

（3）误差

①纬度误差

极区航行，由于纬度较高，致使纬度误差变化剧烈，使用者应根据纬度的大小及时调整纬度误差，具体方法如下：

a. 内补偿法：当航向为东西向，纬度变化较小，可采用内补偿法，但不能纬度每变化 5°调整一次旋钮，应纬度每变化 1°调整一次，纬度 75°以上应纬度每变化 0.5°甚至更小就应调整一次。

b. 查表法：若航向为南北向，纬度变化较大，采用内补偿法将使得调整过于频繁，由于高纬度地区的罗经稳定时间变长，这样罗经长时间处于不稳定的工作状态，将不能正常指向。因此，应采用查表法，具体步骤如下：首先利用实测法求得纬度误差的系数，然后将不同的纬度代入纬度误差的公式中求得相应的纬度误差，并将纬度误差的单位换算成度，最后列表备查。查表法可有效避免施加补偿力矩后罗经的不稳定。

②速度误差

极区航行，纬度越高，速度误差的大小和变化率越大，因此，使用者应根据纬度、航速和航向的不同适时调整速度误差，具体方法如下：

a. 内补偿法：若航速稳定、速度变化较慢可采用内补偿法，但不能航速每变化 5 kn 调整一次。高纬度地区，在航向和纬度不变的情况下，航速每变化 2 kn 引起的速度误差的变化量与中低纬度航速变化 5 kn 引起的速度误差变化量相当。因此，在极区使用内补偿法消除速度误差时应航速每变化至少 2 kn 就调整一次。

b. 查表法：若航速不稳定、速度变化较快，采用内补偿法将使得调整过于频繁，由于高纬度地区的罗经稳定时间变长，这样罗经长时间处于不稳定的工作状态，将不能正常指向。因此，宜采用查表法，将纬度、航速和航向等数据代入速度误差的完整公式求取相应的速度误差，最后列表备查。

③冲击误差的变化

极区航行，船舶航行纬度一般高于陀螺罗经的设计纬度，此时第一类和第二类冲击误差将产生叠加效应，加大了冲击误差，在航行中要给予特别注意。

陀螺罗经的误差将传递给雷达、电子海图等设备，使用这些设备时应给予关注。

3）其他罗经

极区航行，卫星罗经、光纤陀螺罗经可正常使用。

4）雷达

（1）雷达定位

除了距离较近的物标外，其他物标的雷达方位线，应按大圆弧处理。高纬度地区墨卡托海图变形较大，若将方位线绘画到墨卡托海图上，应进行大圆改正量的改正。在航海应用中，假设两点之间的经差为 $D\lambda$，平均纬度为 φ_m，则大圆改正量 ψ 的近似求取公式为：

$$\psi = \frac{1}{2}D\lambda\sin\varphi_m \tag{4-4-1}$$

极区航行，近距离（如雷达定位）使用该公式求取大圆改正量满足精度要求，但远距离（如大圆航行）则不宜使用该公式。

（2）雷达波的异常传播

极区航行电磁波易发生分折射，减小雷达的观测距离，发生严重分折射时，本来在海面雷达探测地平之内的物标也可能探测不到。

5）卫星导航设备

（1）GPS

GPS 具有全球、全天候、高精度、连续、近于实时的定位特点，在极区能如同在其他地区一样获得令人满意的定位和导航效果，有条件时应充分加以利用。

（2）GLONASS

由于 GLONASS 卫星的轨道倾角大于 GPS 卫星的轨道倾角，所以在高纬度（50°以上）地区的可视性较好，能更好地覆盖极地区域，对俄罗斯本土的定位性能有一定的优势。

（3）北斗卫星导航系统

北斗卫星导航系统在设计区域导航定位性能几乎与 GPS 相当，但由于设计时重点考虑中国及其周边地区的导航定位及授时能力，南北极覆盖较差，暂时不具备导航定位能力。因此，在现有的星座下，要实现极区的导航还需要依赖 GNSS。未来北斗的全球星座能够实现对两极地区的完全覆盖，完全能够独立地为两极地区提供导航定位和授时服务。

6）测深仪、计程仪

参见冰区航行。

5. 北极航线

北极航线泛指贯通北冰洋的海上交通运输线，主要有 3 条航线。北极航线开通后，将大大缩短太平洋与大西洋之间的运输距离。以“东北航道”为例，从东亚到西欧的海洋运输，如果走苏伊士运河，其航程为 1.8 万~2.0 万 km，而走“北极航线”则可以缩短 30%~40%的距离，仅为 1.2 万 km。

1）东北航道

东北航道，包括但不仅限于西起俄罗斯的摩尔曼斯克，经北冰洋南部的巴伦支海、喀拉海、拉普捷夫海、东西伯利亚海、楚科奇海至白令海峡在内的在北极水域北极点及以南由西向东的各条航线。一般认为包含 3 条航线，如图 4-4-3 所示。

沿岸航线：整个航路沿俄罗斯北岸水域航行，转向多，绕程远，累计航程最长，且因贴岸近水深较浅，极易受到岸边固定冰的影响，故从船舶航行经济效益以及安全性而言都不能算是最佳航线。

中间航线：从普罗维杰尼亚港经白令海峡驶入楚科奇海，通过弗兰格尔岛南侧的德朗海峡后进入东西伯利亚海,沿新西伯利亚群岛北侧途经拉普捷夫海后穿过维利基斯基海峡,继续向西南在迪克森港北侧再向西北沿新地岛抵达巴伦支海,据统计该航线为目前采用最多的航线。

过境航线:与中间航线相比,航行纬度更高,航程更近,过新西伯利亚群岛北侧后继续向西北方向,从北地群岛北侧通过,再转向西南抵达巴伦支海,但因为高纬冰的影响加大,有冰阻发生的风险。

目前,对商船而言,规划航线以中间航线居多,也最为可行。

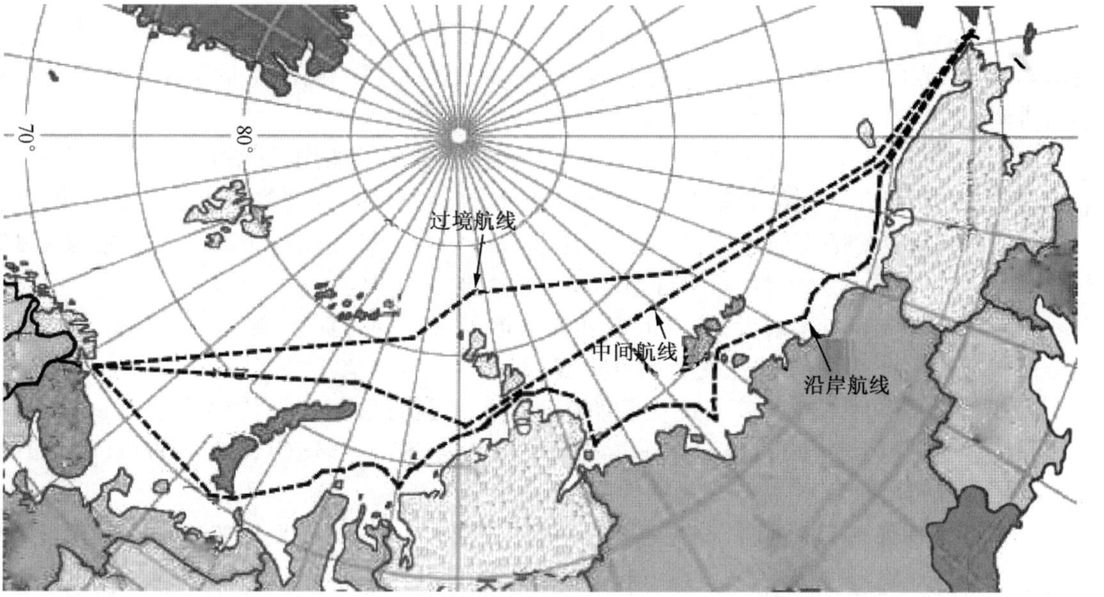

图 4-4-3　东北航道航线

2)西北航道

以白令海峡为起点,向东沿美国阿拉斯加北部离岸海域,穿过加拿大北极群岛,直到戴维斯海峡。这条航线在波弗特海进入加拿大北极群岛时,分成 2 条主要支线,或穿过阿蒙森湾、多芬联合海峡、维多利亚海峡到兰开斯特海峡;或穿过麦克卢尔海峡、梅尔维尔子爵海峡、巴罗海峡到兰开斯特海峡。

3)穿极航线

这条航线从白令海峡出发,不走俄罗斯或北美沿岸,直接穿过北冰洋中心区域到达格陵兰海或挪威海。

穿过极点的航线,理论上几乎接近大圆航线,是地面两点间最短的航线。然而受到北极高纬冰盖的严重阻挡,对商船而言,目前没有通行的可能,该航线多为科考船采用。

第五节　船舶交通管理

世界许多港口、狭水道等水域都已建立了船舶交通管理系统,其目的是增进该水域内船舶交通安全,保障交通畅通,保护水域环境。航海人员应积极主动熟悉和适应这种发展需要,了解现代船舶交通管理系统,并加以充分利用,以保障船舶的航行安全。

一、船舶交通管理系统

1. 现代船舶交通的特点

20 世纪 60 年代以来,世界经济与科学技术发展较快,船舶运输业也随之迅速发展,从而加速了船舶交通的变化。主要表现在:

1)船舶种类多样化。出现了油船、散货船、集装箱船、滚装船、液化气运输船、半潜船等专用船舶,还出现了水翼船等新型的船舶。这些船舶的出现使得船舶性能差异加大,船舶之间行动的协调变得困难。

2)船舶趋于大型化。超级油船不断投入营运,其他种类的船舶,如散货船、集装箱船与滚装船等也趋于大型化。大型船舶本身的操纵难度增加,对航路、港湾等提出了新的要求,要为其航行安全提供良好的交通环境、特殊的措施和服务。而大型船舶与中小型船舶之间尺寸差异、航行性能的差异增大,相互间的行动协调变得困难。

3)船舶交通流量急剧增大,使得港口和狭水道等水域变得拥挤,增大了有限水域内船舶的会遇次数,从而也增加了船舶交通的危险度。

4)船舶设备条件不断改善。现代船舶相继装配了航行数据记录仪(Voyage Data Recorder)、船载自动识别系统(Automatic Identification System,AIS)和差分 GPS(Differential Global Position System,DGPS)等,为航行安全提供了有力保障。

5)航路条件得到不断改善,同时也受到更多的限制。各国为了发展船舶运输而积极地创造良好的交通环境,从航路的开辟、助航设施的改善方面着手,改善交通环境,增进船舶的航行安全。同时,各国对保护水域环境越来越重视,加强对航行水域的管理,相关法规不断颁布,法定航路不断增多,这既对船舶的航行安全有利,也给船舶的航行增加了多方面的限制。

6)世界范围水域内的导航系统日趋完善,航行服务项目不断增多。这些都对保证船舶航行安全和提高营运效率起到了积极作用。

7)涉及船舶交通的法规不断增多。这些法规的实施对于整顿船舶交通秩序,维护船舶交通安全和水域安全具有非常重要的作用。

2. 船舶交通管理

船舶交通管理(vessel traffic management,VTM)就是通过监控、整顿船舶交通,建立良好的交通秩序,协助船舶航行,减少海难事故,特别是船舶碰撞、搁浅、触礁这些船舶交通事故的发生,从而保证船舶安全,保护水域环境和社会环境,提高船舶交通的效率。船舶交通管理并不是单纯地管制船舶航行、约束船舶行动,而是通过对管理水域内船舶交通状态的掌握,提供航行环境信息,指导并帮助船舶航行,从而达到交通管理的目的。因此,船舶交通管理可以说是一种积极意义上的服务,国际上称其为船舶交通服务(vessel traffic services, VTS)。

船舶交通安全对于社会发展极其重要。从局部看,维持港口及其进出港航道、狭水道等交通要道的通畅,对保证船舶正常营运和港口的正常生产十分重要;从整体看,维持了运输体系的正常运转,才能保证国民生产的正常进行和保持良好的经济秩序。另外,船舶海难事故的发生不仅带来船货和人命的重大损失,而且会破坏生态和社会环境,破坏生物资源,造成巨大的社会连锁反应和社会经济损失。因此,实施船舶交通管理已不仅仅是航运界的要求,而是整个社会的要求。实施船舶交通管理的经验和效果也说明通过一定形式的船舶交通管理确实可以增进船舶交通安全,提高船舶交通效率。

3. 船舶交通管理手段

依法管理是必须遵循的原则。建立船舶交通管理法规,既可使管理机关有法可依,也可使船舶有法可循。目前,涉及船舶交通管理的国际性法规有《1972 年国际海上避碰规则》,它对缔约国船舶具有法律效力。另外,还有《船舶定线》《船舶报告系统》等。这些文件不具有法律效力,只是国际海事组织(IMO)成员国对这些问题的共同认识的反映,各国在制定相应的法规时要参考这些文件。我国有关船舶交通管理的法规有《中华人民共和国海上交通安全法》《中华人民共和国对外国籍船舶管理规则》等。

船舶交通服务是船舶交通管理的另一有效手段。服务的形式有信息服务、助航服务等。例如,在多佛尔海峡建有向船舶提供交通信息、保证海峡船舶航行安全的船舶交管系统,它主要是通过向船舶提供各种交通信息来对船舶交通实施动态和即时的管理。该交管系统每天 24 h 连续播发交通信息,其内容包括:天气预报、异常潮汐、航标移位、灯标受损、碍航船只等信息。当能见度小于 1 n mile 时,播发次数将加倍。发现紧急情况的通报还将随时在国际遇险频道(如 VHF16 频道)上播发。

4. 船舶交通管理系统

1)船舶交通管理系统的组成

船舶交通管理系统是实施船舶交通管理所必需的硬件系统,是广义的船舶交通服务系统的一个组成部分。广义的船舶交通服务系统是交通管理机关所建立的以增进船舶交通安全和提高交通效率以及保护环境为目的的综合性系统,它的范围从提供简单的信息到广泛管理一个港口或水道的交通,其组成如图 4-5-1 所示。

2)船舶交通管理系统的主要功能

世界各地现有船舶交管系统数百个,其功能各有所异,但其主要功能有以下 6 项:

(1)数据收集(data collection)

为了实施水域内船舶交通管理或船舶交通服务,首先应了解和掌握水域内的交通形势,广泛地搜集各种交通数据或信息,以便为船舶交通管理的正确决策提供依据。为此,搜集的交通数据要尽可能做到全面、准确、实时。

因为交通管理的目的、服务的形式及所配备的设备不同,所以搜集的交通数据也不尽相同。一般来说,所搜集的数据主要有两类:动态数据和静态数据。动态数据包括船舶的航向、航速、船位等有关船舶运动数据和气温、气压、能见度等有关水文气象方面的数据;静态数据则包括船体、船机、设备、人员和运载的货物等方面的数据以及有关航道、助航设施的信息。

(2)数据评估(date evaluation)

对已搜集到的数据和信息进行分析、评估、处理,使这些信息成为交管人员制定船舶交通管理决策的基础和实施交通管理的依据。

(3)信息服务(information service)

信息服务是船舶交管系统管理船舶的最主要形式,也是基础形式。船舶交通服务,主要是指向船舶提供交通信息的服务,即:播送有关船舶动态、能见度条件或他船意图的信息以协助所有船舶;与船舶交换有关安全的所有信息;与船舶交换有关交通条件与情况的信息;向船舶

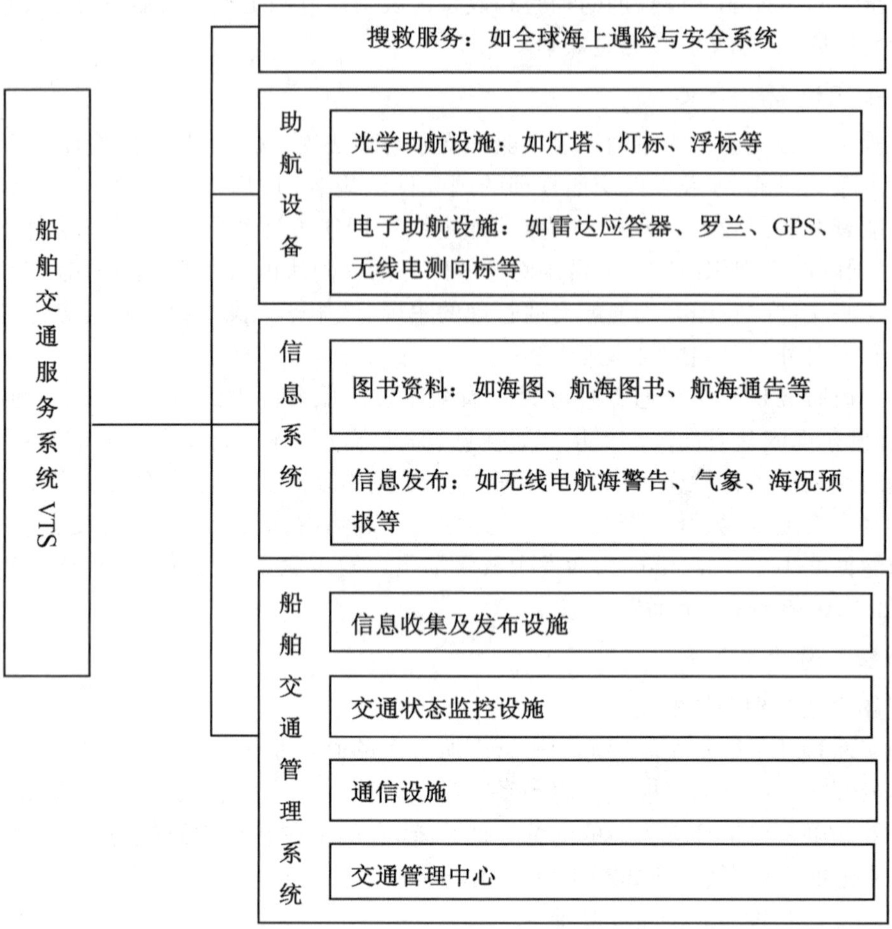

图 4-5-1

发布诸如操纵能力受限制的船舶、密集渔船群、其他特殊作业的船舶等航行障碍的警告，并提供可供选择航线的信息。

由此可见，交管系统主要是通过向船舶提供各种交通信息来对船舶交通实施动态的和即时的管理。

(4)航行协助服务(navigational assistance service)

航行协助服务是指“应一艘船舶的请求或在 VTS 中心认为必要时提供的服务，它可包括在困难的航行或气象条件下，或一旦出现故障或损坏时协助船舶”。

(5)交通组织服务(traffic organization service)

交通组织服务是船舶交管系统实施的、比信息服务和助航服务层次更高的一种船舶交管项目，它在一定程度上是对船舶交通进行调度指挥，具有一定的强制性质。交通组织服务最典型的例子是组织船舶通过运河、狭水道等特殊水域的情况。

(6)支持联合行动(support allied activities)

支持联合行动是船舶交管系统的一个辅助功能。也就是说，支持联合行动并不是直接对船舶实施交通管理，而是与其他海上交通管理部门密切配合，特别是在通信联系、传达信息和现场指挥等方面共同完成某项旨在保证航行安全、提高交通效率或保护水域环境免受污染的联合行动。支持联合行动在船舶遭受危险或发生故障时尤其重要。

随着船舶交通的发展，实施交通管理的必要性已越来越被社会所认识。近几年来实施交通管理的港口和水域不断增多。我国自 1982 年在宁波启用第一个 VTS 系统开始，至今 VTS 中心已达 30 余个，其服务范围基本涵盖全国沿海各主要港口，在为船舶提供信息服务和监管入港船舶、保障船舶安全航行、提高交通效率、减少事故、保护水域环境等方面发挥了重要作用。

5. 航行在船舶交通管理区域内的船舶应注意的问题

我国在 1998 年 1 月 1 日颁布实施《中华人民共和国船舶交通管理系统安全监督管理规则》（以下简称“规则”）。规则适用于在我国沿海及内河设有 VTS 系统的区域内航行、停泊和作业的船舶、设施（以下简称船舶）及其所有人、经营人和代理人。规则明确规定了船舶报告、船舶交通管理和船舶交通服务的内容，具体如下：

1）船舶在 VTS 区域内航行、停泊和作业时，必须按主管机关颁发的《VTS 用户指南》所明确的报告程序和内容，通过甚高频无线电话或其他有效手段向 VTS 中心进行船舶动态报告。

2）船舶在 VTS 区域内发生交通事故、污染事故或其他紧急情况时，应通过甚高频无线电话或其他一切有效手段立即向 VTS 中心报告。

3）船舶发现助航标志异常、有碍航行安全的障碍物、漂流物或其他妨碍航行安全的异常情况时，应迅速向 VTS 中心报告。

4）船舶与 VTS 中心在甚高频无线电话中所使用的语言应为汉语普通话或英语。

5）在 VTS 区域内航行的船舶除应遵守《1972 年国际海上避碰规则》和《中华人民共和国内河避碰规则》外，还应遵守交通运输部和主管机关颁布的有关航行、避让的特别规定。

6）船舶在 VTS 区域内航行时，应以安全航速行驶，并应遵守交通运输部和主管机关的限速规定。

7）船舶在 VTS 区域内应按规定锚泊，并应遵守锚泊秩序。

8）任何船舶不得在航道、港池和其他禁锚区锚泊，紧急情况下锚泊必须立即报告 VTS 中心。

9）船舶在锚地并靠或过驳必须符合交通运输部和主管机关的有关规定，并应及时通报 VTS 中心。

10）VTS 中心根据交通流量和通航环境情况及港口船舶动态计划实施交通组织。VTS 中心有权根据交通组织的实际情况对航行计划予以调整、变更。

11）船舶在 VTS 区域内航行、停泊和作业时，应在规定的甚高频通信频道上正常守听，并应接受 VTS 中心的询问。

12）在 VTS 区域内航行的船舶和船队的队形及尺度等技术参数均应符合交通运输部和主管机关的有关规定。

13）各 VTS 中心应根据其现有功能为船舶提供相应服务。

14）应船舶请求，VTS 中心可向其提供他船动态、助航标志、水文气象、航行警（通）告和其他有关信息服务。VTS 中心可在固定的时间或其他时间播发上款规定的信息。

15）应船舶请求，VTS 中心可为船舶在航行困难或气象恶劣环境下，或船舶一旦出现故障或损坏时，提供助航服务。船舶不再需要助航时，应及时报告 VTS 中心。

16）为避免紧迫局面的发生，VTS 中心可向船舶提出建议、劝告或发出警告。

17）VTS 中心认为必要的时候或应船舶或其所有人、经营人、代理人的请求，可为其传递打捞或清除污染等信息和协调救助行动。

18）应船舶或其所有人、经营人、代理人的请求，有条件的 VTS 中心还可为其提供本规则规定以外的服务。

二、船舶报告系统

为了实施海上交通管理或提供船舶交通服务，必须获得有关整个交通情况及各个船舶动态等充足的信息。这些原始信息主要是通过岸基监测雷达、AIS 等设备及通过船岸通信获得，而船舶报告系统（vessel reporting system，VRS），则是船岸通信的有效手段，它也是 VTS 实施交通管理或服务的一项重要内容。

1. 船舶报告系统的目的

船舶报告系统是通过无线电通信或其他手段向岸基组织提供、收集和交换与船舶救助、交通管理、防污染和天气预报等有关信息的系统。对于船舶而言，它是在一定区域内，以一定的通信程序和报告格式向船舶中心提供航行信息的系统。目前主要有以船舶救助为目的的报告系统和以船舶交通管理为目的的报告系统。这两种报告系统都兼顾海洋、水域污染和天气预报所需要信息的收集、交换及提供。

以船舶交通管理为目的的报告系统一般隶属于船舶交通管理系统。其目的是收集管理水域内航行船舶的有关参数、航行计划、载货状态等信息，建立与船舶的联系，随时进行相应的信息服务和助航服务等。建立这种报告系统对实施交通管理十分必要，通过船舶报告才能全面掌握整个交通的详细情况以及每艘船的数据和动态，从而才能进行良好、可靠的服务和妥当的交通组织。

以船舶救助为目的的报告系统的具体目标是：在没有收到遇险信号时，减小同船舶失去联系与开始搜救工作开始的时间间隔；迅速确定能被招来提供援助的船舶；在遇险人员、船舶的位置不明或不定时，可划定一定范围的搜寻区域；便于提供医疗援助或咨询。

由此可以看出，船舶报告系统的主要目的是监视海难事故是否可能发生；提供避免海难事故发生的信息；在事故发生后，及时对遇难船只实施搜救；保护船舶财产和船员的人命安全，防止船舶造成海洋污染。这种系统中，船岸之间相互按一定的程序和要求交换有关信息，如船舶基本参数、航行计划、船位、气象海况数据等。岸上主管部门则要负责对实施船舶报告的船舶的航迹进行标绘，跟踪船舶；按照规定的程序、时间、报告格式接收船舶的报告；对信息予以记录、处理，向船舶提供所必需的咨询。

这种船舶报告系统一般以较大海域为服务对象水域，对象船舶不予以限定，服务一般是免费的。现在有几十个国家使用这种制度。例如美国 AMVER、日本 JASREP、澳大利亚 AUSREP、中国的 CHISREP。不同的制度采用了不同的报告格式、报告程序、报告手段，船舶在利用这些制度时应查阅《无线电信号表》《进港指南》或主管机关发布的信息等资料。

船舶是否要利用以船舶救助为主要目的的船舶报告系统，是由船舶本身来确定的。系统的加入和退出都比较简单。向报告系统提交了航行计划报告就被视为加入；做出最终报告即被视为退出。船舶利用这种报告系统是有益的，首先，船舶可以获得系统的岸基部门提供的重要航海信息，如风暴、海啸、流冰、海底火山喷发的信息等；其次，船舶万一遇到海难，报告系统可以根据以往的报告确定船位所在，使其及时得到救助，从而可以减少损失，保证船员生命安全。船舶利用这一系统所要尽的义务是按照报告系统的规定程序、内容、方法、时间等准确无误地报告，尤其是要按时报告。在船舶交通管理系统中，船舶报告对某些船舶是强制的，应该进行报告的船舶要严格按规定进行报告。

2. 船舶报告的种类、程序及主要内容

1）航行计划报告（sailing plan，SP）

这是船舶将要进入报告系统覆盖区域，或在离开覆盖区域内某一港口之前发出的报告。例如，船舶在离开中国沿海港口或从国外进入中国船舶报告系统区域时，应向中国船舶报告中心发送航行计划报告。它的内容一般包括船舶资料、航行计划、报告时的位置与时间等，是船舶加入报告系统后的第一次报告。

2）船位报告（position report，PR）

这是在保持报告系统有效进行的必要时刻做出的报告。它的内容比较少，一般只有船名、时间、船位。

3）偏航报告（deviation report，DR）

这是在实际船位与已报告的预计船位相差甚远，改变航行计划或船长做出这种决定时做出的报告。其内容是当前的位置及航行计划中改变的项目等。

4）最终报告（final report，FR）

这是船舶到达目的地或离开报告系统覆盖区域时做出的报告。例如，当船舶抵达中国沿海港口或驶离中国船舶报告系统区域界线前后 2 h 内，应发送最终报告。其内容一般包括报告船名、时间和位置。

5）危险货物报告（dangerous goods report，DG）

这是当船舶运载的危险货物在距岸 200 n mile 范围内因故散失，或可能散失于海上时所做出的报告。其内容包括船名、时间、船舶电台呼号、载货情况、船舶损失情况、污染物情况、天气、船舶的代理、船舶的参数及其他内容。

6）有害物质报告（harmful substances report，HS）

这是当散装的有毒液体货物（依据 MARPOL 73/78 附则Ⅰ）或燃油（依据 MARPOL 73/78 附则Ⅱ）因故散失或可能散失时做出的报告。其内容包括船名、时间、船位、航向、航速、航线信息、船舶电台呼号，下次报告时间、载货情况、船舶损坏情况、货物散失情况、天气、船舶的代理、船舶参数及其他内容。

7）海洋污染物报告（marine pollutant report，MP）

这是国际海运危险货物规则中被定义为海洋污染物的有害物质因故散失或可能散失时做出的报告。其内容与危险货物报告大致相同。

8）其他报告（any other report）

这是按照报告系统的规定程序所必须做出的上述报告之外的任何其他报告。其内容依具体情况确定。

需要指出的是，并非每个船舶报告系统都设立了上述报告，有的进行了取舍，种类较少；有的则进行了合并，如将危险货物、有害物质、海洋污染物报告合并为事故报告，并增加了其他事故报告；有的则增加了上述报告之外的报告，如锚泊报告等。从具体内容看也有差异，利用报告系统时应加以了解，正确使用。

3. 船舶报告的标准格式

船舶报告力求信息完整、语言简捷、格式规范。IMO 的《船舶报告系统的一般原则》提出了船舶报告应该包括的项目及应使用的标准格式,其详细内容如表 4-5-1 所示。

表中所列的 26 项内容,其中一些项目是各种报告中必须报告的,如系统名称、报告种类、船名等;有些项目可根据报告的种类以及具体情况进行取舍。在使用无线电进行报告时,可使用表 4-5-1 中左一栏的单字符表示项目名称。报告所使用的语言一般为英语和当地语言,使用英语时,应尽可能使用 IMO 标准航海用语。

表 4-5-1

报告项目名称		表示的内容	要求的信息及其格式
电报	无线电话		
SP PR DR FR DG HS MP 其他报告用全称	报告种类名称	报告的种类	根据报告种类选择相应的缩写或全名,当为其他报告时要用这种报告的全称
A	Ship(alpha)	船舶	船名、呼号或船舶电台识别符号、船旗国
B	Time(bravo)	日期和时间	6 位数字,前两位为日期,后四位为时间(时分各两位),当不用协调世界时时加注使用的时区符号
C	Position (charlie)	船位	纬度:4 位数字加 N 或 S,精确到分 经度:5 位数字加 E 或 W,精确到分
D	Position (delta)	船位	物标名称、方位、距离。方位用 3 位数字精确到度,距离单位为海里(n mile),后加注物标名称
E	Course(echo)	真航向	真航向,3 位数字
F	Speed (foxtrot)	航速	3 位数字,前两位为小数点前数字、后一位为小数点后数字,单位为节(kn)
G	Departed (golf)	出发港	上一个挂靠港名称
H	Entry(hotel)	加入系统的日期、时间、地点	日期、时间表示方法同 B,地点表示方法同 C 或 D
I	Destination and ETA(india)	目的港及预计到达时间	港名及日期时间(表示方法同 B)
J	Pilot(juliet)	引航员情况	说明有无海上或港内引航员在船

（续表）

报告项目名称		表示的内容	要求的信息及其格式
电报	无线电话		
K	Exit(kilo)	退出系统的时间位置	要求同 H
L	Route(lima)	航路信息	计划航线情况
M	Radio Communication(milk)	无线电通信	船舶电台全称及保护频率
N	Next Report (november)	下次报告时间	要求同 B
O	Draught (oscar)	当前的最大吃水	4 位数字,用米和分米表示
P	Cargo(papa)	船载货物	货物情况及可能对人或环境有危害的危险货物,以及有害物质和气体的细节
Q	Defect/Damage/Deficiency/Limitation(quebec)	缺陷、损坏、不足、限制	缺陷、损坏、不良状态或其他限制的细节
R	Pollution/Dangerous goods lost overboard (romeo)	危险货物,污染物散失船外的描述	散失于船外的污染物(油、化学品等)或危险货物种类的细节及地点,地点的表述同 C 或 D
S	Weather(sierra)	天气状况	当前天气和海况的简要细节
T	Agent(tango)	船舶代理或船东	船舶代理、船东的名称及特殊事项的细节
U	Size and Type (uniform)	船舶尺度和种类	船长、船宽、吨位、船舶种类等详细情况
V	Medic(victor)	医务人员	医生、护士等医务人员情况
W	Persons(whisky)	在船人数	人数
X	Remark(X-ray)	其他事项	任何其他事项、信息

为进一步说明船舶报告标准格式的运用,介绍几则澳大利亚船舶报告系统(Australian ship reporting system, AUSREP)报告实例。

1)航行计划报告(SP)

(1)从海外进入 AUSREP 区域,必须报告的内容有 A,F,G,H,K,L,M,N,V,X

AUSREP SP　A. ASIA ANGEL/J8JP2　F. 12　G. QINGDAO, P. R. CHINA　H. 230900UTC 1200S 11601E　K. 251200UTC DAMPIER　L. RL175 TO Pilot Station　M. 9VG, VIP, XSQ(INMARSAT C 437600334)　N. 0600UTC　V. NO MEDIC　X. PASS TO AMVER NAME/CALLSIGN CHANGED FROM DELAWARE/ELDLZ SINCE LAST REPORT.

(2)在 AUSREP 区域内某港开往区域外某港,必须报告的内容有 A,F,H,I,K,L,M,N,V,X

AUSREP SP　A. ASIA ANGEL/J8JP2　F. 12　H. 020500UTC DAMPIER　I. 181600UTC TIANJIN PRC　K. 040100UTC 1200S 11601E　L. RL355 TO EXIT POINT　M. VIP, XSQ(IN-

MARSAT C 43760334) N. NOREP V. X. NIL.

(3)从 AUSREP 区域内的某港驶往另一港必须报告的内容有 A,F,H,I,L,M,N,V,X

AUSREP SP A. HESPERUS/BCBC F. 12 H. 212200UTC ADELAIDE I. 231400UTC MELBOURNE L. COADTAL DIRECT M. VIM N. 0100UTC V. NOMEDIC X. NIL.

(4)在 AUSREP 区域内过境必须报告的内容有 A,F,G,H,I,K,L,M,N,V,X

AUSREP SP A. HESPERUS/BCBC F. 12 G. DURBAN H. 120800UTC 3550S 07500E I. SURABAYA 192Q00UTC K. 172330UTC 08065S 10107E L. GC N. 0600UTC V. NO MEDIC X. PASS TO AMVER

2)船位报告(PR)

PR 报告的内容包括 A,B,C,E,F,X

AUSREP PR A. ASIA ANGEL/J8JP2 B. 050200UTC C. 1657S 11628E E. 355 F. 12 X. ETA NOW 060330UTC

3)偏航报告(DR)

DR 报告的内容包括 A,B,C,F,I,X

AUSREP DR A. ASIA ANGEL/J8JP2 B. 050200UTC C. 1806S 11608E F. 8 I. PT. HEDLANG X. REDUCED SPEED DUE TO MAIN ENGINE PROBLEMS

4)最终报告(FR)

FR 报告的内容包括 A,K,X

(1)抵达某一澳大利亚港口

AUSREP FR A. ASIA ANGEL/J8JP2 K. 250330UTC DAMPIER X. FINAL REPORT.

(2)驶出 AUSREP 区域

AUSREP FR A. ASIA ANGEL/J8JP2 K. 060306UTC 1200S 11600E X. FINAL REPORT.

4. 中国船舶报告系统

1)概述

我国为《1974 年国际海上人命安全公约》《1979 年国际海上搜寻救助公约》的缔约国,履行国际公约,保障海上人命及船舶安全是我国的国际义务。根据公约“各缔约国须提供海上搜寻救助服务”的要求,我国建立了以海上搜寻救助为目的的中国船舶报告系统(China ship reporting system,简称 CHISREP)。中国船舶报告系统是一个集计算机、通信和网络技术为一体的信息系统。它具有对船舶报告的航线、船位进行自动标绘和推算、对延时未报船舶自动预警等功能。系统可提供船舶资料,为组织协调指挥船舶参与搜寻救助提供相关信息,避免或减少海上人员伤亡和财产损失,保障人命安全。

中国船舶报告系统由中国海上搜救中心、中国船舶报告管理中心、区域海上搜救中心、报告接收站和参加中国船舶报告系统的船舶组成。中华人民共和国海事局是中国船舶报告系统的主管机关。

(1)适用区域和对象

CHISREP 的报告区域为 9°N 以北、130°E 以西的海域,但不包括其他国家的领海和内水。强制加入 CHISREP 的船舶为航行在中国船舶报告区域内,且航行时间超过 6 h 的下列船舶:

①航行于国际航线300总吨以上的中国籍船舶；②航行于中国沿海航线1600总吨及以上的中国籍船舶；③2005年1月1日后航行于中国沿海航线300总吨及以上的中国籍船舶。除此之外，中国政府鼓励上述规定之外的中国籍船舶及外国籍船舶自愿加入中国船舶报告系统。

(2)加入方式

船舶可以通过下列方式加入CHISREP：

船舶进入CHISREP区域时，按照“CHISREP船长指南”规定的格式向中国船舶报告中心或报告接收站发送报告。

当船舶首次加入CHISREP时，可由船公司或其代理向中国船舶报告中心提供船舶基本概况表。

如果船舶的基本概况发生变化，船公司、代理或船舶应当将变化的情况及时向中国船舶报告管理中心报告。

当船舶加入CHISREP后，可通过下列方式发送报文：

①通过CHISREP指定的上海、广州和大连三个海岸电台发送船舶报告。

②如果船舶在某一个中国沿海港口，可以通过电传、传真或电子邮件的方式直接向中国船舶报告中心报告航行计划报告或最终报告。

③可通过INMARSAT - A、B、C、M地球站发往中国船舶报告中心。

④中国船舶报告中心也接收船公司或代理通过电子邮件或电传方式发送的集团报告。

⑤由于某种原因不能发送船位报告和最终报告的船舶，可通过他船或岸上的有关机构代为报告。

船舶通过CHISREP指定的海岸电台发送报告是免费的。

2)CHISREP的报告种类、格式和内容

CHISREP共有7种类型，每一种报告类型由若干个按规定次序排列的报告构成。报告以CHISREP加报告类型的识别字母开头，以报告项Z结尾。这7种报告又可分为一般报告(航行计划报告、船位报告、变更报告、最终报告)和特殊报告(危险货物报告、有害物质报告、海洋污染物报告)两大类。

(1)航行计划报告(SP)

船舶在离开中国沿海港口或从国外进入CHISREP区域时，应向中国船舶报告中心发送航行计划报告，并应遵循以下规定：

①在进入CHISREP区域的划定界限前24 h至进入后2 h之内发送；

②在离开任何中国沿海港口前2 h之内发送。

(2)船位报告(PR)

为了使船舶报告中心掌握足够的船舶信息，船舶应按照规定的时间或约定的报告时间向CHISREP发送船位报告。第一份船位报告要求在最新航行计划报告后24 h内发出，以后每隔24 h或在每天约定的时间发送，但两个报告之间的时间间隔不应超过24 h，直到抵达中国沿海港口或驶离CHISREP区域界线。船位报告中的信息将被CHISREP用来更新该船的船舶动态。

如在船位报告发送前2 h发送变更报告(DR)，那么下一份船位报告的发送时间应改为变更报告后24 h。预计抵达目的港或CHISREP分界线的时间应当在最后一次的船位报告中得到确认。船舶改变ETA，可在任何一份船位报告中更正。如船舶的航行时间小于24 h，可不发

船位报告，只要在开航时发航行计划报告并在抵港时发一份最终报告即可。

(3)变更报告(DR)

船舶发生下列情况时必须发送变更报告:

①船舶改变其计划航线时;

②船舶的实际船位偏离计划航线超过 2 h 的航程时。

(4)最终报告(FR)

当船舶抵达中国沿海港口或驶离 CHISREP 区域界线前后 2 h 内，应发送最终报告。

(5)危险货物报告(DG)、有害物质报告(HS)、海洋污染物报告(MP)如前所述。

3)船舶延误报告处理

船舶超过规定报告时间或约定报告时间 3 h，系统将自动对该船进行预报警，提醒工作人员检查中国船舶报告中心是否已收到船舶的报告，直接与配有 INMARSAT 设备的船舶进行联系并在海岸电台通报表上列出该船舶，提醒其发送报文；延时超过 6 h 的船舶，将在海岸电台通报表中，对这些船舶进行呼叫；延时超过 12 h 的船舶，将对船公司代理、经营人及可能见过该船或与该船联系过的其他船舶进行查询，核实该船是否安全；延时超过 18 h 的船舶，将在海岸电台通报表中，对这些船舶进行紧急呼叫，并在该船呼号后加 PANPAN；延时超过 24 h 的船舶，船舶报告中心制定搜救方案并报指挥端站(中国海上搜救中心)，由指挥端站指定海上救助协调中心(RCC)进行搜寻救助，开始搜救行动。

第六节　航海日志

填写航海日志(log book)是值班驾驶员的重要职责之一。在值班期间，驾驶员应对船舶的航行或停泊活动保持完整的记录。

一、航海日志的作用与分类

航海日志是船舶航行和停泊时的工作记录文件，记载船舶在航行和停泊过程中的主要情况。航海日志可以积累航海资料，它是反映船舶运输生产及其指标的原始记录和统计资料，也是分析总结航海经验时不可缺少的重要依据；特别是在发生海事时，它是分析造成海事原因，做出符合实际的判断和处理的依据。因此，航海日志具有法律性，是船舶的法定文件。作为驾驶员，在填写航海日志时，应该严肃认真地按记载要求及保管规则进行。

各航运公司的航海日志虽形式多样，但都大同小异，航海日志常见的有航海日志草本、船舶航海日志、海事日志、摘抄日志等几种。

1. 航海日志草本(deck log book)

航海日志草本，也称甲板日志。它是供值班驾驶员在航行或停泊时，随时随地记载船上发生的一切事情。它的记载比船舶航海日志更详细。航海日志草本允许放置在驾驶台、海图室或甲板上任一适宜之处，值班驾驶员应把当班中所发生的一切事情填记上去。

2. 船舶航海日志(ship's log book)

有的船舶仅设船舶航海日志，有的船舶同时设有航海日志草本和船舶航海日志。国外一些船公司规定船舶航海日志由大副整理、誊写、保管；大副从航海日志草本中摘抄认为有必要的事项填入船舶航海日志；如有必要，在船舶航海日志中还应记载草本中没有而又重要的事项。但大部分船公司都是由值班驾驶员从值班时的航海日志草本中摘抄必要的事项填写到船舶航海日志里。

3. 海事日志(official log book)

有的船舶专门设有海事日志，由每艘船的船长使用。它是书写海事声明或海事报告的重要依据及参考，它必须从船舶航海日志中摘抄有关情况，送船公司和有关海事部门审核。海事日志记载的事项，必须是牵涉法律事务的，如碰撞、搁浅或其他海事等。发生海事后，当船舶到达第一个港口或航次结束时，必须把海事日志呈送给海事监督部门，在需要时可作为海事调查的依据。目前，绝大多数船舶以船舶航海日志代替海事日志作为海事调查的依据。

4. 摘抄日志(abstract log book)

摘抄日志是二副在航次结束时向船公司或租船人报告航次营运情况所参考的主要资料。在航次结束时，船舶二副必须从航海日志草本或船舶航海日志中摘录与本航次有关的各类事项，并填入摘抄日志，交给船长检查签字，最后提交给船东或租船当事人以便核实船舶情况及状态。

以上介绍的4种航海日志中，目前我国各航运公司正式颁发执行的仅船舶航海日志一种。航海日志草本还没有固定的形式，极不正规，因此需要设计比较正规的航海日志草本。但填写草本也必须以严肃、认真的态度来对待，一旦发生海事，草本同样具有法律作用。国内各公司的船舶航次报告基本等同于外轮的摘抄日志。海事日志国内各船公司没有设立，如发生海事或其他重大事情均记载于船舶航海日志重大记事栏，根据记事栏或重大记事栏记载的内容，书写海事声明或海事报告。

二、航海日志的记载与保管要求

1. 航海日志的记载要求

1）由值班驾驶员负责用不褪色的蓝色或黑色墨水笔填写，不论航行或停泊都不得中断。记载时要事先深思熟虑，考虑好了再记，最好是先记在草稿本上，再抄写到航海日志上。所记内容要简明、完整、确切，不能含糊其词。根据记载内容，应当能够完整地反映出当时航行和生产的主要情况。必要时，事后可根据航海日志的记载重新画出当时的航迹和反映当时航行和生产的基本情节。

2）按时间顺序记载，不得留有空页和空格。原则上一时一事一格。所有缩写和符号，都应按统一规定使用。在航海日志中，应当记载直接测得和直接看到的原始数据，如记罗航向、罗方位、计程仪读数及其误差数值，而不直接记入改正后的数值。

3）航海日志的记载如有错误，可用笔划去后改写，而被划掉的字样仍应清晰可见，并在改写的地方由修改人签名。不得用小刀或橡皮擦拭或修补，更不许整页撕掉。交班时，交班驾驶员应在本班记载内容之后签名。

4）在航行中，凡与海图作业有关的事物，以及用以保证航行安全的观测计算结果和采取的措施等都应当记入。

5）发生海事时，应详细记载当时情况，以供事后进行海事分析和海事处理。

6）当航行中遇有大风浪等灾害性天气时，到港后可将航海日志有关内容的正本送港务当局签字认定，作为日后处理可能发生的保险、海损业务的主要依据。

2. 航海日志的管理

航海日志平时由大副负责管理和保存，船长有检查之责。我国的航海日志每册 100 页（必须有漆封），按顺序记载，不得撕毁或添增。用完的航海日志，由船上保存 2 年后交船舶所有人保存 5 年后方可销毁。弃船时，船长必须将航海日志及有关海图随身携带离船，妥善保存，以供海事调查之用。

三、航海日志记载内容

航海日志的记载内容，在航行中凡与海图作业有关的事情，以及为保证航行安全而进行的观测、计算结果和采取的措施等，均应记入。此外，诸如海难，救助，人员的死亡、出生，航线的变更，主要船员职务的变化，以及消防、救生演习与设备检查，亦应记入航海日志。

航海日志分为左页和右页，左页是主页，右页是记事栏。

1. 左页记录内容

1）航行部分

每班记录 2 次，当航向、风流压差值、罗经改正量有变动时，应增加记录次数。如航向、航速变动频繁时，可记“船长（或引航员）领航，航向、航速不定”。具体的记录内容有：

（1）罗经航向，包括陀罗航向及改正量、磁罗经航向及其磁差与自差、真航向；风流压差值；计划航迹向。

（2）计程仪读数：记录计程仪读数，精确到 0.1 n mile。

（3）实测时速：根据实测船位取得的平均时速。

（4）推进器转数：记录推进器转速表每分钟平均转数，转数变换频繁可记“不定”。

2）气象、海况部分

每班记录 2 次。遇恶劣天气或天气突变时应增加观测和记录次数。除按规定的代号和符号记录外，并要求做到：

（1）气压：记录订正后的海面标准大气压力。

（2）风向、风力：记录真风向、真风力。风向以 N、NNE，NE……16 点表示，风力以蒲氏等级表示。

（3）云量：将天空云量分为 10 等份（0~10）。0 为无云，10 为满天云。

3）舱水测量

每日 0800、1600 由木匠测量两次，大副班记录，必要时应增加测量次数并记录。

4）中午测算

每日中午由二副统计填入，实际航程是根据实测船位所得的航迹线上的实际里程。

2. 右页记载内容

1）记事栏记载内容

无论航行、停泊或修理，凡有关船舶动态现象及动作，当班驾驶员均应按时间顺序逐行详细记载，交班时应在本班记载内容之后签字以示负责。记载的具体内容如下：

(1)抵离港前

对影响航行安全的主要航行设备的校对和检查结果,船首尾吃水,特种船舶的操作。

船舶开航前 1 h 一般要做好下列准备工作:与机舱对时、对车钟,主机备车、冲车,对舵机,试汽笛及航行灯,雷达启动测试,启动陀螺罗经(如果已停用的话),并核对陀螺罗经、磁罗经与分罗经,试播音设备及对讲电话和对讲器,检查需挂旗号、需开号灯,并打开甚高频电话放在需要通话的频道上。

(2)离靠码头(浮筒)泊位时

扼要记载操纵措施,引航员姓名、上下船时间及地点、拖轮船名及靠上和解拖时间及动态、系上第一根缆和靠妥时间、开始解缆和解掉最后一根缆的时间、抛锚及锚抛妥或开始绞锚及锚离底的时间、泊位名称、锚位以及水深、左(右)锚及链长、号灯和号型、备车、用车、完车、定速时间、船位及掉头等情况。

(3)航行中

凡与海图作业有关事情,以及用以保证航行安全的操作、观测、计算结果,采取措施都应记载,主要包括但不限于下列内容:

①船位:天测、推算和交接班船位用准确到分以下小数点一位的纬度和经度记载。陆测、测深、雷达和无线电助航仪器等船位,应记其观测数据。若出现位移差时,应记其数据以及采取的措施。

②经长时间航行初次出现的重要物标或经过重要物标的时间、方位和距离。进出通航分道区域或特殊区域的时间,以及经过主要航标的时间和正横距离。

③改变航向的时间、船位和计程仪读数,罗经改正量的测算时间和数据(如条件允许每班或转向后,应测算罗经差)。

④计程仪启、停用时间,计程仪改正量及测校的时间、数据和方法。

⑤开始或停止使用风流压差的时间、船位、风向、风速、流向及流速的数据。

⑥发现对我船安全有影响的来船情况及避让中采取的重要措施和时间。

⑦气象和海洋情况发生突变的时间及所采取的安全措施。

a. 雾中航行应记载以下内容:

下雾的开始时间、雾的浓度、雾消失的时间;增派瞭头人员姓名、职务、瞭望地点及撤销瞭望人员的时间;开关航行灯、备车、按章鸣笛及其时间;下雾时船长上驾驶台时间;雾来袭时测到的船位以及使用安全航速记录。

b. 风、雪、雨、海浪、风暴等各种不良气象记载时须注意:

风力等级和海况必须基本相符;遇上狂风大浪,甲板上浪情况,船舶摇摆颠簸,甲板各种设备被打坏,物品受海浪冲失等,均须详细记载,作为海事声明及有关索赔的依据;遇到低气压或台风时,应每 2 h 或 1 h 记载气压、风力、风向及气象情况,做好原始记录,上报有关监督部门。

⑧货舱的检查和保管货物的措施。

⑨每班巡回检查的情况。

⑩航道及航标变异,发现漂流物和其他异常情况。

⑪日视出没和开关航行灯,升降国旗及各种信号的时间,拨钟时间和数据。

⑫发生海事的情况,自救或救助他船的经过、措施及效果。

⑬自动舵和手操舵的转换时间。

(4)停泊时

①锚泊、系泊及移泊情况,气象、水文情况,日视出没、升降旗和号型、号灯开关时间,装卸货时应记开工/停工时间、舱号和原因,各舱装卸情况,船首尾吃水,安全巡视情况,上下客时间,油轮洗舱、打入或打出压舱水的时间和情况。

②补给淡水、燃料的时间和数量,船舶主要部分及设备的预防检修措施,船舶厂修的主要项目、进度情况。

2)重大事项记录栏记载内容

由船长或大副填写,记载船上非经常性及较重大事件。如发生的海事,人员伤亡事故,对救生、消防及防污染设备检查的时间和情况,应变演习的时间、地点及经过情况,离港货物、燃料、淡水、压载总量及旅客人数,船首尾吃水、稳性数据,上下客时间及安全措施,船长和大副调动及交接手续办理完毕的时间,以及航海日志记载中有严重错漏的更正。

四、用英文记载航海日志

随着远洋运输业的不断发展,特别是发达国家航运市场对发展中国家船员需求日益增加,为我国开拓外派劳务市场提供了一个很好的机遇,因此,熟悉和掌握用英文记载航海日志显得尤为重要。

用英文记载航海日志除了应该简明扼要、连续完整、语句确切、字迹清楚外,还应注意以下几个问题:

1. 缩写的使用

用英文记载航海日志时,值班驾驶员往往使用符号和缩写来表达内容。如表示天气现象一般都用符号,填写风向、云状一般都用缩写,记载船位、航向、距离、使用车、舵等术语一般也用缩写,甚至单词有时也用缩写。但所用的符号应该是统一规定的符号,所用的缩写应该是通用的或习惯的缩写,不可臆造,使别人看不懂。在记载海难、救助、伤亡、检验等重大事件时,最好不要使用缩写。

例 4-6-1:P'd A L. H. on 270°(TB),12′.0 off,R/O eng.,s/c on 180°(TC),180°(GC),185°(CC),△G 0°.0,△C-5°.0,set log,L365′.8,△L-2%。

即:过 A 灯塔,真方位 270°,距离 12′.0,主机定速,定向 180°,陀罗航向 180°,罗航向 185°,陀罗差 0°.0,罗经差-5°.0,放计程仪,计程仪读数 365′.8,计程仪改正率-2%。

例 4-6-2:Obs'd A I. on 315°(CB),B Mt. on 235°(CB),△C-5°.6,a/c to 300°(TC),305°.6(CC)。

即:测得 A 岛罗方位 315°,B 山头罗方位 235°,罗经差-5°.6,改驶真航向 300°,罗航向 305°.6。

例 4-6-3:AF: Lat. 45°15′.2N,Long. 172°05′.6E。

即:天测船位:北纬 45°15′.2,东经 172°05′.6。

例 4-6-4:Let go st'd anchor with 7 shackles in water at Q'tine anch.

即:在检疫锚地抛下右锚,出链 7 节入水。

2. 省略句的使用

记载航海日志与平时写日记、随笔一样,往往要使用省略句,使叙述简洁,避免重复。有时

省略了主语、谓语等成分,有时同时省略了几个成分,但意思很清楚,如:

1) Let go port anchor with 6 shackles in water.

抛左锚 6 节入水。(省略了主语)

2) Practiced boat station.

进行了救生演习。(省略了主语)

3) All hands to fire control station.

全体船员进入救火部署。(省略了谓语)

4) All clear of dock.

缆绳全部解清。(省略了谓语一部分)

5) Vessel shipping seas on fore and aft deck.

前后甲板上浪。(Vessel 前省略了冠词 the,shipping 前省略了助动词 be)

6) Tried to refloat her but in vain.

试图脱浅,但无效。(前一分句省略了主语,后一分句省略了主语和谓语)

在记载海难、救助、伤亡、检验等重大事件时,一般不用省略句,如:

(1) M. V. “××” struck against our port at No. 3 hatch with angle of about 30 degrees.

“××”轮碰撞了我轮三舱左舷,碰角约 30°。

(2) Marine surveyor of NK Mr. ×× inspected the damage to ship and cargo caused by fire.

日本海事协会海事检验师××先生检查了因火灾而造成的船损与货损程度。

3. 动词过去式

记载航海日志,一般都用动词过去式。因为当你记载时,具体的动作已经发生了,没有发生的事件是不会记到航海日志中去的。如:

1) Heaved up st'd anchor & proceeded toward berth.

绞起右锚,驶往指定泊位。

2) Cast off buoy rope & left Hong Kong for Singapore.

收进系浮缆绳,离开香港前往新加坡。

3) Resumed loading at No. 3 hatch.

三舱继续装货。

4) Swang her round.

掉头完毕。

五、夜航命令

夜航命令是指船舶在夜间航行或锚泊时,船长根据自己的研究和分析推断或估计当夜可能会遇到的各种情况,于就寝前,明确地将处理这些情况的要求或其他重要事项写入夜航命令簿(night order book),提醒值班驾驶员严格执行的一种书面指示。书写夜航命令不应间断,即使重复,也应再次下达,这样可以使驾驶员养成每晚都能自觉阅读夜航命令的习惯。当然,在正常情况下,为了避免重复,可简单地写上一句“遵守昨天的夜航命令”或“认真执行常规命令”。

每位值班驾驶员在接班前首先要阅读夜航命令,切实理解夜航命令的内容要求。如果有的内容不明白,可问将要交班的驾驶员。理解了命令后就要予以签字严格执行。

夜航命令通常是逐条书写的,简单扼要,内容具体,要求明确。夜航命令一般包括以下几方面的内容,但当夜书写时并不一定全部包括也不一定只限于这些内容:

1. 船舶在航时

1)所驶航向(真航向或计划航向),所采取风、流压差;

2)航线附近危险物及避离要求;

3)转向点或交会点的通航状况及注意事项;

4)瞭望、避让和定位要求;

5)仪器、设备和航行灯的检查要求;

6)全船巡查、货物通风的要求;

7)能见度不良时应采取的安全措施;

8)特殊情况的应急措施;

9)预计到达目的港的时间;

10)强调在任何时候,如有怀疑,立即叫船长。

2. 船舶在锚泊中

1)锚位,注明对某物标的方位和距离,或经纬度;

2)强调需定时核对锚位;

3)强调保持正规瞭望;

4)对发现本船走锚或他船走锚时的应急措施;

5)锚泊避风时,对观察气象、船舶偏荡、转流时间、备车待命的要求;

6)能见度不良时应采取的安全措施;

7)对安全巡查的要求;

8)对显示号灯、号型的要求;

9)对外通信联系。

附录一　英文记载航海日志常用缩写

（凡标有 GB 的是我国国家标准）

A

A	Aft	在船尾,向船尾
ab'm	Abeam	正横
ab't	About	大约
a/c	Altered course(GB)	改向,转向
AF	Astronomical fix (GB)	天文船位
ah'd	Ahead	在前,向前
Anch.	Anchorage	锚地
AP	Anchor position(GB)	锚位
A. P.	After peak	尾尖部
A. P. T.	After peak tank	尾尖舱
A. P. S.	Arrive pilot station	到达引航站

B

B	Bearing (GB)	方位
Baro.	Barometer	气压计
B. H. (B/H)	Bill of Health	健康证书
BK	Bank	岸,沙洲,沙滩
B/L	Bill of Lading	提单
BN (B'n)	Beacon	立标、灯标
Bos'n	Bosun, Boatswain	水手长
Br.	Bridge	驾驶台
Brg.	Bearing	方位
B. W.	Breakwater	防波堤
B. W. E	Break water entrance	防波堤口

B. W. T. (B. T.)	Ballast water tank	压载水舱
B'y	Buoy	浮筒,浮标
B'y L't	Buoy light	灯浮

C

C	Course (GB)	航向
CA	Course of advance (GB)	计划航迹向
Capt.	Captain	船长
CB	Compass bearing (GB)	罗方位
CC	Compass course (GB)	罗航向
C. E.	Compass error	罗经差
C/E	Chief engineer	轮机长
Cert.	Certificate	证书
CF	Combined fix (GB)	联合船位
C. G.	Coast guard	海岸警卫队
CG	Course made good (GB)	推算航迹向
CM	Centimeter	厘米
C/O	Chief officer	大副
Co.	Company	公司
Co's	Company's	公司的
Com'ced(Comm.)	Commenced	开始
Comder	Commander	船长
Comp.	Compass	罗经
Comp.	Completed	完成,结束
C/R(C/W)	Chief radio officer	报务主任
C/S	Chief steward	事务长
	Changed speed	变速
CW	Cargo winch	起货机

D

D	Distance (GB)	距离

DA	Draft aft	后吃水
DB	Double bottom	双层底
D. C.	Direct current	直流电
Dep.	Departure	东西距,出航
Dest.	Destination	目的港
Dev	Deviation (GB)	自差
DF	Draft fore	前吃水
DFL	Draft full load	满载吃水
Dist.	Distance	距离
DK(d'k)	Deck	甲板
Dk	Dock	船坞
D. L. L.	Deep loadline	重载水线
D. O. P.	Dropped outward pilot	下引航员
D. R.	Dead reckoning	推算航法
D. W. T.	Dead weight tonnage	载重吨

E

EF	Electronic fix (GB)	电子船位
Emg.	Emergency	紧急情况
Eng.	Engine	机器
EP	Estimated position	推算船位
E. R.	Engine room	机舱
ETA	Estimated time of arrival	预计到达时间
ETD	Estimated time of departure	预计离港时间
ETS	Estimated time of sailing	预计开航时间
EV.	Every	每
EX(exd)	Examined	检查

F

F	Fore	在船头,船头
F&A	Fore and aft	船首尾

FB	Ferry boat	渡船
FBD	Freeboard	干舷
F/C	Forecast	预报
FD	Floating dock	浮坞
F. O.	Fuel oil	燃油
F. W.	Fresh water	淡水
F/W eng.	Finished with engine	完车

G

GB	Gyro-compass bearing (GB)	陀罗方位
GC	Gyro-compass course(GB)	陀罗航向
G. E.	Gyro-compass error	陀罗差
G. M. T	Greewich mean time	格林尼治平时
GT	Gross tonnage	总吨
G. W.	Gross weight	总重

H、I、K

Hdg	Heading (GB)	船首向
I. (is)	Island	岛屿
Insp	Inspector	检验员
Kn	Knot (GB)	节
K/T	Kilogram ton	公吨

L

L	Log reading (GB)	计程仪读数
Lat.	Latitude. (GB)	纬度
L. B.	Life boat	救生艇
L. B. S.	Life boat station	救生艇站
L. D.	Loaded draft	载货吃水
Ldg	Loading	装货
LF	Life float	救生筏
L. H.	Lighthouse(Lower hold)	灯塔(底舱)

LMT	Local mean time(GB)	地方平时
L. O.	Lubricating oil	润滑油
LOA	Length overall	总长
Long	Longitude (GB)	经度
L. R.	Lloyd's register of shipping	劳氏船级社
L. S. S.	Life saving station	救生站
Lt.	Light	灯光
L/T	Long ton	长吨
L't Bn	Light beacon	灯桩
L't B'y	Light buoy	灯浮
Ltr.	Lighter	驳船
L. V.	Light vessel	灯船
L. W. L.	Load waterline	载重水线

M

ML	Motor lifeboat	机动救生艇
M. P. H.	Miles per hour	每小时海里数
M/R	Mate receipt	大副收货单
Mt.	Mountain	山头
M. T.	Mean time	平时
Mth.	Mouth	河口
M. V. (M/V, M/S)	Motor vessel(ship)	内燃机船

N

N. H. P.	Normal horse power	额定马力
NT(N. T.)	Net tonnage	净吨
N. U. C.	Not under command	失控
NW	Net weight (northwest)	净重(西北)

O

Obj.	Object	物标
Obs'd	Observed	观测的

O. O. W	Officer on watch	值班驾驶员
Ovld	Overload	超载

P

P. A.	Pilot advice	引航员指示
Pcs.	Pieces	件、个、块
P'd	Passed	通过
P. DK	Poop deck	尾楼甲板
P. log	Patent log	拖曳式计程仪
Posn.	Position	船位
PR	Position report	船位报告
Pt.	Point	小岬,海角

Q

QD	Quarter deck	后甲板
Q'master	Quartermaster	舵工
Q'station	Quarantine station	检疫站
Q'tine	Quarantine	检疫

R

Racon	Radar responder beacon	雷达应答标
Recvd	Received	收到
Rev.	Revolution	转数
Rf.	Reef	暗礁
RF	Radar fix (GB)	雷达船位
R. fix	Running fix	移线定位
RL(R/L)	Riding light	锚灯
R/O eng.	Ring off engine	主机定速
R. P. M.	Revolution per minute	每分钟转数
R. S. B. E.	Ring stand by engine	备车
RuF	Running fix (GB)	移线船位

S

S/B eng. (S/B)	Stand by engine	备车
S/C	Set course	定向
SF	Satellite fix (GB)	卫导船位
S/F(s. f)	Stowage factor	积载因数
Sgl.	Single	单一,单
Sig.	Signal	信号
Sig. Stn.	Signal station	信号台
S/L	Set log	放计程仪
S. M. T.	Ship's mean time	船上平时
Sp'd(sp.)	Speed	速度
Sp	Sounding position	测深船位
Stb'd	Starboard	右舷
Str.	Strait	海峡

T

t	Ton (GB)	吨
TB	True bearing (GB)	真方位
TC	True course (GB)	真航向
TD	Time of departure	开航时间
T. D.	Tween deck	二层甲板
TF	Terrestrial fix (GB)	陆标船位

U

U. S. C. G.	United States Coast Guard	美国海岸警卫队
UT	Universal time	世界时
UTC	Universal time coordinated	协调世界时

V

Var	Variation (GB)	磁差
var.	Variable	不定的,易变的
vents.	Ventilators	通风筒

vis.	Visibility	能见度,能见距离
Voy.	Voyage	航次
	W	
WB	Water ballast	压载水
W/D	Wind direction	风向
WK	Wreck	沉船
Wks	Wreckages	沉船残骸
W/T(WT)	Water tight	水密
WTD	Watertight door	水密门
	Z	
ZT	Zone time	区时
△C	Compass error (GB)	罗经差
△G	gyro-compass error (GB)	陀罗差
△L%	Log error (GB)	计程仪改正率

附录二　航标灯质图解

航　标　灯　质　图　解
THE CHARACTER OF LIGHT

灯质分类 Character	说　明 Description	缩写举例 Abbreviation (Example)	图　例 Illustration 周期表示 The symbol for period
定 Fixed	持续不断的灯光。 A light showing continuously and steadily.	定白 FW	
单闪 Single flashing	在一个周期中只显一次闪光，并有规则地重复，暗的持续时间不少于明的持续时间的三倍(每分钟闪光少于50次)。 A flashing light in which only a single flash is shown and regularly repeated. The duration of darkness is not less than three times of the duration of light (at a rate of less than 50 flashes per minute).	闪白 FlW	
长闪 Long flashing	在一个周期中明的持续时间不少于2秒的单闪光。 A single flashing light in which an appearance of light of not less than 2 s duration is regularly repeated.	长闪白 LFlW	
联闪 Group flashing	在一个周期中以二次或二次以上的闪光组成一组，并有规则地重复。每组闪光的明及其间暗的持续时间各自相等。这个暗的持续时间明显地比分隔每一组的暗的持续时间短。 A flashing light in which the flashes in a period are combined in groups and repeated at regular intervals. The eclipses separating the flashes within each group are usually of equal duration and this duration is clearly shorter than the duration of the eclipse between two successive groups.	闪(3)白 Fl(3)W	
混合联闪 Composite group flashing	在一个周期中相继出现几个不同闪光次数的闪光组的联闪光。 A group flashing in which the flashes are combined – in alternate groups of different numbers of flashes.	闪(2+1)白 Fl(2+1)W	
连续快闪 Continuous quick	不间断的快闪光(每分钟60次)。 A light in which the rapid alternations are repeated without interruption (at a rate of 60 flashes per minute).	快白 QW	
联快闪 Group quick	在一个周期中以二次或者二次以上的快闪光组成一组，并有规则地重复。 A light in which a specified group of two or more flashes is regularly repeated.	快(3)白 Q(3)W	

航　标　灯　质　图　解

THE CHARACTER OF LIGHT

灯质分类 Character	说　　明 Description	缩写举例 Abbreviation (Example)	图　例 Illustration 周期表示 ______ The symbol for period
连续甚快闪 Continuous very quick	不间断的甚快闪光(每分钟 120 次)。 A very quick light in which a flash is regularly repeated(at a rate of 120 flashes per minute).	甚快白 VQW	
联甚快闪 Group very quick	在一个周期中以二次或者二次以上的甚快闪光组成一组,并有规则地重复。 A very quick light in which a specified group of two or more flashes is regularly repeated.	甚快(3)白 VQ(3)W	
明暗 Occulting	有明暗节奏的不变色的灯光,在一个周期中明的时间之和比暗的时间之和为长,并且暗的时间通常是相等的。 A rhythmic light in which the total duration of light in a period is longer than the total duration of darkness and the intervals of darkness are usually of equal duration.	明暗白 Oc W	
等明暗 Isophase	有明暗节奏的不变色的灯光,在一个周期中明与暗的时间全部相等,并有规则地重复,其周期不得少于 2 秒,最好不少于 4 秒。 A light in which all the durations of light and darkness are clearly equal. The period can not be shorter than 2 s (The better is: not shorter than 4 s).	等明暗白 Iso W	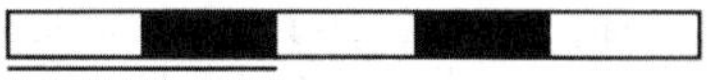
莫尔斯 Morse Code	有明暗节奏的不变色的灯光,清楚地显示以短明(点),长明(划)或"点"与"划"混合组成的代表莫尔斯信号特征的闪光组,两明之间暗的持续时间同"点"相等,"划"的持续时间为点的三倍。 A light in which appearances of light of two clearly different durations ("dot" and "dash") are grouped to represent a character or characters in the Morse code. The duration of darkness between two lights is equal to "dot". The duration of "dash" is three times of the "dot".	莫(K)黄 Mo(K)Y	
互 Alternating	不同颜色交互出现的光。 A light showing different colours alternatively.	互红白 AlRW	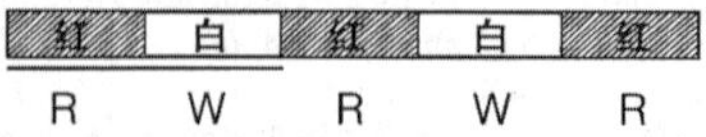

参考文献

[1]高玉德.航海学.3版.大连:大连海事大学出版社,2012.
[2]郭禹,张吉平,戴冉.航海学.大连:大连海事大学出版社,2014.
[3]章文俊.航海学——天文、地文、仪器.大连:大连海事大学出版社,2012.
[4]中国海事服务中心组织编审.航海学(航海地文、天文和仪器).北京:人民交通出版社;大连:大连海事大学出版社,2012.
[5]王英志.航标学.大连:大连海事大学出版社,1997.
[6]交通部全国海洋运输情报网.冰区航行.上海:海运知识出版社,1987.